제2판

알기쉬운

도시교통

Urban Transport Planning & Engineering

원제무

박영사

책 머리에

우리의 도시교통의 모습은 마치 두 얼굴을 가진 야누스처럼 보여진다. 한편에서는 자가용 승용차가 판을 치고 있어 승용차 위주의 도시교통이 형성된 것으로 인식되고, 또 다른 한편에서는 도시철도와 버스를 이용하는 대중교통이용자들이 적지 않게 존재함을 알 수 있다. 문제는 이 두 계층이 모두 하루종일 교통 때문에 일의 생산성이 떨어지고 짜증이 나며 지친 상태에서 하루하루를 살아가고 있다는 사실이다.

주요 간선도로뿐만 아니라 이면도로, 골목길 할 것 없이 차량이 하루종일 밀리고 있다. 도시철도와 버스승객은 느린 지하철, 불편한 환승 등으로 인해 어려움을 겪고 있다. 대중교통은 자가용승용차의 지배에 눌려 황폐화되고 있다.

이러한 복잡다지한 문제들을 해결하려면 전문적인 지식이 필요하다. 전문성을 가지고 교통현상을 분석하고, 문제를 진단할 때 비로소 교통문제 해결의 실마리가 보이는 것이다. 그러나, 교통공학, 교통계획이란 학문이 딱딱하고, 공식위주로 되어 있어서 그 동안 이론을 이해하고 활용하는 데 어려움을 호소하는 실무자, 학생들이 적지 않았다.

도시교통에는 어떤 재미가 숨어 있을까? 도시교통을 보다 재미있게 이해하는 방법은 없을까? 이러한 문제를 독자들과 공유하면서 서로의 해결책을 찾아보기 위해 이 책은 조그마한 시작을 해본 것에 지나지 않는다.

도시교통분야에 관여하는 공무원이나 연구원, 엔지니어링회사에 근무하는 전문가, 그리고 학생들은 교통정책이나 교통관련 연구보고서, 논문을 떠나서는 살 수 없다. 이러한 보고서에는 으레 교통관련 기법과 방법론이 포함되거나 적용되게 마련이다.

보고서나 논문이 설득력을 가지려면 도시교통방법론을 알고 적절히 활용하는 지혜가 필요하다. 따라서 모든 교통전문가나 학생들이 도시교통기법으로 무장되어 있을 때 자신감이 생기며 도시교통정책의 분석, 예측, 평가에 보다 적극적으로 대처할 수 있는 것이다.

이 책은 저자의 교통공학, 교통계획, 대중교통론의 강의자료를 바탕으로 해서 기초적인 틀을 잡아 본 것이다. 실 한올 한올을 뜨개질하듯 엮어 보니 하나의 그물망이 만들어진 느낌이나 군데군데 아직도 미흡한 구석이 남아 있는 것도 숨길 수 없는 사실이다. 이나마 이 책을 세상에 내놓는 데는 만화를 그려 준 김성규 씨와 편집·정리를 맡아 준 이수일, 정재호 군의 도움이 컸다. 또한 박영사의 송병민 과장님과 전채린 과장님의 독촉과 전문성이 책을 만드는 데 큰 힘이 되었다. 마지막으로 박영사의 안종만 회장님의 끊임없는 격려에 감사드린다.

2018년 봄이 오는 길목에서
저자 씀

목   차

제4장   교통 용량과 서비스 수준

제 5 장   교통 설계

제 6 장   교통 운영

—

vi 목 차

vi 목　차

vi 목　차

제7장　교통 계획 과정

제 8 장 대중 교통

제 9 장 교통 안전

제 10 장 보행 교통 및 자전차 교통

제 11 지능형 교통체계(ITS)

제 12 장   미래 지향적인 도시교통 정책 대안

교 통 이 란

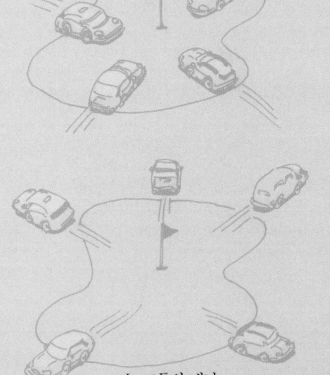

제1장 교통이란

Ⅰ. 교통의 개념

교 통
(Transport)

정 의	역 할
• 사람이나 화물을 한 장소에서 다른 장소로 이동시키는 모든 활동 혹은 과정 • 장소와 장소간의 거리를 극복하기 위한 행위 • 사람의 움직임에 편의를 제공하는 수단	• 정치적: 국가 또는 사회의 발전 정도를 평가하는 기준 • 경제적: 생산성의 극대화와 산업 구조의 개편이 수단 제공 • 사회적: 지역간의 격차해소와 문화적 일체감 조성

❈ 교통의 3요소

교 통 주 체	교 통 수 단	교 통 시 설
• 사람 • 물건	• 자동차, 버스 • 전철, 지하철 • 비행기 • 선박	• 교통로(도로, 철도, 운하, 항로) • 역 • 주차장 • 공항 • 항만

❈ 교통의 기능

①	승객과 화물을 일정 시간에 목적지까지 운송
②	문화, 사회 활동 등을 수행하기 위한 이동 수단 제공
③	도시화를 촉진시키고 대도시와 주변 도시를 유기적으로 연결
④	생산성 제고와 생산비 절감에 기여
⑤	유사시 국가방위에 기여
⑥	도시간, 지역간의 사회, 정치적 교류 촉진
⑦	소비자에게 다양한 품목을 제공하여 교역의 범위를 확장

Ⅱ. 교통공학이란

> ### 교 통 공 학

- 사람과 화물의 이동에 관련된 여러 요소들의 상호관계를 파악함으로써 교통 체계를 합리적으로 계획, 설계, 운영, 통제하기 위한 학문
- 계획(planning), 설계(design), 운영(operation)으로 구분
- 교통류의 특성과 이론에 기본 바탕

따라서 교통 공학은, "여러 분야의 종합 학문"이라고 할 수 있다.

교통 공학의 분야

→ 통계학, 수학, 경제학, 체계 분석학, 토목 공학, 행정학 등이 토대

→ 교통 계획, 교통 체계론, 대중 교통, 교통류 이론, 교통 경제, 도로 공학, 교통 운영, 화물 교통이 주된 분야

교 통 공 학

교통조사	교통정책	교통수단계획	도시계획	교통체계분석	교통수요공급	대중교통공학	대중교통정책	교통류특성	교통용량	교통류이론	교통경제	교통사업평가	선형계획	고속도로공학	철도공학	교통체계관리	교통안전	교통법규	교통시설	물류이론	화물교통체계	화물교통정책

교통계획	교통수요공급	대중교통	교통류이론	교통경제	도로공학	교통운영	화물교통

통계학	수 학	경제학	체계분석학	토목공학	행정학

Ⅲ. 도시교통의 특성은 어떠한 것이 있나

도시교통	도시에서 발생하는 사람과 화물의 이동

※ 도시교통의 특성

> 단거리 교통

> 대량 수송

> 오전·오후 피크 현상 발생

> 도심지 등 특정 지역에 통행 집중

> 통행로, 교통 수단, 터미널 등에 의한 서비스 제공

• 시간대별 교통량 분포

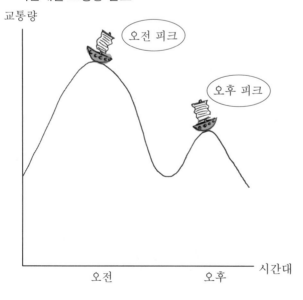

• 오전, 오후의 통행량 분포

Ⅳ. 교통은 어떻게 구분되나

교통의 분류 ▷

✺ 지역적 규모에 따라

구 분	목 표	범 위	교 통 체 계	통 행 특 성
국가교통	• 국토의 균형 발전을 위한 교통망 형성	국가전체	고속도로 철 도 항 공 항 만	국가 경제 발전을 위한 장거리 교통
지역교통	• 지역의 균형 발전 • 지역간 이동 촉진	지 역	고속도로 철 도 항 공	화물과 승객의 장거리 이동 지역간의 교류
도시교통	• 도시내 교통 효율 증대 • 대량교통수요의 원활한 처리	도 시	간선도로 도시고속도로 지하철, 전철 버스, 택시 승 용 차	단거리 이동 대량 수송 특정지역에 집중 2회의 피크 발생
지구교통	• 지역내 자동차 통행제한 • 안전, 쾌적한 보행자공간 확보 • 대중 교통체계의 접근성 확보	주거단지 상업시설 터 미 널	보조간선도로 이면도로 주 차 장	대부분 보행 교통 지구내의 교통처리

✺ 이용되는 교통 수단에 따라

개인교통수단 ▷	이동성, 비정기성 예) 자가용, 오토바이, 자전거, 렌트카 등
대중교통수단 ▷	대량 수송 수단으로 일정한 노선과 스케줄에 의해 운행 예) 버스, 지하철, 전철 등
준대중교통수단 ▷	고정된 노선이 없이 운행 예) 택시
화물교통수단 ▷	화물을 수송하는 교통 수단 예) 장거리-대량: 철도, 단거리-소형: 화물자동차
보행교통수단 ▷	자체로서 통행 목적을 충족시킬 수 있을 뿐 아니라 타교통 수단과의 연계 기능을 담당

Ⅴ.　도시교통에는 어떤 문제가 있나

도시교통 문제의 유형	• 도시 구조와 교통 체계간의 부조화 • 교통 시설 공급의 부족 • 교통 시설에 대한 운영 및 관리의 미숙 • 교통 계획 및 행정의 미흡 • 대중 교통 체계의 비효율성

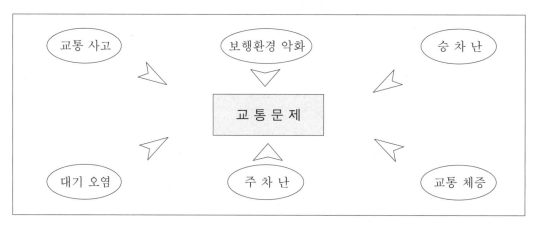

Ⅵ. 장래 교통 여건은 어떨까

❎ 교통 여건의 변화

- 자동차화(motorization)의 지속

- 소득 증대로 인한 교통 수요의 증대

- 생활 양식의 변화로 인한 교통 수요의 다양화

- 국제화 시대의 도래

- 대중 교통 서비스의 질에 대한 욕구 증가

- 인구의 고령화와 고령층의 생활양식 변화

- 환경에 대한 중요성 인식

- 도시 개발과 교통 체계간의 상호연관성 인식

- 정보화 사회의 진전

• 우리나라 자동차 보유대수 추이

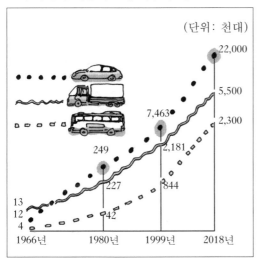

• 이동통신 가입자 추이

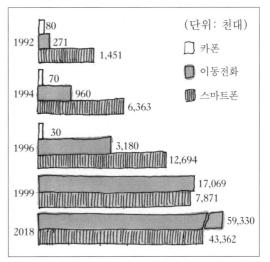

제 2 장

차량과
운전자 특성

제 2 장 차량과 운전자 특성

I. 차량의 특성이란

1. 차량별 제원

도로를 주행하는 차량은 도로 설계나 교통 상태를 파악하는 기준이 된다. 차량의 종류에 따라 크기, 중량, 주행궤적 등이 다르기 때문에 먼저 이들의 특성을 알아야 한다.

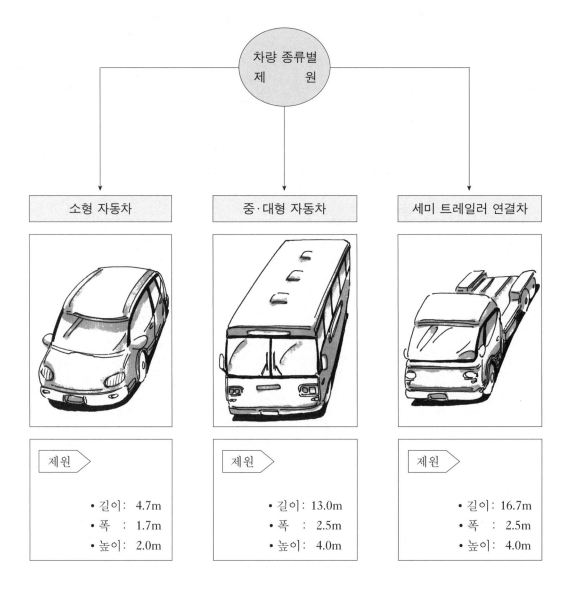

소형 자동차
- 길이: 4.7m
- 폭 : 1.7m
- 높이: 2.0m

중·대형 자동차
- 길이: 13.0m
- 폭 : 2.5m
- 높이: 4.0m

세미 트레일러 연결차
- 길이: 16.7m
- 폭 : 2.5m
- 높이: 4.0m

2. 차량별 제원

가속(Acceleration)	감속(Deceleration)
• 도로의 종단구배, 평면선형 설계시 중요한 요소 • 주행 거리는 가속률에 비례	• 노면과 타이어간의 마찰계수에 의해 결정 • 속도와 마찰계수는 반비례

직선 구간에서의 차량의 이동 거리:

$$x - x_0 = \frac{v^2 - v_0^2}{2a}$$

v_0: 최초 속도(m/sec), v: 나중 속도(m/sec)

x_0: 최초 속도에서의 주행 거리(m), x: 나중 속도일 때의 주행 거리(m)

a : 가속률(또는 감속률)(m/sec^2)

차량이 최초에는 정지하였다가 나중 속도가 60km/시가 되었다. 이 차량이 250m를 주행했다고 하면 가속률은?

$$a = \frac{v^2 - v_0^2}{2(x - x_0)} = \frac{16.7^2 - 0^2}{2(250 - 0)} = 0.56(\text{m/sec}^2)$$

• 차량의 감속시 작용하는 힘

12m의 곡선반경을 주행하여 20m를 주행한 후 60km/h의 정상속도로 돌아올 때의 감속도는?

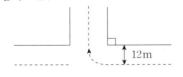

$$s = \frac{v^2 - v_0^2}{2a} = 20 + \frac{2\pi r}{4} = 20 + \frac{2 \cdot 12 \cdot \pi}{4}$$

$$= 38.85\text{m}$$

$$\therefore a = \frac{(60/3.6)^2}{2 \times 38.85} = 3.58\,\text{m/sec}^2$$

3. 정지시거란 무엇인가

정지시거 ▷	동일 차로상의 장애물을 인지한 후 제동을 하여 정지하기 위해 필요한 길이

▧ 정지시거에 영향을 미치는 요소

속 도	반응시간	미끄럼 마찰계수
• 차량주행특성 및 교통량 조건을 감안하여 도로의 설계 속도를 산출	• 운전자가 장애물을 발견하고 나서 브레이크를 밟기까지의 시간 • 통상적으로 2.5초	• 속도가 증가하면 감소 • 타이어 조건, 노면 조건, 제동 조건 등에 따라 값이 변화

최 소 정 지 시 거

• 최소 정시지거 = 반응거리 + 제동거리
  = 반응시간 × 차량의 속도

• 최소 정지시거 계산

$$MSSD = 0.694(v) + \frac{v^2}{254(f \pm G)}$$

MSSD: 최소 정지시거(m)
v: 설계 속도(km/h)
f: 마찰 계수(0.29~0.44)
G: 종단구배

앞차의 급제동시 충돌을 피하기 위해서는 충분한 차간거리의 확보가 필요합니다.

➡ f=0.4, 종단구배＋3%, v=70km/h, 인지반응시간이 2.5초일 때 최소 정지시거는?

◑ MSSD= 반응거리＋제동거리 = $0.694(70) + \dfrac{70^2}{254(0.4+0.03)}$

= 48.58 + 44.86 = 93.44(m)

4. 차량의 제동거리는 어떻게 결정되나

차량이 도로 위를 주행할 경우 직선부에서는 제동거리, 곡선부에서는 차량의 전도를 방지하기 위한 곡선반경에 대해 세심한 주의가 필요하다.

제동거리(D_b)	자동차 주행시 운전자가 브레이크를 조작하여 정지하기까지의 거리
마 찰 계 수(f)	타이어와 노면 사이에 작용하는 힘
종단구배(G)	도로의 선형을 종단적으로 보았을 경우의 기울기(%)
편 구 배(e)	평면곡선 주행시 원심력에 대항하기 위해 도로의 바깥쪽을 안쪽보다 높게 하는 정도

직선부에서의 차량 주행 특성

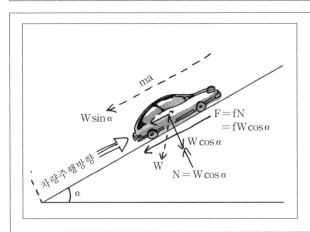

• 차량의 제동거리

$$D_b = \frac{V^2 - V_0^2}{254(f \pm G)}$$

D_b: 제동거리(m)
f : 마찰계수
G : 종단구배
V_0: 초기 속도(km/h)
V : 나중 속도(km/h)

◉ 차량이 60km/h의 속도로 주행하다 정지할 경우 이 차량의 제동거리를 구하여라.
(단, 마찰계수는 0.15, 종단구배는 없다.)

◑ 제동거리 $D_b = \dfrac{(나중 속도)^2 - (초기 속도)^2}{254 \times (마찰계수 \pm 종단구배)} = \dfrac{0^2 - (60)^2}{254(0.15 \pm 0)} = 94.49(m)$

◉ 달리던 차량이 25m 주행한 후 정지하였다. 이때의 노면 마찰계수는 0.15였는데 초기속도는?

◑ $V_0 = \sqrt{254 \times 0.15 \times 25} = 30.86 \text{km/h}$

5. 차량은 곡선부에서 어떻게 주행할까

곡선부에서의 차량 주행 특성

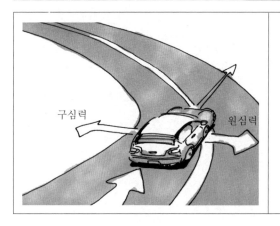
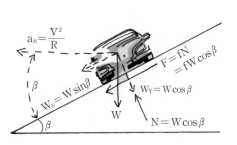

• 차량이 곡선부를 주행하는 동안 작용하는 힘의 균형 상태

| 원심력 | < | 마찰력 + 편구배 | → | 안정 |

| 원심력 | = | 마찰력 + 편구배 | → | 안정 |

| 원심력 | > | 마찰력 + 편구배 | → | 전도 |

• 차량의 전도를 방지하기 위한 조건

$$W \sin\beta + fW\cos\beta - ma_n\cos\beta = 0$$

$$W \sin\beta + fW\cos\beta - \left(\frac{W}{g}\right)\left(\frac{V^2}{R}\right)\cos\beta = 0$$

$W \cos\beta$로 나누면

$$\tan\beta + f - \left(\frac{1}{g}\right)\left(\frac{V^2}{R}\right) = 0$$

$$\tan\beta = e = 편구배$$

• 평면 곡선에서 속도의 기본식

$$e + f = \frac{V^2}{127R}$$

V: 속도(km/h)
R: 곡선 반경(m)
e : 편구배
f : 마찰계수

Ⅱ. 운전자는 어떤 특성을 갖고 있나

```
                    ┌──────────────┐
                    │  운전자 특성   │
                    └──────────────┘
```

인지 · 반응 시간	시각 및 광각
• 운전자가 위험을 인식하고 난 후 차량의 제동장치가 작동을 시작하는 순간까지의 소요 시간 • 운전자의 안전을 위해 필요 • 도로 설계시 기준은 2.5초	• 차량을 운전하는 운전자는 시선을 중심으로 양방향 3° 이내가 가장 선명 • 광안성: 물체를 볼 경우의 분명한 정도 • 교통 관제 시설은 시선을 중심으로 10° 이내에 설치하는 것이 바람직

▧ 인지 · 반응 과정(PIEV 과정)

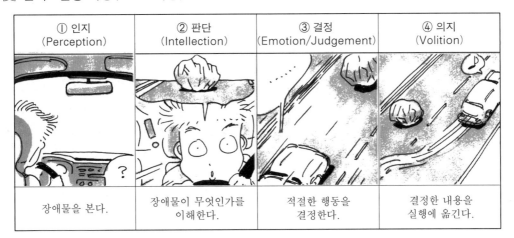

① 인지 (Perception)	② 판단 (Intellection)	③ 결정 (Emotion/Judgement)	④ 의지 (Volition)
장애물을 본다.	장애물이 무엇인가를 이해한다.	적절한 행동을 결정한다.	결정한 내용을 실행에 옮긴다.

정상시력 ▷	아주 밝은 상태에서 1/3인치 크기의 글자를 20ft 거리에서 읽는 사람의 시력

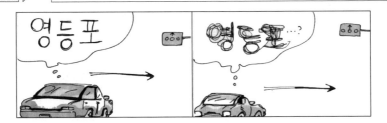

Ⅲ. 보행자의 특성이란

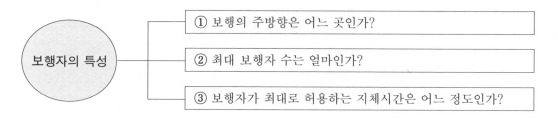

보행자의 특성

① 보행의 주방향은 어느 곳인가?

② 최대 보행자 수는 얼마인가?

③ 보행자가 최대로 허용하는 지체시간은 어느 정도인가?

보 행 속 도
• 횡단보도에서 보행자의 안전을 위해 필요한 신호시간 결정시 기준 • 평균 보행속도는 1.2m/sec

보 행 거 리
• 각종 시설 계획시의 기준 • 통행 목적이나 지역 등에 따라 평균 보행거리는 서로 상이 • 일반적인 보행거리는 도심부 400m, 기타 지역 800m 정도

• 차간 시간과 횡단자 백분율 사이의 관계

• 지역에 따른 통행 길이와 통행 백분율의 관계

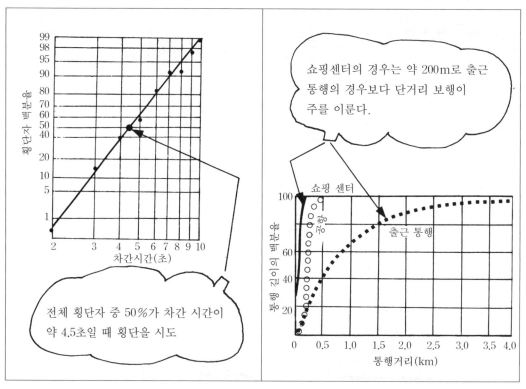

교통조사 및
교통류 특성

제 3 장 교통조사 및 교통류 특성

I. 교통조사

1. 교통량 조사는 어떻게 하나

교통량 조사	일정한 시간 동안 도로의 한 지점을 통과하는 차량대수 조사

교통량의 구분

연평균 일 교통량(AADT)	첨두시간 교통량(PHV)
• 1년 교통량을 365일로 나눈 값 • 새로운 도로망이나 최적노선 선정시 사용 • 도로의 서비스수준 평가에 적용 • 도로개선 타당성 및 건설우선순위 선정시 사용	• 하루중 피크 1시간 동안의 최대교통량 • 교통관제시설(신호등, 교통표지 등)의 타당성 및 설치위치 등의 설계에 반영 • 일방통행제, 가변차로제 등 교통운영체계 설계의 기초자료로서 활용

교통량 조사방법

• 기계적 조사 　- 자기감응감지기(detector)를 이용하여 교통량 측정 　- 도로상에 매설된 루프(loop)를 통과하는 차량의 대수를 카운트함 　- 정확한 결과를 얻을 수 있으나 유지·보수가 어려움	• 수동적 조사 　**Cordon line 조사** 　- 일정지역을 둘러싼 폐쇄선을 통과하는 차량대수 조사 　- 조사범위가 넓음 　**Screen line 조사** 　- Cordon line 조사를 보완하기 위해 실시
• 주행차량 이용법(moving car method) 　- 시험차량(test car)을 이용하여 일정구간의 주행시간 및 교통량 측정 　- 여러 번 행할 경우 비교적 높은 정도의 결과 획득 가능	• 사진측량법 　- 공중에서 일정구간에 대해 항공사진을 찍어 이로부터 차량수를 세는 방법 　- 비용이 많이 소요

2. 속도조사는 어떻게 하나

(1) 속도조사의 방법과 표본수 산정공식

속도조사	교차로의 접근로 혹은 링크(link)상 한 지점에서 각 차량의 속도를 측정

속도조사의 방법

• 수동적 조사

▷ 스톱워치 이용
짧은 구간(2~3 m)을 통과하는 차량의 시간을 측정하여 속도 계산

▷ 차량 번호판 조사
일정구간을 통과하는 차량의 번호판을 기록한 후 일치하는 차량의 시간차로부터 속도 계산

• 기계적 조사

▷ 자동감응감지기
도로상에 매설된 루프(loop)로부터 지점속도 측정

▷ 속도총(speed gun)
한 지점에서 속도총을 이용하여 차량의 속도 측정

속도조사시 유의사항	▷ 장비와 관찰자는 운전자와 인근 사람들에게 보이지 않아야 한다.
	▷ 충분한 수의 표본을 수집해야 한다.(최소표본수는 30대)

• 표본수 산정 공식

$$N = \left(\frac{KS}{E}\right)^2$$

N : 필요한 표본수
K : 통계신뢰도계수
  (신뢰도 95%일 때
  K = 2)
S : 속도표준편차
E : 허용오차

• 표본 선정시 유의사항

▷ 차량군 중 처음으로 주행하는 차량을 선택해야 한다.
▷ 무작위로 추출하되 전체 교통류를 대표할 수 있어야 한다.
▷ 대형차의 혼입률에 준하여 대형차 표본조사를 실시해야 한다.

◐ 현재 실시되고 있는 고속도로에 대한 제한속도를 다시 결정하고자 한다. 속도의 표준편차가 10 km/h, 허용오차를 2 km/h로 할 때 필요한 표본의 수를 구하여라.
(단, 신뢰도는 95%이다.)

◐ K = 2
S = 10 $N = \left(\frac{KS}{E}\right)^2$ 에서 $N = \left(\frac{2 \cdot 10}{2}\right)^2 = 100$, 따라서 필요한 표본의 개수는 100이다.
E = 2

(2) 두 집단간 속도차이 검증방법

두 집단간 속도의 차이 검증방법

• 속도차이 검증식

$$Sd = \sqrt{\frac{S_1^2}{n_1} + \frac{S_2^2}{n_2}}$$

Sd : 두 집단 평균사이의 표준편차
n_1 : 집단 1의 표본수
n_2 : 집단 2의 표본수
S_1^2 : 집단 1의 분산
S_2^2 : 집단 2의 분산

▷ 옆의 공식에서 Sd와 두 집단 평균속도 차이를 비교하여 두 집단간의 동질성 유무 판단

$$\frac{|\overline{u}_1 - \overline{u}_2|}{Z} > Sd \text{ 일 경우 집단간 차이 인정}$$

$\overline{u}_1$: 집단 1의 평균속도
$\overline{u}_2$: 집단 2의 평균속도
Z : 95% 유의 수준에서 Z=1.96

• 집단간 차이가 존재하는 경우

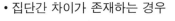

0   Sd $\frac{|\overline{u}_1 - \overline{u}_2|}{Z}$

• 집단간 차이가 존재하지 않는 경우

0      $\frac{|\overline{u}_1 - \overline{u}_2|}{Z}$ Sd

집단간 속도차이 검정 방법

◐ 어느 도로에 대한 개선이 이루어지기 전과 후의 속도를 측정한 결과가 아래와 같 다. 95% 유의수준에서 도로개선으로 인한 속도증가 효과가 있는지에 대해 검정하여라.

$\overline{u}_1 = 35.5km/h$, $S_1 = 5.2km/h$, $n_1 = 300$
$\overline{u}_2 = 37.4km/h$, $S_2 = 4.3km/h$, $n_2 = 400$

◐ 먼저 두 집단 사이의 표준편차를 구하면

$$Sd = \sqrt{\frac{S_1^2}{n_1} + \frac{S_2^2}{n_2}} = \sqrt{\frac{5.2^2}{300} + \frac{4.3^2}{400}} = 0.369$$

두 집단간의 평균은
$|\overline{u}_1 - \overline{u}_2| = 35.5 - 37.4 = 1.9$

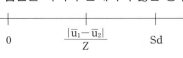

$$\frac{|\overline{u}_1 - \overline{u}_2|}{Z} = \frac{1.9}{1.96} ≒ 0.97$$

이 값과 Sd(=0.369)를 비교하면 위의 값이 크다. 따라서 도로 개선으로 인한 속도증가 효과는 존재.

3. 주행시간 및 지체도 조사방법은

(1) 주행시간 조사방법

```
            주행시간 및 지체도 조사
```

• 교통혼잡 및 서비스 수준의 지표로서 활용	• 개선안의 경제성 평가 및 환경에 미치는 영향 평가시 사용	• 교통운영개선사업(TSM)의 개선안에 대한 효율성 판단의 기준	• 문제지점 파악 및 해결방안 제시

주행시간 조사방법

▷ 시험차량을 이용하는 방법

교통류 적응 운행법 (floating car method)	평균속도 운행법 (average speed method)	주행차량 이용법 (moving car method)
• 일정구간에 시험차량을 구간의 다른 차량과 균형을 유지하게끔 운행하며 주행 시간을 기록하는 방법 • 추월상의 균형유지 (추월차량수=추월당한 차량수)	• 시험차량의 운전자가 일정 구간의 교통류에 대해 평균속도라고 판단되는 속도로 운행하여 주행시간을 기록하는 방법	• 시험차량을 이용하여 일정구간 주행시 주행시간, 반대편 주행 차량수, 추월차량수, 추월당한 차량수 등을 기록하여 주행시간을 구하는 방법 • 일정구간의 교통량과 주행시간 등을 동시에 구할 수 있는 점이 유리 • 산정 방법 $$\overline{T}_n = T_n - \frac{60(O-P)}{V_n}$$ $\overline{T}_n$: n방향 운행시 평균주행시간 T_n: n방향 운행시 주행시간 O: 시험차량을 추월한 차량수 P: 시험차량이 추월한 차량수 V_n: n방향 교통량

▷ 시험차량을 이용하지 않는 방법

번호판 판독법	면접 조사
• 관측자 2인이 일정구간의 시·종점에서 번호판 끝 3~4자리와 도착시간을 기록한 후 이를 비교하여 구간속도를 구하는 방법 • 최소한 50개 정도의 표본 요구됨	• 통행시간, 지체의 경험 등에 대해 일정구간을 주행한 운전자에 대해 면접 조사 • 단기간에 많은 정보를 얻을 수 있으나 결과에 대해 조정이 필요

(2) 시험차량을 이용한 주행시간 계산 예

시험차량 이용법에 의한 주행시간 계산 예

- 계산순서: 먼저 일정구간(A~B)에서 북쪽방향으로 진행하는 차량의 시간당 교통량(V_n)을 구하려면
  ① 시험차량을 남쪽으로 달리면서 북쪽방향의 차량수(M_s)를 세고
  ② 시험차량을 북쪽으로 달리면서 앞서 관찰된 차량수를 보정해 준다.

▷ 주행시간 계산 공식

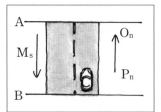

$$V_n = \frac{60(M_s + O_n - P_n)}{T_n + T_s}$$

$$\overline{T}_n = T_n - \frac{60(O_n - P_n)}{V_n}$$

V_n: n방향 시간당 교통량
M_s: 시험차량이 남쪽방향으로 달리면서 만났던 북쪽방향으로 진행하는 차량수
O: 시험차량을 추월한 차량수
P: 시험차량이 추월한 차량수
T_n: (시험차량의) n방향 주행시간
T_s: (시험차량의) s방향 주행시간
$\overline{T}_n$: n방향 평균 주행시간

- 시험차량을 이용하여 도로의 일정구간을 운행하면서 얻은 결과가 아래와 같다고 할 때 북쪽방향과 남쪽방향에 대해 시간당 교통량과 평균 주행시간을 각각 구하여라.

주행방향/ 조사대수	주행시간 (분)	반 대 방 향 주행차량수(대)	시험차량을 추월 한 차량대수(대)	시험차량이 추월 한 차량대수(대)
북쪽	(T_n)	(M_n)	(O_n)	(P_n)
1	2.75	80	1	1
2	2.55	75	2	1
3	2.85	83	0	3
4	3.00	78	1	1
남쪽	(T_s)	(M_s)	(O_s)	(P_s)
1	2.95	78	2	0
2	3.15	83	1	1
3	3.20	89	1	1
4	2.83	86	1	1

① 방향별 조사자료 평균 계산

북방향
T_n(평균주행시간) = 2.79(분)
M_n(평균반대방향 주행차량수) = 79(대)
O_n(시험차량을 추월한 차량수) = 1(대)
P_n(시험차량이 추월한 차량수) = 1.5(대)

남방향
T_s(평균주행시간) = 3.03(분)
M_s(평균반대방향 주행차량수) = 84(대)
O_s(시험차량을 추월한 차량수) = 1.25(대)
P_s(시험차량이 추월한 차량수) = 0.75(대)

② 방향별 교통량 및 평균주행시간 계산

북방향
$$V_{북쪽} = \frac{60(84 + 1 - 1.5)}{2.79 + 3.03} = 861(대/시)$$
$$T_{북쪽} = 2.79 - \frac{60(1 - 1.5)}{861} = 2.82(분)$$

남방향
$$V_{남쪽} = \frac{60(79 + 1.25 - 0.75)}{2.79 + 3.03} = 820(대/시)$$
$$T_{남쪽} = 3.03 - \frac{60(1.25 - 0.75)}{820} = 2.99(분)$$

(3) 교차로 지체도 측정방법

교차로 지체도 측정방법

- 지체도 측정방법에는 여러 가지가 있으나 정지지체(stopped delay)가 가장 보편적으로 사용
- 정지지체를 이용한 교차로 지체도 측정방법

▷ 지체도 조사 과정
① 시간간격(interval) 설정, 조사를 위해 관찰자 위치   ② 시간간격에 대해 정지한 차량수 기록
③ 통과 차량의 수 기록(②와 함께)   ④ 기록된 자료를 이용하여 지체도 산정

▷ 지체도 계산 공식

총지체도 = 총정지차량수 × 설정된 시간간격	접근차량당 평균지체도 = $\dfrac{총지체도}{도착교통량}$

▨ 정지지체(stopped delay)를 이용한 교차로 지체도 측정의 예

옆의 그림과 같은 교차로에서 15초 간격으로 2분 동안 정지한 차량수를 조사한 결과가 아래와 같다. 총지체도와 차량당 평균지체를 구하여라.

시 간	15초	30초	45초	60초	통과차량
08 : 00 ~ 08 : 01	4	2	4	8	46
08 : 01 ~ 08 : 02	6	3	1	2	40

① 정지차량수 계산
　정지차량수 = (4+2+4+8+6+3+1+2) = 30(대)
② 총지체도 계산
　총지체도 = 30×15(초) = 450대·초
③ 차량당 평균지체도 계산
　차량당 평균지체도 = $\dfrac{450}{86}$ = 5.23초

○ 어느 한 교차로의 조사가 다음과 같다고 하자(주기 110초, 선정단위시간 15초). 총지체도, 접근차량당 평균지체도를 구하여라.

시 간	0초	15초	30초	45초	교통량
08 : 00	6	3	6	8	40
08 : 01	3	1	1	0	20
08 : 02	5	4	7	4	35
08 : 03	5	8	2	5	40
08 : 04	2	4	3	2	15
총 계	80				150

○
총지체도 = 정지차량수 × 단위선정시간
　　　 = 80대 × 15초 = 1200대·초

접근차량당 평균지체도
　 = 총지체도/접근교통량
　 = 1200대·초/150대 = 8초

II. 교통류의 특성

1. 교통류란 무엇일까

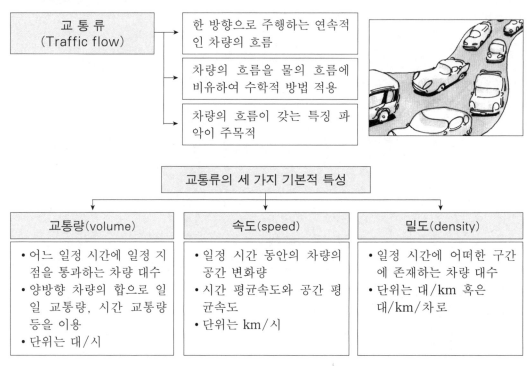

교통류 (Traffic flow)	→	한 방향으로 주행하는 연속적인 차량의 흐름
	→	차량의 흐름을 물의 흐름에 비유하여 수학적 방법 적용
	→	차량의 흐름이 갖는 특징 파악이 주목적

교통류의 세 가지 기본적 특성

교통량(volume)	속도(speed)	밀도(density)
• 어느 일정 시간에 일정 지점을 통과하는 차량 대수 • 양방향 차량의 합으로 일일 교통량, 시간 교통량 등을 이용 • 단위는 대/시	• 일정 시간 동안의 차량의 공간 변화량 • 시간 평균속도와 공간 평균속도 • 단위는 km/시	• 일정 시간에 어떠한 구간에 존재하는 차량 대수 • 단위는 대/km 혹은 대/km/차로

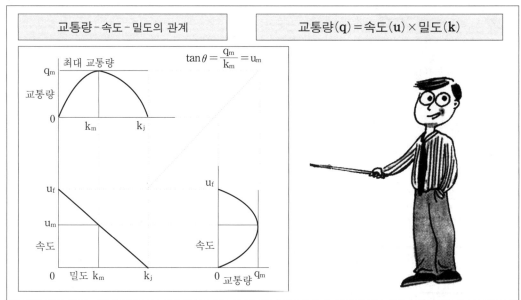

교통량-속도-밀도의 관계   교통량(q)=속도(u)×밀도(k)

$$\tan\theta = \frac{q_m}{k_m} = u_m$$

최대 교통량

q_m

교통량

0   k_m k_j

u_f

u_m

속도

0 밀도 k_m k_j

u_f

속도

0 교통량 q_m

2. 교통량의 특성은

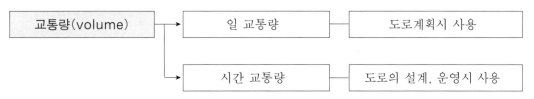

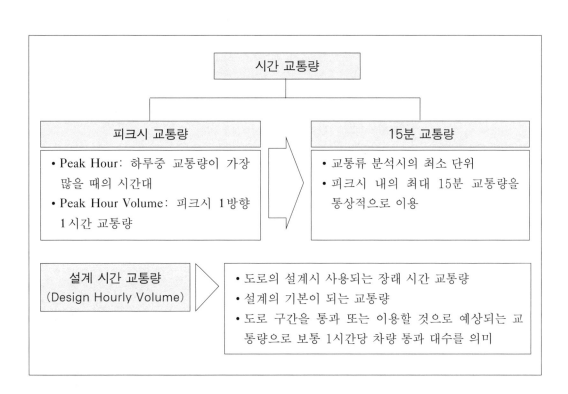

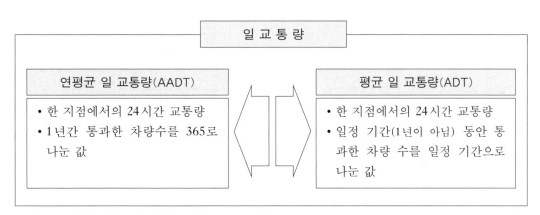

3. 피크시간 계수란 무엇인가

피크시간 계수(Peak Hour Factor)

- 피크시 1시간 교통량과 그 시간 내의 작은 시간 단위(15분 단위)로 구한 최대 교통량을 1시간으로 환산한 값과의 비
- 피크시 교통량의 변동을 나타내는 척도로서 이용

┌─ 시간 교통량과 시간당 최대 교통량과의 관계 ─────────

$$PHF = \frac{\text{피크시 교통량}}{4 \times 15\text{분 최대 교통량}}$$

PHF : 피크시간계수

◉ 도시내 간선 도로의 피크시 조사한 교통량이 다음과 같을 때 피크시간계수(PHF)는

시 간	5 : 00 ~ 5 : 15	5 : 15 ~ 5 : 30	5 : 30 ~ 5 : 45	5 : 45 ~ 6 : 00
교통량	1000	1100	1200	900

◉ 피크시 중 15분 최대 교통량은 1200대, 따라서 $PHF = \dfrac{4200}{4 \times 1200} = 0.875$

┌─ 속도의 분포 ─────────

| 최빈 속도 | 가장 빈도가 높은 속도 | 85% 속도 | 전체 운전자 중 85%가 주행하는 속도 |

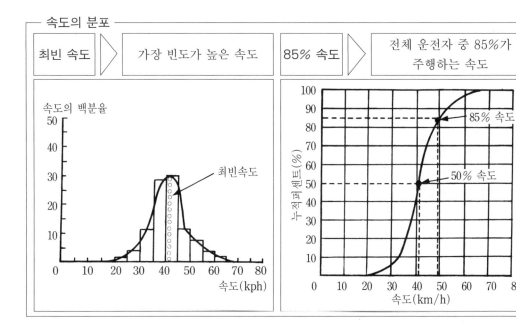

4. 설계시간 교통량과 차로수 결정 과정은

설계시간 교통량 산출과 차로수 결정 방법 〉

(1) 대상 도로 구간의 교통량 변화 특성을 반영하기 위해 연평균 일교통량에 대한 비율의 결정

시간당 교통량을 높은 것으로부터 차례로 배열	⇨	각 시간당 교통량을 나타내는 점들을 매끄러운 곡선으로 연결	⇨	곡선의 기울기가 급격히 변화하는 지점에서 연평균 일교통량에 대한 백분율 산출

▽

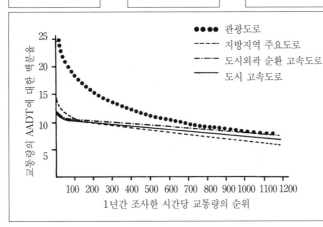

●●●● 관광도로
---- 지방지역 주요도로
-·-·- 도시외곽 순환 고속도로
—— 도시 고속도로

세로축: 교통량의 AADT에 대한 백분율
가로축: 1년간 조사한 시간당 교통량의 순위

- 일반적으로 $K = 30$번째의 시간교통량을 사용
- K_{30}의 비교

관광도로 > 지방지역도로 > 도시외곽도로 > 도시내도로

(2) 설계시간 교통량 산출

$$DHV = AADT \times \frac{K_{30}}{100}$$

DHV: 설계시간 교통량(양방향, 대/시)
AADT: 연평균일교통량(대/일)
K_{30}: 연중 30번째 시간교통량 비율(%)

(3) 방향별 분포를 고려한 설계시간 교통량 산출

첨두시간과 같이 교통량의 방향별 분포가 뚜렷한 차이를 나타내는 도로의 설계시는 교통량이 많은 방향에 대한 세심한 주의가 필요하다.

$$DDHV = AADT \times \frac{K_{30}}{100} \times \frac{D}{100}$$

DDHV: 방향별 설계시간 교통량(대/시)
D: 양방향 교통량에 대한 교통량이 많은 방향의 교통량 비율(%)

(4) 차로수 결정

$$N = \frac{\text{설계시간 교통량}}{\text{설계서비스 교통량}}$$

N: 차로수

고속도로, 다차로도로 ⟶ 한 방향 기준
2차로도로 ⟶ 양방향 기준

설계시간 교통량 산출과 차로수 결정의 예

(1) 설계시간 교통량 산출의 예

어느 도로 구간의 연평균 일 교통량이 5,000대이고 연중 30번째 시간 교통량의 비율이 18%, 중방향 교통량의 비율이 75%일 때 설계시간 교통량을 구하여라.

• 방향별 분포를 고려한 설계시간 교통량 산출

$$DDHV = AADT \times \frac{K_{30}}{100} \times \frac{D}{100} = 5000 \times \frac{18}{100} \times \frac{75}{100} = 675(대/시)$$

(2) 차로수 결정의 예

어느 지역에 고속도로를 건설하려고 한다. 주어진 조건이 아래와 같을 때 필요한 차로수를 구하여라.

주어진 조건: AADT = 45,000대, K_{30} = 30%, D = 65%
설계서비스 교통량 = 2400대/차로

$$DDHV = AADT \times \frac{K_{30}}{100} \times \frac{D}{100} = 45,000 \times \frac{30}{100} \times \frac{65}{100} = 8775(대/시)$$

$$N = \frac{\text{설계시간 교통량}}{\text{설계서비스 교통량}} = \frac{8775}{2400} = 3.66$$

고속도로 구간이므로 한 방향 4차로가 요구된다.

○ 요일별 교통량이 아래와 같다고 할 때, 목요일 변동계수를 구하라.

요 일	월	화	수	목	금	토	일
교통량	1500	1650	1800	1700	1600	1100	900

○ • 요일평균평일교통량 = Σ(평일교통량)/5 = 8250/5 = 1650대
• 요일변동계수 = 평균평일교통량/특정일교통량 = 1650/1700 = 0.97

○ 올림픽대로 구간에서 10월 둘째 주 목요일 7:00~9:00 동안에 조사한 교통량이 3,500대였다. 이 시간 동안의 교통량은 일일교통량의 15%를 차지하며 목요일에 대한 변동계수는 0.95, 10월에 대한 변동계수가 1.45일 때 이 도로의 AADT를 구하여라.

○ • 목요일 전체 교통량 = 3,500/0.15 = 23,333대/일
• 10월 평일의 평균교통량 = 23,333 × 0.95 = 22,166대/일
• AADT = 22,166 × 1.45 = 32,141대/일

5. 속도에는 어떤 종류가 있나

속도(Speed)	▷	단위 시간당 거리의 변화량

기본 공식

$$S = \frac{d}{t}$$

S: 속도(m/sec)
d: 주행거리(m)
t: 거리 d를 통과하는 데
　 걸린 시간(초)

⇒

• 도로를 주행하는 차량의 속도는 다양

• 따라서 개별 차량의 속도를 평균한 값을 이용하여 교통류의 특성을 설명한다.

속도의 종류

주행 속도 (running speed)	(구간 거리)÷(통행 시간 − 정지 시간)
운행 속도 (travel speed)	(구간 거리)÷(총통행 시간)
지점 속도 (spot speed)	일정 도로구간의 한 지점에서 측정한 차량 속도
자유 속도 (free speed)	주행시 다른 차량의 영향을 받지 않고 자유롭게 낼 수 있는 속도
설계 속도 (design speed)	차량의 안전한 주행과 도로의 구조, 설계 구조 등을 감안하여 설정한 속도
운영 속도 (operating speed)	도로의 설계 속도를 초과하지 않는 범위 내에서 차량이 낼 수 있는 최대 안전 속도

◐ 1km의 도로 구간을 차량이 통과하는 데 3분이 소요되었다. 이 중 1분을 신호등에 의해 정지했다고 할 때 차량의 운행 속도와 주행 속도를 구하여라.

◑
운행 속도	$\dfrac{1\text{km}}{3\text{분}} \times 60\text{분} = 20\text{km/h}$
주행 속도	$\dfrac{1\text{km}}{(3\text{분}-1\text{분})} \times 60\text{분} = 30\text{km/h}$

6. 시간 평균 속도와 공간 평균 속도는 어떻게 다른가

시간 평균 속도와 공간 평균 속도

시간 평균 속도는 한 지점에서 측정한
속도로서 여기서

$$\frac{80+100}{2}=90\text{km/h}$$

2분거리

그림과 같은 구간을 주행하는데
2분 걸렸다면 공간 평균속도는

70km/h

시간 평균 속도와 공간 평균 속도

시간 평균 속도(Time Mean Speed)	공간 평균 속도(Space Mean Speed)
• 일정 시간 동안 도로의 한 지점을 통과하는 모든 차량의 평균 속도 • 지점 속도 • 속도의 산술 평균값 • 속도 분석, 교통 사고 분석시 이용	• 일정 시간 동안 도로의 한 구간을 차지하는 모든 차량의 평균 속도 • 도로 구간의 길이에 관련한 속도 • 속도의 조화 평균값 • 교통류 분석시 이용

$$V_T=\frac{\sum\limits_{i=1}^{N}V_i}{N}$$

V_T: 시간 평균 속도(km/h)
V_i: 차량 주행 속도(km/h)
N: 차량 대수

$$V_s=\frac{N}{\sum\limits_{i=1}^{N}\frac{1}{V_i}}$$

V_s: 공간 평균 속도(km/h)

⬢ 10m 구간의 차량 2대를 조사한 결과 소요 시간이 각각 1.0초, 2.5초일 때 시간 평균 속도를 구하여라.

• 먼저 각 차량의
속도 계산

$$V_1=\frac{d}{t_1}=\frac{10\times3.6}{1.0}=36\text{km/h}$$

$$V_2=\frac{d}{t_1}=\frac{10\times3.6}{2.5}=14.4\text{km/h}$$

⟹

• 시간 평균
속도의 계산

$$V_T=\frac{(36+14.4)}{2}=25.2\text{km/h}$$

7. 밀 도 란

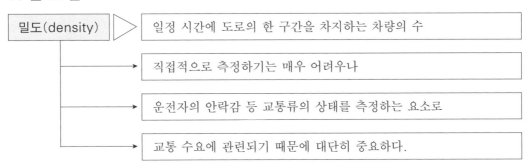

밀도(density) ▷ 일정 시간에 도로의 한 구간을 차지하는 차량의 수

직접적으로 측정하기는 매우 어려우나

운전자의 안락감 등 교통류의 상태를 측정하는 요소로

교통 수요에 관련되기 때문에 대단히 중요하다.

┌─ 밀도 계산식 ─────────────────────────────────┐

교통량 – 속도 – 밀도식

$$q = k \cdot v \longrightarrow k = \frac{q}{v}$$

q: 교통량(대/시)

k: 밀도

v: 공간 평균 속도(km/h)

◉ 도로의 한 구간에서 교통량이 시간당 1,000대, 평균 속도가 40km/h, 2차로일 경우 밀도를 구하여라.

$$k = \frac{q}{v} = \frac{1,000}{40 \times 2} = 12.5 \text{대/km/차로}$$

└───┘

다음과 같은 도로 구간에서 밀도를 계산해 보면 ……
1km, 3차로 구간에 차량이 24대 있으므로 밀도는
8대/km/차로

8. 차량간에는 어떤 관계가 있을까

- 차두 간격과 차간 간격

- 차량 사이의 간격

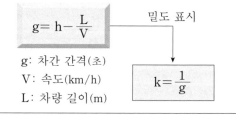

차간 간격(gap) 차간 길이(L)

차두 간격(headway)

차두 간격(headway)
• 앞차량의 뒷부분에서 뒷차량의 뒷부분까지의 거리 • 차두 간격과 교통량과의 관계

$$h = \frac{3600}{q}$$

h: 차두 간격(초)
q: 교통량(대/시)

차간 간격(gap)
• 앞차량의 뒷부분과 뒷차량의 앞부분 사이의 거리 • 차간 간격 = 차두 간격 - 차량의 길이 　　　　　(거리 개념) • 차간 간격의 계산(시간 개념)

$$g = h - \frac{L}{V}$$

g: 차간 간격(초)
V: 속도(km/h)
L: 차량 길이(m)

밀도 표시

$$k = \frac{1}{g}$$

⬢ 어느 도로 구간에서 30분 동안 교통량을 측정한 결과 2,500대가 관측되었을 때 차두 간격(headway)을 구하여라.

⬢ | 차두 간격 | $h = \dfrac{3600}{q} = \dfrac{3600}{2500} \times (0.5시간) = \dfrac{3600}{5000} = 0.72초/대$

⬢ 차두 간격이 평균 2.5초라고 하면 이 도로 구간의 교통량은

⬢ | 교 통 량 | $q = \dfrac{3600}{h} = \dfrac{3600}{2.5} = 1440대/시$

9. 교통량, 속도, 밀도 사이의 관계는

▷ | 교통량, 속도, 밀도 사이의 관계 |

관계 형태	관계 그래프	내 용

속도-밀도 관계	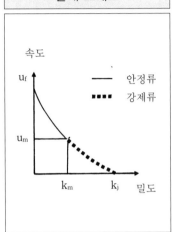	• 속도와 밀도는 반비례
		• 관계식의 형태
		  직선식: Greenshield
		  $$u = u_f\left(1 - \frac{k}{k_j}\right)$$
		  로그식: Greenberg
		  $$u = u_m \ln\left(\frac{k_j}{k}\right)$$
		  단일 관계식: Pipes
		  $$u = u_f\left(1 - \frac{k}{k_j}\right)^n$$

교통량-밀도 관계	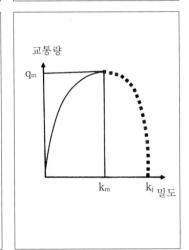	• 교통류 특성 설명시 가장 중요
		  (q-k 곡선)
		• 교통량-밀도 관계로부터 최대
		  교통량 산출
		  포물선 관계식
		  $q = u \cdot k = u_f\left(k - \frac{k}{k_j}\right)^2$ 에서
		  $$q_m = u_m \cdot k_m = \frac{u_f \cdot k_j}{4}$$
		  로그 관계식
		  $q = k \cdot u_m \ln\left(\frac{k}{k_j}\right)$ 에서
		  $$q_m = k_m\left(\frac{u_f}{e}\right)$$

속도-교통량 관계	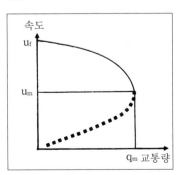	• 서비스 수준 산정시 근거
		• 안정류와 강제류로 구분
		  $$u - u_f = u_f\left(\frac{-k}{k_j}\right)$$
		  $$k = k_j\left(1 - \frac{u}{u_f}\right)$$
		  $$q = u \cdot k = k_j\left(u - \frac{u^2}{u_f}\right)$$

⊙ 편도 4차로 도로에서 교통량이 4500대/시간이고 평균속도가 45km/h일 때 다음에 답하여라.

(1) 밀도는 얼마인가?

(2) 차두 간격은 얼마인가?

(3) 차두 거리는 얼마인가?

(4) 차량의 길이가 4m일 때 차간 간격은?

➡ (1) 밀도 $= \dfrac{\text{교통량}}{\text{속도}} = \dfrac{\dfrac{4500\,\text{대}/\text{시}}{4\text{차로}}}{45\text{km/h}} = 25\text{대/km/차로}$

(2) 차두 간격 $= \dfrac{3600}{Q} = \dfrac{3600}{\dfrac{4500}{4}} = 3.2\text{초/대}$

(3) 차두 거리 $= \dfrac{1000}{K} = \dfrac{1000}{25} = 40\text{m/대}$

(4) 차량의 길이가 4m일 때 차간 간격: $g = h_t - \dfrac{l}{v} = 3.2 - \dfrac{4}{\dfrac{45}{3.6}} = 2.88\text{초}$

⊙ 그린쉴드는 속도와 밀도와 관계를 $u = u_f(1 - k/k_j)$의 식으로 도출하였다. $u_f = 80\text{km/h}$이고 $k_j = 120\text{대/km}$일 때 다음에 답하여라.(단, u_f: 자유속도, k_j: 임계밀도)

(1) q가 최대일 때의 밀도 k_m을 구하여라.

(2) u_m을 구하여라.

(3) q_m을 구하여라.

➡ (1) $q = u \cdot k = u_f(k - 2k/k_j)$

$\dfrac{\varDelta q}{\varDelta k} = u_f(k - 2k_m/k_j) = 0 \quad k_m = \dfrac{k_j}{2} = \dfrac{120}{2} = 60\text{대/km}$

(2) $u = u_f(1 - k/k_j)$에서 $k_m = \dfrac{k_j}{2}$를 대입하면

$u_m = u_f\left(1 - \dfrac{k_j/2}{k_j}\right) = u_f/2 = 80/2 = 40\text{km/h}$

(3) $q_m = u_m \cdot k_m = 40 \cdot 60 = 2400\text{대/시}$

⊙ 종속변수 u, 설명변수(독립변수) k인 $u = 4.02 - 0.25k$일 때 q_m을 구하여라.

➡ $q = u \cdot k$ 식에서 $q = (40.2 - 0.25k)k$

$q = 40.2k - 0.25k^2$

q_m은 $dq/dk = 0$일 때이므로 $dq/dk = 0.5k - 40.2 = 0 \quad k = 80.4$

$q_m = 40.2(80.4) - 0.25(80.4)^2 = 166\text{대/시}$

Ⅲ. 확률 분포 모형이란 무엇인가

1. 확률 분포 모형은 어디에 사용되나

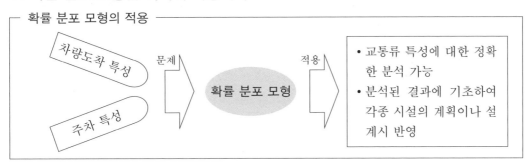

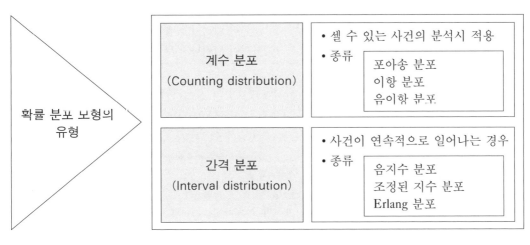

2. 계수 분포의 종류는 어떠한 것이 있을까

☒ 계수 분포(Counting Distribution)의 유형

(I) 포아송 분포 (Poisson Distribution)	• 무작위적으로 발생하는 사건의 설명에 적합(주어진 시간내) • 교통사고, 차량 도착 확률 계산 등에 적용 • 기본식 $$P(x) = \frac{\mu^x \cdot e^{-\mu}}{x!}$$ $P(x)$: 사건이 x회 발생할 확률 μ: 평균 발생 건수 x: 발생 건수

○ 운전면허 소지자 15,000인의 지난 3년간 교통사고 경력을 조사한 결과 전체 교통사고는 4,700건이다. 3년간 교통사고를 4회 일으킨 사람은 몇 명으로 추정되는가?

○

평균 계산	$\mu = \dfrac{4700}{15000} = 0.31$(건)
교통 사고를 4회 일으킨 사람수	$P(x) = \dfrac{0.31^4 \cdot e^{-0.31}}{4!} = 0.00028 \rightarrow 0.00028 \times 15000 = 4$(명)

(2) 이항 분포 (Binomial Distribution)	• 결과가 두 가지로 나타나는 경우 • 성공률이 p인 시행이 n번 발생할 때 x의 분포 $$P(x) = \frac{n!}{x!(n-x)!} p^x q^{n-x}$$ $P(x)$: n번 시도에서 x번 일어날 확률 n: 시도 횟수 x: 성공 횟수 p: 사건이 일어날 확률 q: 사건이 일어나지 않을 확률

(3) 음이항 분포 (Negative Binomial Distribution)	• n번째 시행에서 k번 실패하기 전 x번 성공할 확률 $$P(x) = \frac{(x-1)(k-1)!}{x!(k-1)!} p^k q^x$$ p: 성공 확률 q: 1-p k: 마지막 시도가 성공일 때 n번 시도에서 성공 횟수

◑ 어느 대형 할인매장에 도착하는 차량이 360대/시이고 이 주차장에 1분당 4대가 도착할 확률은?(μ: 평균도착대수, λ: 평균도착률, t: 시간간격)

◑ $\mu = \lambda t$

$\mu = (360/3600) \times 60 = 6$대/분

$P(4) = \dfrac{6^4 \cdot e^{-6}}{4!} = 0.1339$

◑ 좌회전교통량이 285대/시이고 이때의 신호주기는 63초이고 신호시간 내에 좌회전 교통량을 처리할 수 있다. 좌회전 전용차로용량이 4대일 때 용량이 초과하여 직진교통류에 지체를 발생시킬 확률은?

◑ $P(x \geq k) = 1 - P(x < k) = 1 - \displaystyle\sum_{x=0}^{k-1} \dfrac{(\lambda t)^x \cdot e^{-\lambda t}}{x!}$

$\lambda t = 285 \times \dfrac{63}{3600} = 4.985$(1주기당 평균차량대수)

$P(x \geq 5) = 1 - \displaystyle\sum_{x=0}^{4} \dfrac{e^{-4.985} \cdot 4.985^x}{x!}$

$\qquad = 1 - (0.0068 + 0.0340 + 0.0849 + 0.1412 + 0.1759)$

$\qquad = 1 - 0.4398 = 0.5602$

◑ 어느 교차로에 좌회전 전용차로를 설치하고자 한다. 좌회전 전용차로 길이는 좌회전차량을 85%를 만족시킨다면 좌회전 전용차로의 길이는?(단, 이전 신호주기동안 남아 있는 좌회전 차량은 없고, 차량 1대의 길이는 6m이다.)

◑ $\mu = \lambda t = (300/3600) \times 60 = 5$대/분

$P(x) = \dfrac{\mu^x \cdot e^{-\mu}}{x!}$

$P(0) = 0.0067, \ P(1) = 0.0337, \ P(2) = 0.0842, \ P(3) = 0.1402$

$P(4) = 0.1755, \ P(5) = 0.1755, \ P(6) = 0.1462, \ P(7) = 0.1044$

$\displaystyle\sum_{x=0}^{7} P(x) = 0.867 > 0.85$

따라서, 전용차로의 길이는 7대 $\times 6m = 42m$

3. 간격 분포에는 어떤 유형이 있나

▨ 간격 분포(Interval Distribution)의 유형

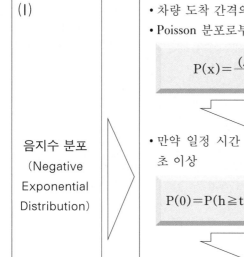

(I)	• 차량 도착 간격의 계산시 이용
	• Poisson 분포로부터 도출

$$P(x)=\frac{(\lambda t)^x \cdot e^{-\lambda t}}{x!}$$

$P(x)$: 일정 시간 t초에 x대의 차량이 도착할 확률

λ: 평균 도착률$\left(\dfrac{V}{3600}\right)$

t: 시간 간격(초)

음지수 분포
(Negative Exponential Distribution)

• 만약 일정 시간 t초 안에 도착 차량이 없다면 headway는 최소 t초 이상

$$P(0)=P(h\geq t)=e^{-\lambda t}=e^{-\frac{t}{\bar t}}$$

$P(h\geq t)$: headway가 t초 이상일 확률

$\bar t$: 평균 차두 시간

• 차두 시간의 분포를 나타내는 확률 분포 함수를 f(t)라 하면

$$f(t)=\lambda e^{-\lambda t}$$

◐ 시간당 175대/시의 교통량을 보이는 도로에서 headway가 1분 이하인 차량은 전체의 몇 퍼센트인가?

◑
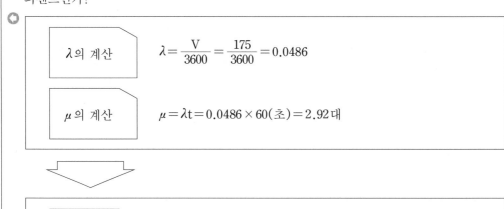

λ의 계산
$$\lambda=\frac{V}{3600}=\frac{175}{3600}=0.0486$$

μ의 계산
$$\mu=\lambda t=0.0486\times 60(초)=2.92대$$

$P(h<1)$
$$P(h<1)=1-P(h\geq 1)=1-e^{-2.92}=0.9461$$

(2) 정규 분포 (Normal Distribution)	• 평균 μ와 분산 σ^2을 가지는 정규확률변수 X의 확률분포 함수는 $$f(x) = \frac{1}{\sigma\sqrt{2\pi}}\, e^{\frac{-(x-\mu)^2}{2\sigma^2}}$$

⬇ 어느 도시부 도로 차량속도가 40km/h이다. 속도의 표준편차는 5km/h이다. 속도가 정규분포를 이룬다. 다음 물음에 답하여라.

(1) 차량속도가 45km/h 이상일 확률은?

(2) 차량속도가 35km/h 내지 45km/h 사이의 확률은?

⬇ $\mu = 40,\ \sigma = 5$

$$z = \frac{x-\mu}{\sigma} = \frac{x-40}{5} = \frac{45-40}{5} = 1$$

(1) $P(x \geq 45) = P(z \geq 1) = P(0 \leq z) - P(0 \leq z < 1)$
$$= 0.5000 - 0.3413 = 0.1587$$

(2) $x_1 = 35km/h,\quad x_2 = 45km/h$로 놓으면

$$z_1 = \frac{x_1 - 40}{5} = \frac{-5}{5} = -1$$

$$z_2 = \frac{x_2 - 40}{5} = \frac{5}{5} = 1$$

$$P(35 \leq x \leq 45) = P(-1 \leq z \leq 1) = 0.6826$$

| (3)
이동된 음지수
분포
(Shifted
Negative
Exponential
Distribution) | • 한 차로에서 차두 간격은 최소한의 안전 거리를 유지
• 따라서 음지수 함수는 최소 허용 차두 간격만큼 오른쪽으로 이동

$$P(h \leq t) = 1 - e^{-[(t-c)/(\bar{t}-c)]}$$

$P(h \leq t)$: 차두 간격이 t초보다
적을 확률
c : 최소 허용 차두 간격(초) |

◯ 임의로 도착하는 교통량이 시간당 500대이다. 최소 허용 차두 시간이 1.5초일 때 차두 간격이 3초보다 적을 확률을 구하여라.

◯

$$P(h \leq t) = 1 - e^{-[(t-c)/(\bar{t}-c)]} \text{에서 } t = 3\text{초}, \ c = 1.5\text{초}, \ \bar{t} = \frac{3600}{500} = 7.2\text{초}$$

$$P(h \leq 3) = 1 - e^{-[(3-1.5)/(7.2-1.5)]} = 0.2313$$

| (4)

Erlang 분포
(Erlang
Distribution) | • 이동된 음지수 분포에서는 차두 시간이 최소 허용 시간 c보다 적을
확률을 0이라고 가정
→ 실제로는 아주 적은 확률을 나타냄
• Erlang 분포의 확률 함수

$$f(t) = \lambda e^{-\lambda t} \frac{(\lambda t)^{k-1}}{(k-1)!}$$

평균 $t = \dfrac{k}{\lambda}$ $\Rightarrow$ $\lambda = \dfrac{평균}{분산}$
분산 $S^2 = \dfrac{k}{\lambda^2}$ $k = \dfrac{(평균)^2}{분산}$

• Erlang의 누적 분포 함수

$$P(h \leq t) = 1 - e^{-\lambda t} \sum_{n=0}^{k-1} \frac{(\lambda t)^n}{n!}$$ |

◯ $k = 2$, $\lambda = 0.49$일 경우 Erlang 분포를 이용하여 차두 시간이 1.5초보다 적을 확률을 구하여라.

◯

$$P(h \leq t) = 1 - e^{-0.49t}[1 + 0.49t] \qquad \Rightarrow \qquad P(h \leq 1.5) = 0.6545$$

Ⅳ. 충격파 이론이란

충격파(Shock wave) ＞ 차량 주행시 밀도와 교통량의 변화에 따른 차량 움직임의 전이 현상

✖ 충격파 이론의 원리

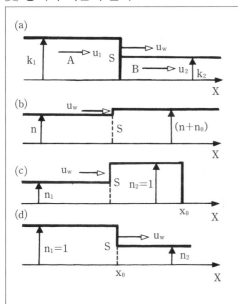

(a) k_1 A u_1 S u_w B u_2 k_2 X

(b) u_w n S $(n+n_0)$ X

(c) u_w n_1 S $n_2=1$ x_0 X

(d) $n_1=1$ S u_w n_2 x_0 X

- 도로를 주행하는 밀도가 서로 다른 (k_1, k_2) 두 교통류 가정
- 두 교통류는 u_w라는 속도로 움직이는 수직선 S로 경계

> u_1＝A영역에 있는 차량의 공간 평균 속도
> u_2＝B영역에 있는 차량의 공간 평균 속도
> u_1-u_w＝A 영역에 있는 차량의 S선에 대한 상대 속도
> u_2-u_w＝B영역에 있는 차량의 S선에 대한 상대 속도

- 충격파의 속도(u_1＝$u_f(1-n_1)$,u_2＝$u_f(1-n_2)$) 에서

> (a)의 경우: u_w＝$u_f(1-n_1+n_2)$
> (b)의 경우: u_w＝$u_f(1-2n)$(유사한 밀도)
> (c)의 경우: u_w＝$-u_fn_1$(정지시 충격파)
> (d)의 경우: u_w＝$-(u_f-u_2)$(출발시 충격파)

① 정지로 인한 충격파
n_1＝0.65이고 차량의 자유 속도가 60km/h일 경우 앞차량의 정지로 인한 충격파의 속도는?

$$u_w＝u_fn_1＝-60(0.65)＝-39km/h$$

② 출발로 인한 충격파
출발하는 차량의 속도가 40km/h일 때 차량의 자유 속도가 70km/h일 경우 충격파의 속도는?

$$u_w＝-(u_f-u_2)＝-(70-40)＝-30km/h$$

V. 추종 이론에 대하여

1. 추종 이론이란 어떠한 것인가

> 추종 이론(Car-following Theory)

- 미시적인 교통류 분석 방법으로 앞뒤차량의 주행 특성으로부터 전체 교통류의 특징 파악
- 자극-반응 관계(뒷차량의 운전자는 시간 t일 때의 자극의 크기에 비례하여 가속(혹은 감속) 반응 시간은 T만한 지체 시간을 갖는다.)

> 반응(t+T)＝민감도×자극(t)

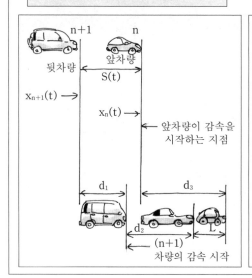

$x_n(t)$: 시각 t에서 n 차량의 위치

$S(t)$: 시각 t일 때 두 차량 사이의 간격
$$(=x_n(t)-x_{n+1}(t))$$

d_1: 반응 시간 T동안 (n+1) 차량이 움직인 거리

d_2: 감속하는 동안 (n+1) 차량이 움직인 거리

d_3: 감속하는 동안 n 차량이 움직인 거리

L: 정지해 있을 때 두 차량간의 차두 거리

> 추종 이론의 기본 관계식
>
> - 위의 그림에서 앞뒤차량 사이의 간격 S(t)는 다음과 같이 계산할 수 있다.
>
> $$S(t)=x_n(t)-x_{n+1}(t)=d_1+d_2+L-d_3$$
> $$=T\dot{x}_{n+1}(t)+\frac{\dot{x}^2_{n+1}(t+T)}{2\ddot{x}_{n+1}(t+T)}+L-\frac{\dot{x}^2_n(t)}{2\ddot{x}_n(t)}$$
>
> $\dot{x}(t)$: 차량의 속도(t초에서)
> $\ddot{x}(t)$: 차량의 가속도(t초에서)

2. 선형 추정 모형이란

선형 추정 모형

$$\ddot{x}_{n+1}(t+T) = \alpha[\dot{x}_n(t) - \dot{x}_{n+1}(t)]$$

$\ddot{x}_{n+1}(t+T)$: 앞차에 의해 반응하는 $n+1$ 차량의 가속률(혹은 감속률)(m/sec^2)

α: 민감도 계수(운전자 반응 시간의 역수)

$\dot{x}_n(t)$: n차량의 속도(t초에서)

$\dot{x}_{n+1}(t)$: $n+1$ 차량의 속도(t초에서)

• 변화 시간 $\varDelta t$동안의 가속도가 일정할 경우 두 번째 차량의 속도와 주행거리(운전자 반응 시간을 1.0으로 할 경우)

$$\ddot{x}_{n+1}(t+1) = 1.0[\dot{x}_n(t) - \dot{x}_{n+1}(t)]$$

$$\dot{x}_{n+1}(t) = \dot{x}_{n+1}(t-1) + \frac{1}{2}[\ddot{x}_{n+1}(t-1) + \ddot{x}_{n+1}(t)]$$

$$x_{n+1}(t) = x_{n+1}(t-1) + \frac{1}{2}[\dot{x}_{n+1}(t-1) + \dot{x}_{n+1}(t)]$$

• 신호 교차로에서 차량의 추종 계산 예제

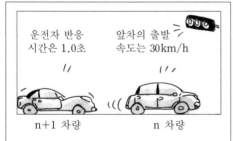

운전자 반응 시간은 1.0초   앞차의 출발 속도는 30km/h

n+1 차량   n 차량

교차로에서 앞뒤차량 사이에 위와 같은 주종관계가 나타날 때 2초 후 뒷차량의 가속도를 구하여라.

• 운전자 반응 시간이 1초이므로 선형 추정 모형은

$$\ddot{x}_{n+1}(t+1) = 1.0[\dot{x}_n(t) - \dot{x}_{n+1}(t)]$$

• 2초 후 뒷차량의 가속도는 다음과 같다.

• 뒷차량의 가속도
  ○ $t=1$일 경우
  ○ $\ddot{x}_{n+1}(2) = 1.0[\dot{x}_n(1) - \dot{x}_{n+1}(1)]$
   $= 1.0[8.3-0] = 8.3$
  따라서 2초 후 뒷차량의 가속도는 $8.3m/sec^2$

VI. 대기 행렬 이론이란

1. 대기 행렬 이론이란 무엇일까

대기 행렬 이론(Queuing Theory)

· 대기 행렬 이론의 적용대상(예)

> 버스 정류장에서 버스를 기다리는 사람들이 대기 행렬을 이루고 있다.

대기 행렬 시스템의 특성

도착 특성	• 평균 도착률(λ) • 도착 대수 또는 도착 간격에 관한 확률 분포
서비스 시설 특성	• 평균 서비스율(μ) • 서비스 시간의 확률 분포 • 동시에 서비스할 수 있는 시설의 수
서비스 원칙	• 선착순(FIFO: first in, first out) • 후착순(LIFO: last in, first out) • 우선권 인정(긴급 차량) • 무작위

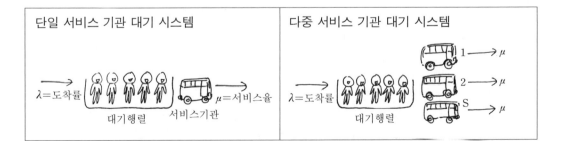

단일 서비스 기관 대기 시스템

λ=도착률   대기행렬   서비스기관 μ=서비스율

다중 서비스 기관 대기 시스템

λ=도착률   대기행렬   1 → μ 2 → μ S → μ

2. 단일 서비스 시스템의 특성은

단일 서비스 시스템의 특성	평균 도착률 λ, 서비스율 μ에서 $\rho = \lambda / \mu$ (ρ 는 교통강도 혹은 이용계수)

단일 서비스 시스템의 특성은 …

- 시스템 내에 n대의 차량이 있을 확률

$$P(n) = \rho^n(1-\rho)$$

- 평균 대기 행렬 길이

$$E(m) = \frac{\rho^2}{1-\rho} = \frac{\lambda^2}{\mu(\mu-\lambda)}$$

- 시스템내 평균 차량 대수

$$E(n) = \frac{\rho}{1-\rho} = \frac{\lambda}{\mu-\lambda}$$

- 대기행렬 평균대기 시간

$$E(w) = \frac{\lambda}{\mu(\mu-\lambda)}$$

- 시스템 내 평균 체류 시간

$$E(v) = \frac{1}{\mu-\lambda}$$

- 시스템 내의 차량 대수의 분산

$$var(n) = \frac{\rho}{(1-\rho)^2} = \frac{\lambda\mu}{(\mu-\lambda)^2}$$

- 시스템에 차량이 존재하지 않을 확률

$$P(o) = 1-\rho$$

다음과 같은 주차장을 시간당 180대의 차량이 이용한다. 요금 징수 시간이 평균 15초라 할 때 다음 물음에 답하여라.

평균 도착률은 $\frac{180}{60} = 3$대/분

평균 서비스율은 $\frac{60}{15} = 4$대/분

교통 강도 $\rho = \frac{3}{4} = 0.75$

평균 대기 행렬 길이	$E(m) = \dfrac{(0.75)^2}{1-0.75} = 2.25$대
시스템내 평균 차량 대수	$E(n) = \dfrac{0.75}{1-0.75} = 3$대
평균 대기 시간	$E(w) = \dfrac{3}{(4)(4-3)} = 0.75$분
시스템내 평균 체류 시간	$E(v) = \dfrac{1}{(4)-3} = 1$분

3. 다중 서비스 시스템의 특성은

다중 서비스 시스템의 특성	평균 도착률 λ, 서비스율 μ, 서비스 기관의 수 S일 때 전체 서비스 기관 이용률은 $\lambda/(\mu \cdot S)$

- 시스템 내의 차량수

$$P(n) = \begin{cases} \dfrac{\rho^n}{n!}P(0) & (0 \leqq n \leqq S) \\ \dfrac{\rho^n}{S^{n-s} \cdot S!}P(0) & (n \geqq S) \end{cases}$$

- 평균 대기 행렬 길이

$$E(m) = \frac{P(0)\rho^{s+1}}{S! \cdot S}\left[\frac{1}{(1-\rho/S)^2}\right]$$

- 시스템의 평균 차량 대수

$$E(n) = E(m) + \rho$$

- 평균 대기 시간

$$E(w) = \frac{E(m)}{\lambda} = E(v) - \frac{1}{\mu}$$

- 시스템내 평균 체류 시간

$$E(v) = \frac{E(n)}{\lambda} = E(w) + \frac{1}{\mu}$$

- 다중 서비스 시스템의 예

2개의 출구를 가지고 있는 주차장에서 평균 서비스율이 3.3대/분이고, 평균 도착률이 2대/분이다. 주차장을 빠져나가기 위해 대기하는 차량이 한 대도 없을 확률이 0.5385라면 이 서비스 시스템의 특성은 다음과 같다.

$\lambda=2$, $\mu=3.3$, $\rho=\dfrac{2}{3.3}=0.6$, S=2이므로

평균 대기 행렬 길이	$E(m) = \dfrac{0.5385(0.6)^3}{2(2)}\left[\dfrac{1}{(1-0.6/2)^2}\right]=0.0593$(대)
시스템내 평균 차량 대수	$E(n) = E(m)+\rho=0.0593+0.60=0.6593$(대)
시스템내 평균 체류 시간	$E(v) = 0.6593/2=0.3297$(분)
평균 대기 시간	$E(w) = 0.0593/2=0.0297$(분)

4. 도로를 주행하는 차량에서 대기 행렬은 언제 발생하나

◈ 대기 행렬의 발생

병목 지점에서의 대기 행렬

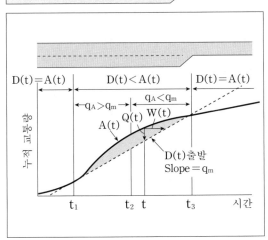

- t_1에서 t_3까지 대기 행렬 발생
- A(t): 도착 대수, D(t): 출발 대수
- 시간 t에 도착하는 차량은 W(t) 이후에 출발 가능
- 총 대기 행렬 규모는 직선과 곡선 사이의 면적과 동일
- 옆의 그림에서
  Q(t) = 시각 t에서의 대기 행렬 길이
  W(t) = 시각 t에 도착한 차량의 대기 시간

신호 교차로에서의 대기 행렬

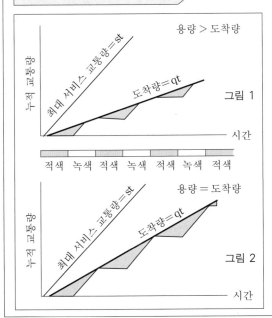

○ 그림 1의 경우
- 교차로의 용량이 차량의 도착보다 더 큰 경우
- 신호등이 적색일 때 차량 대기 발생, 녹색일 때 대기 행렬 소멸

○ 그림 2의 경우
- 교차로의 용량과 도착량이 같은 경우
- 적색의 맨 끝부분에서 대기 행렬이 최대로 되었다가 녹색으로 바뀐 후 줄어들지만 소멸하지는 않음

○ 다음 그림은 병목지점에서의 대기 행렬을 나타낸 것이다. 이 그래프에서 A(t), D(t), Q(t), W(t) 그리고 직선과 곡선 사이의 면적은 무엇을 나타내는지 각각 답하시오.

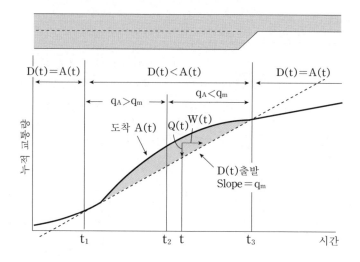

○ A(t): 도착대수

D(t): 출발대수

Q(t): 시각 t에서의 대기 행렬 길이

W(t): 시각 t에 도착한 차량의 대기 시간

직선과 곡선 사이의 면적: 총 대기 행렬 규모

제 4 장

교통 용량과
서비스 수준

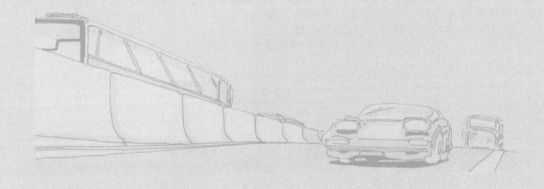

제4장 교통 용량과 서비스 수준

I. 용량이란

1. 용량이란 무엇인가

용량
(Capacity)

주어진 시간 동안, 주어진 도로, 교통의 통제 조건하에서 도로 또는 차로의 일정 구간 또는 지점을 차량 또는 보행자가 통행하리라 기대되는 시간당 최대 교통량을 용량(capacity)이라 한다.

▨ 용량에 영향을 미치는 요소

도로의 기하학적 조건	교통 조건	신호 조건
• 선형과 설계 속도 • 차로폭 및 측방 여유폭 • 구배	• 방향별 분포 • 차로별 분포 • 대형 차량 혼입률	• 속도 제한 • 차로 이용 통제 • 교통 신호 • 교통 표지

이상적인 조건 (건교부, 도로용량편람, 1992)

다차로 도로의 경우(2,000pcu)	신호 교차로의 경우(1,800pcu)
• 설계 속도가 60km/h 이상 • 3.5m의 차로폭 • 측방 여유폭의 합(3.6m 이상) • 승용차로만 구성 • 중앙분리대가 설치된 곳 • 유출입 지점수: 0 • 평지 구간	• 3.0m 차로폭 이상 • 접근로의 구배는 없음 • 승용차로만 구성 • 교차로 정지선에서 75m 이내에 버스 정류장이 없을 것 • 교차로 정지선에서 75m 이내에 주·정차 및 건물로의 진·출입로가 없을 것

◉ 신호 주기가 60초인 교차로에서 신호 주기당 녹색 시간이 30초이다. 이상적인 조건하에서 차로당 용량을 구하여라.

◑ 총시간: 3600초
   이용 가능 시간: $3600 \times (30/60) = 1800$초
   따라서 용량(capacity)은 1800대$\times(1800/3600) = 900$대/시

2. 용량의 세 가지 단계란

```
용량의 세 가지 유형
```

기본 교통 용량	가능 교통 용량	실용 교통 용량
이상적인 조건하에서 단위 시간당 최대 처리 교통량	실제의 도로 및 교통 조건상에서 어느 시간 중에 통과할 수 있는 최대 교통량	실제의 도로 및 교통 조건상에서 교통 수요에 대한 적절한 서비스 수준을 제공하며 단위 시간당 처리할 수 있는 최대 교통량

```
이상적 조건하에서의 기본 교통 용량
```

다차로 도로	2차로 지방 도로	교차로 접근로
시간당 차로당 2,200 대/시	시간당 양방향 3,200 대/시	차로당 녹색 1시간당 2,200 대/시

가능 교통 용량의 산출 방법

실제적인 도로 조건을 적용하여 가능 교통 용량을 구할 경우 기본 교통 용량에 보정 계수를 곱하여 산출한다.

$$C = C_1 \times f_1 \times f_2 \times \cdots \times f_i$$

C: 가능 교통 용량
C_1: 기본 교통 용량
f_i: 각 요인에 대한 보정 계수

○ 용량에 영향을 미치는 요소

- 구배
- 대형 차량
- 주차
- 측방 여유폭
- 회전 차량

II. 서비스 수준이란

1. 무엇을 서비스 수준이라고 할까

도로상의 혼잡과 차량의 지체가 어느 정도 나타나는지에 대해 실제로 도로상을 주행하는 운전자들이 느끼는 상태를 객관적으로 표시하기 위해 설정된 기준	교통류의 상태를 측정하거나 교통 사업의 평가시에 유용	일반적으로 6단계로 구분

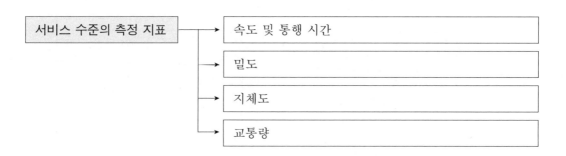

서비스 수준의 측정 지표	→ 속도 및 통행 시간
	→ 밀도
	→ 지체도
	→ 교통량

※ 교통류별 서비스 수준 정의에 사용되는 지표

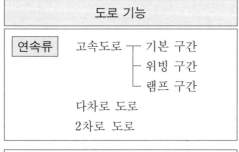

도로 기능	서비스 수준 측정 요소(MOE)
연속류 고속도로 ┬ 기본 구간 ├ 위빙 구간 └ 램프 구간 다차로 도로 2차로 도로	밀도(대/km/차로) 평균 통행 속도(km/시) 교통량(대/시) 밀도(대/km/차로) 지체시간 백분율 또는 평균주행속도(km/h)
단속류 신호 교차로 비신호 교차로 간선 도로 대중 교통 보행자	평균 정지 지체(초/대) 여유 교통 용량(대/시) 평균 주행 속도(km/시) 부하지수(사람수/좌석) 공간점유율(면적/보행자)

2. 도로 형태별 서비스 수준의 기준은

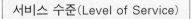

서비스 수준(Level of Service)

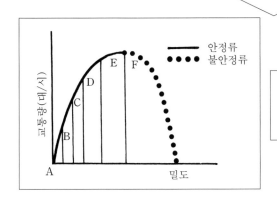

▷ **안정류(stable flow)**

차량의 소통에 어느 정도의 지장은 있으나 커다란 혼잡 없이 주행하는 상태

▷ **불안정류(unstable flow)**

차량의 소통시 용량의 초과로 만성적인 정체가 발생하는 상태

○ 고속도로 기본 구간의 서비스 수준

서비스 수준	밀도(대/km/차로)	V/C비
A	≦ 8	≦0.34
B	≦13	≦0.52
C	≦19	≦0.70
D	≦27	≦0.86
E	≦44	≦1.00
F	>44	—

(설계속도: 100km/h)

(도로용량편람, 건교부, 1992)

○ 2차로 도로의 서비스 수준(평지)

서비스 수준	지체시간(%)	평균주행속도
A	≦ 35	≧90
B	≦ 50	≧85
C	≦ 65	≧80
D	≦ 80	≧70
E	<100	≧50
F	100	<50

(도로용량편람, 건교부, 1992)

○ 무신호 교차로의 서비스 수준

서비스 수준	여유용량(대/시)
A	>400
B	300~399
C	200~299
D	100~199
E	0~99
F	—

(도로용량편람, 건교부, 1992)

○ 신호 교차로의 서비스 수준

서비스 수준	V/C비	지체도(초/대)
A	≦0.60	5.0이하
B	≦0.70	5.1~15.0
C	≦0.80	15.1~25.0
D	≦0.90	25.1~40.0
E	≦1.00	40.0~60.0
F	—	60.1이상

(도로용량편람, 건교부, 1992)

3. 서비스 수준별로 교통류의 상태는 어떠할까

• 고속도로 기본 구간의 일반적인 서비스 수준

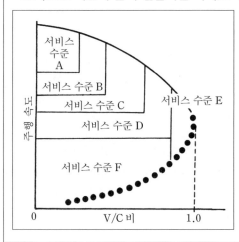

• 서비스 수준이 A에 가까워질수록 주행 속도는 증가
• 서비스 수준 E일 때 V/C비=1.0
• 서비스 수준 F일 경우 만성적인 정체 현상 발생

▨ 서비스 수준별 교통류 상태

서비스 수준	교통류 상태
A (자유 교통류)	• 운전자의 자유로운 운행 가능 • 타차량의 영향을 전혀 받지 않음
B (안정 교통류)	• 속도에 제한을 받기 시작
C (안정 교통류)	• 타차량의 영향을 어느 정도 받음 • 운전 속도가 떨어지고 약간의 지체 발생
D (불안정 교통류에 접근)	• 주행에 많은 제약 • 운전자가 견딜 수 있을 정도의 지체
E (불안정 교통류)	• 주행시 정체 현상 발생 • 도로의 용량에 접근(V/C비가 1에 도달)
F (강제 교통류)	• 극도의 교통 혼잡 발생 • 거의 속도는 낼 수 없는 상태

Ⅲ. 고속도로 기본 구간의 서비스 수준 결정

1. 고속도로 기본 구간의 서비스 수준 결정 과정은

고속도로 기본 구간 서비스 산정 절차 ⟩

---

① 최대 서비스 교통량 산출

▷ 이상적인 도로 조건하에서의 서비스 교통량을 나타내기 위해 최대 서비스 교통량을 설정한다.

▷ 최대 서비스 교통량은 2,200 승용차 / 시 / 차로

▷ 이상적인 도로 조건
- 설계속도는 100km / 시 이상
- 승용차로만 구성
- 차로폭은 3.5m 이상
- 측방 여유폭 1.5m 이상
- 평   지

---

② 서비스 수준 i에서의 서비스 교통량

▷ 주어진 도로조건하에서의 서비스 교통량 산출

▷ 최대 서비스 교통량에 여러 가지 조건을 보정하여 결정한다.

▷ 서비스 수준 i에서의 서비스 교통량

$$SF_i = 2,200(V/C)_i(N)f_w f_{HV}$$

SF_i: 주어진 도로 조건에서 서비스 수준 i일 때의 서비스 교통량(대/시)

$(V/C)_i$: 서비스 수준 i에서의 교통량/용량비

N: 방향당 차로수

f_w: 차로폭 및 측방 여유폭에 대한 보정 계수

f_{HV}: 중차량에 대한 보정 계수

▷ 중차량에 대한 보정 계수

(일반지형의 경우)

$$f_{HV} = \frac{1}{1 + P_T(E_T - 1) + P_B(E_B - 1)}$$

P_T, P_B, P_R: 트럭, 버스 및 관광 차량의 비율

E_T, E_B, E_R: 트럭, 버스의 승용차 환산 계수

---

③ 서비스 수준 산출

▷ 위에서 구한 서비스 교통량과 해당 도로 교통량의 비로써 서비스 수준 결정

▷ 서비스 수준

$$서비스\ 수준 = \frac{수요\ 교통량}{서비스\ 교통량}$$

고속도로 기본 구간의 승용차 환산 계수			
요 소	평탄지	구릉지	산악지
트 럭	1.5	3.0	5.0
버 스	1.3	3.0	5.0

(도로용량편람, 건교부, 1992)

2. 서비스 수준 산정의 예

☒ 고속도로 기본 구간의 서비스 수준 산출 예

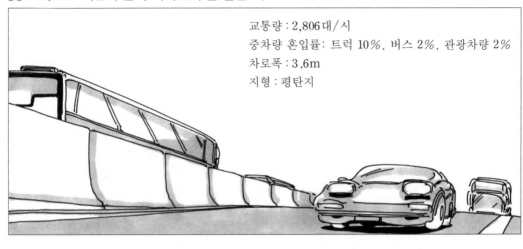

교통량 : 2,806대 / 시
중차량 혼입률: 트럭 10%, 버스 2%, 관광차량 2%
차로폭 : 3.6m
지형 : 평탄지

(1) 보정 계수 산출

차로폭 및 측방 여유폭 보정(f_w)=1.0

중차량에 대한 보정 (f_{HV})=$\dfrac{1}{1+0.1(1.5-1)+0.02(1.3-1)}$=0.95

(2) 최대 서비스 교통량 결정

최대 서비스 교통량은 2,200대/시/차로

(3) 서비스 교통량 산정

서비스 교통량은 최대 서비스 교통량에 각각의 보정 계수를 곱하여 구한다.

서비스 교통량(SF)=2,200×2×(1.0)×(0.95)=4,180대

(4) 서비스 수준 산정

서비스 수준=$\dfrac{실제\ 교통량}{서비스\ 교통량}$=$\dfrac{2,806}{4,180}$=0.67 따라서 서비스 수준은 C

Ⅳ. 신호등 교차로의 서비스 수준 분석과정

1. 서비스 수준 분석과정은

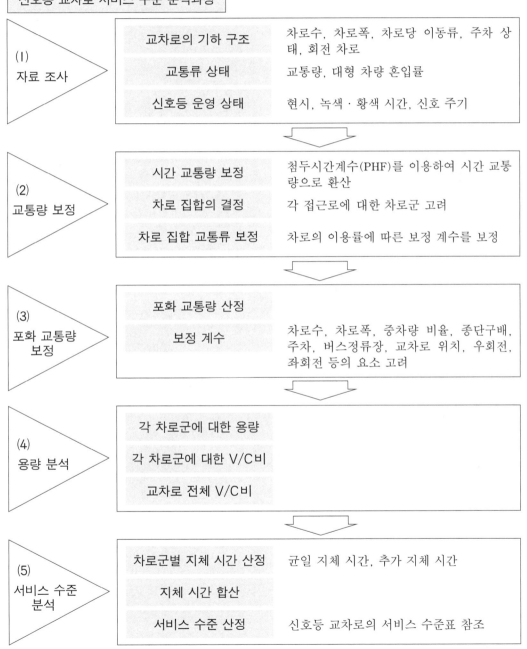

신호등 교차로 서비스 수준 분석과정

(1) 자료 조사	교차로의 기하 구조	차로수, 차로폭, 차로당 이동류, 주차 상태, 회전 차로
교통류 상태	교통량, 대형 차량 혼입률
신호등 운영 상태	현시, 녹색·황색 시간, 신호 주기

(2) 교통량 보정	시간 교통량 보정	첨두시간계수(PHF)를 이용하여 시간 교통량으로 환산
차로 집합의 결정	각 접근로에 대한 차로군 고려
차로 집합 교통류 보정	차로의 이용률에 따른 보정 계수를 보정

| (3) 포화 교통량 보정 | 포화 교통량 산정 | |
| 보정 계수 | 차로수, 차로폭, 중차량 비율, 종단구배, 주차, 버스정류장, 교차로 위치, 우회전, 좌회전 등의 요소 고려 |

(4) 용량 분석	각 차로군에 대한 용량	
각 차로군에 대한 V/C비	
교차로 전체 V/C비	

(5) 서비스 수준 분석	차로군별 지체 시간 산정	균일 지체 시간, 추가 지체 시간
지체 시간 합산	
서비스 수준 산정	신호등 교차로의 서비스 수준표 참조

2. 교통량 보정은 어떻게 하나

교통량 보정

시간 교통량 보정	차로 집합 교통류 보정
• 교차로의 교통량은 시간 교통량을 기준으로 함 • 피크시 내에서도 단위 시간당 교통량이 변화함에 따라 피크시간계수로 보정 • 피크시간계수(Peak Hour Factor) $$PHF = \frac{\text{피크시 교통량}}{(\text{15분 교통량}) \times 4}$$	• 좌회전 차량을 위한 차로을 제외한 차로 수를 기준으로 차로 이용률 보정 계수 적용 • 차로 이용률에 따른 보정 $$V_i = V_{gi} U_i$$ V_i: 차로 집합 i의 보정 교통량(대/시) V_{gi}: 차로 집합 i의 실제 교통량(대/시) U_i: 차로 이용률 보정 계수

◉ 오전 첨두시(8:00~9:00)의 교통량을 15분 단위로 조사한 결과가 다음과 같을 때 피크시간계수(PHF)는 얼마인가?

시 간	교통량
8:00~8:15	1100
8:15~8:30	1400
8:30~8:45	1200
8:45~9:00	1100

◉

① 최대 교통량) 8:15~8:30분 사이가 1400대로 15분 최대 교통량이다.

② 피크시 교통량) 피크시 교통량은 (1100+1400+1200+1000)=4700 대

③ 피크시간계수) $PHF = \dfrac{4700}{1400 \times 4} = 0.84$

◉ 다음과 같은 교차로에서 차로의 집합을 결정하라.

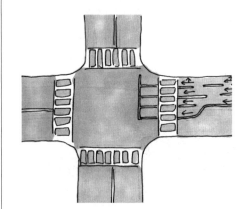

◉

좌회전 차로: 1차로
직진 차로: 2차로
직진·우회전 차로: 1차로

3. 포화 교통량 산정 방법은

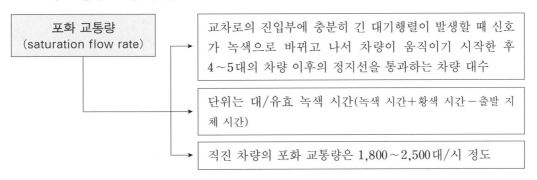

포화 교통량 (saturation flow rate)	교차로의 진입부에 충분히 긴 대기행렬이 발생할 때 신호가 녹색으로 바뀌고 나서 차량이 움직이기 시작한 후 4~5대의 차량 이후의 정지선을 통과하는 차량 대수
	단위는 대/유효 녹색 시간(녹색 시간+황색 시간−출발 지체 시간)
	직진 차량의 포화 교통량은 1,800~2,500대/시 정도

• 신호등 교차로에서의 포화 교통량

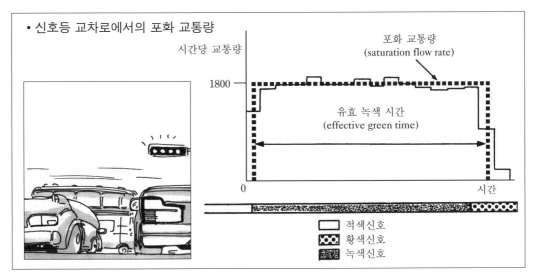

• 포화 교통량의 조정

포화 교통량은 이상적인 도로 조건이나 교통 조건이 현실적으로 불가능하기 때문에 다음과 같은 요인을 고려하여 조정한다.

$$S = S_o \times f_w \times f_{HV} \times f_g \times f_p \times f_{bb} \times f_a \times f_{RT} \times f_{LT} \times N$$

S: 조정된 포화 교통량(대/시)
S_o: 이상적인 조건일 때의 차로당 포화 교통량(대/시)
N: 차로수
f_w: 차로폭 조정 계수
f_{HV}: 대형 차량 조정 계수
f_g: 구배에 따른 조정 계수

f_p: 주차 차량에 의한 조정 계수
f_{bb}: 버스 정류장에 의한 조정 계수
f_a: 교차로가 위치한 지역 조정 계수
f_{RT}: 우회전 차량에 의한 조정 계수
f_{LT}: 좌회전 차량에 의한 조정 계수

4. 용량 분석은 어떻게 하나

```
용 량 분 석
```

각 차로군에 대한 용량

- 신호등 교차로에서의 용량은 차로군당 포화 교통량을 녹색 시간 비율로 계산
- 차로군의 용량

$$C_i = S_i \times (g/C)_i$$

C_i: 차로군 i의 용량
S_i: 차로군 i의 포화 교통량
$(g/C)_i$: 차로군 i의 신호 시간에 대한 녹색 시간비

각 차로군에 대한 V/C비

- V/C비란 교통량 대 용량의 비율을 의미
- 차로군의 V/C비

$$(V/C)_i = X_i = \frac{V_i}{S_i(g/C)_i}$$

X_i: 차로군 i의 V/C비
V_i: 차로군 i의 교통량

교차로 전체의 V/C비

- 교차로의 V/C비는 교차로 소통을 평가하는 기준이 된다.
- 교차로의 V/C

$$X_c = \sum_{i=1}^{n}(V/S)_{ci}\left[\frac{C}{C-L}\right]$$

X_c: 교차로 전체의 V/C비
C: 신호 주기(초)
L: 신호 주기당 손실 시간(초)
$\sum_{i=1}^{n}(V/S)_{ci}$: 접근로의 임계방향 V/S비의 합

◐ 다음 교차로의 V/C비를 구하라.

신호 주기=120초
신호 주기당 손실 시간=12초
접근로의 임계방향 V/S비

0.21
0.15
0.16
0.13
0.41
0.35

동서 방향: 0.41
남북 방향: 0.35

◐

X_c=(접근로의 임계방향 V/S비의 합)
$\times\left(\dfrac{\text{신호 주기}}{\text{신호 주기}-\text{손실 시간}}\right)$
$=0.76\times\left(\dfrac{120}{120-12}\right)=0.84$

5. 서비스 수준은 어떻게 정하나

서비스 수준(LOS) 분석 과정

지체 시간 계산 ➡ 서비스 수준 분석

신호등 교차로의 서비스 수준 산정 기준표

지체 시간
(delay time)

• 교차로에서 신호등이나 차량의 정체 등으로 인한 정지 시간
• 신호등 교차로의 서비스 수준 산정 기준

지체 시간 산정 방식

Webster 모형	HCM 모형
• 차량당 평균접근지체(approach delay) 이용 • 현장에서 직접 측정 곤란 • 신호등에 의해 정지한 시간＋정지를 위한 가속, 감속으로 인한 시간 • 접근 지체＝정지지체×1.3	• 차량당 평균정지지체(stopped delay) 이용 • 현장 조사 용이 • 일정 간격을 두고 접근로에서 완전히 정지한 차량의 수를 기록

Webster 지체 시간 모형

$$d = \frac{(C-\lambda)^2}{2(1-\lambda X)} + \frac{X^2}{2Q(1-X)} - 0.65\left(\frac{C}{Q^2}\right)^{\frac{1}{3}} X^{(2+5\lambda)}$$

d: 차량당 평균지체시간(초)
C: 신호 주기(초)
λ: 신호 주기당 녹색 시간 비율
Q: 교통량(대/시)
X: V/C비

HCM 지체 시간 모형

$$d = 0.38C\frac{(1-g/C)^2}{[1-(g/C)(X)]} + 173X^2[(X-1) + \sqrt{(X-1)^2 + 12(X/C_p)}]$$

d: 차량당 평균지체시간(초)
C: 신호 주기(초)
g/C: 신호 주기당 녹색 시간 비율
X: V/C비
C_p: 교통용량

6. 교차로 V/C비와 지체 시간 계산의 예

교차로 V/C비와 차량 평균 지체 시간 계산

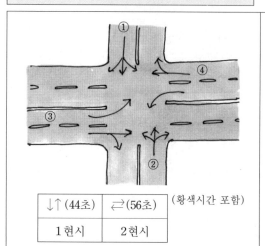

↓↑ (44초) | ⇄(56초)   (황색시간 포함)
1현시 | 2현시

각 접근로별 포화 교통량, 도착 교통량, 총 지체 시간이 다음과 같을 때 교차로 V/C비와 차량당 평균 지체 시간을 구하여라.

접근로	포화교통량	도착교통량	총지체시간
①	6000	728	10000
②	5000	1200	11000
③	7400	1050	5320
④	7400	962	4300

(출발 지체 2.7초, 황색 시간 3초)

▷ 계산 과정

각 접근로별 V/S비 계산과 주이동류 파악

접근로 ①: 728/6000=0.12
접근로 ②: 1200/5000=0.24
접근로 ③: 1050/7400=0.14
접근로 ④: 962/7400=0.13

⟹ 현시별 주이동류는 접근로 ②와 접근로 ③

현시별 유효 녹색 시간 계산

1현시: 유효 녹색 시간=(녹색 시간−출발 지체 시간+진행 연장 시간)=(41−2.7+3)
=41.3초
2현시: 유효 녹색 시간=(53−2.7+3)=53.3초
총유효 녹색 시간: 41.3+53.3=94.6초

교차로 V/C와 평균 지체 시간 계산

교차로 V/C비

$$교차로\ V/C비=(0.24+0.14)\times\frac{100}{94.6}=0.40$$

평균 지체 시간

$$평균\ 지체\ 시간=\frac{총지체\ 시간}{총교통량}=\frac{(10000+11000+5320+4300)}{(728+1200+1050+962)}=7.77(초/대)$$

교통 설계

제 5 장 교 통 설 계

Ⅰ. 도로를 설계하는 과정은

1. 도로의 구분

도로의 구분

○ 도로 기능과 교통 특성과의 관계

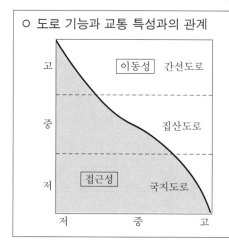

교통량	통행거리	통행속도	교통수단	교통목적
■ 많다	■ 길다	■ 높다	자동차	직업적
⇕	⇕	⇕		업무 통근 통학
			이륜차 자전차	보행 위락
■ 적다	■ 짧다	■ 낮다	도 보	가정적

○ 도로의 구분

도로가 존재하는 지역에 따른 구분

구 분	지방부	도시부
자동차 전용도로	고 속 도 로	도시고속도로
일반도로	주간선도로	주간선도로
	보조간선도로	보조간선도로
	집 산 도 로	집 산 도 로
	국 지 도 로	국 지 도 로

▷ 주간선도로: 도시내 주요부를 연결, 출입제한
▷ 보조간선도로: 주간선 가로의 연결, 집산도로의 교통량
　　　　　을 모아서 처리
▷ 집산도로: 국지가로와 간선도로망을 연결 국부적 통행
　　　　담당
▷국지가로: 인접 지역에 접근, 집산가로에 연결

국지도로

집산도로

보조간선도로

주간선도로

2. 도로의 설계는 어떻게 하나

▷ 도로의 설계 기준에 영향을 미치는 요소
- 도로의 기능상 구분
- 교통량 및 차량 혼입률
- 설계속도
- 지형   • 공사비
- 서비스 수준   • 사회 · 경제적 요인
- 안정성

설계 시간 교통량(DHV)

- 도로 설계에 사용되는 장래 시간 교통량
- 해당 도로의 장래 일평균 교통량에 대한 백분율로 결정

설계 속도(Design Speed)

- 도로 운전자가 쾌적성을 잃지 않고 유지할 수 있는 속도
- 설계 속도는 10km/시 간격으로 변화하는 것이 바람직

횡단면 구성 요소

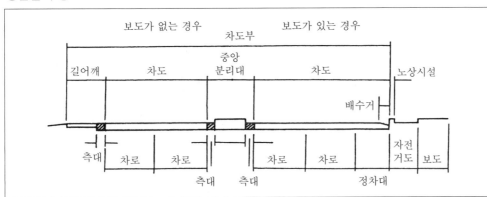

차 로 폭	길 어 깨	측 대	중앙분리대
▷ 설계 속도에 따라 결정	▷ 길어깨의 기능 • 차도의 주요 구조부 보호 • 측방 여유폭 • 배수기능 • 도로의 미관 증진	▷ 측대의 역할 • 운전자의 시선 유도 • 측방 여유폭 확보 • 차량 안정성 향상	▷ 분리대와 측대로 구성 ▷ 설치 목적 • 양방향 교통류의 분리 • 차량 대기 공간의 확보 • 횡단 공간 제공

설계속도	최소차로폭
80km 이상	3.5m
60~80km	3.25m
60km미만	3.0m

3. 도로의 선형이란 무엇인가

(1) 평면 선형에는 어떠한 것들이 있나

도로의 선형	▷ 평면 선형, 종단 선형, 입체 선형으로 구성 ▷ 설계 속도에 따라 결정 ▷ 최대한 지형에 맞추어서 설계함이 바람직

선형설계시 고려사항	▷ 자동차 주행시 안전하고 쾌적성을 유지하도록 할 것 ▷ 운전자의 시각이나 심리적인 면에서 양호할 것 ▷ 도로 및 주위 경관과 조화를 이룰 것 ▷ 자연적, 사회적 조건에 적합하고 경제적 타당성을 갖도록 할 것

도로의 평면 선형

○ 단곡선(simple curves)

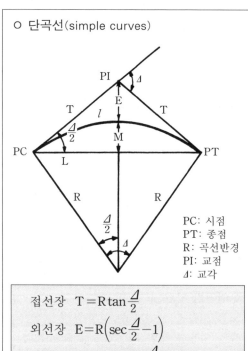

PC: 시점
PT: 종점
R: 곡선반경
PI: 교점
Δ: 교각

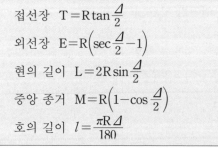

접선장 $T = R\tan\dfrac{\Delta}{2}$

외선장 $E = R\left(\sec\dfrac{\Delta}{2} - 1\right)$

현의 길이 $L = 2R\sin\dfrac{\Delta}{2}$

중앙 종거 $M = R\left(1 - \cos\dfrac{\Delta}{2}\right)$

호의 길이 $l = \dfrac{\pi R \Delta}{180}$

○ 평면곡선에서의 안전 속도

50km/h의 경우   100km/h의 경우

$$\frac{V^2}{127R} = e + f$$

V: 속도(km/h)
R: 곡선 반경(m)
e: 편구배
f: 마찰 계수

(2) 복합곡선, 배향곡선의 구성

복합곡선(compound curves)	2개 이상의 단곡선이 서로 연결되어 있는 곡선

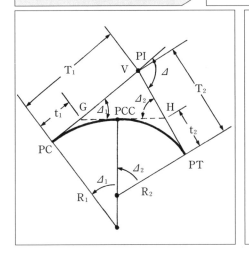

R_1, R_2: 단곡선의 반경(m)

Δ_1, Δ_2: 단곡선의 각도

Δ: 복합곡선의 각도($\Delta_1 + \Delta_2$)

t_1, t_2: 단곡선의 접선장

T_1, T_2: 복합곡선의 접선장

$$\Delta = \Delta_1 + \Delta_2$$

$$t_1 = R_1 \tan \frac{\Delta_1}{2} \qquad T_1 = VG + t_1$$

$$t_2 = R_2 \tan \frac{\Delta_2}{2} \qquad T_2 = VH + t_2$$

$$\frac{VG}{\sin \Delta_2} = \frac{VH}{\sin \Delta_1} = \frac{t_1 + t_2}{\sin(180 - \Delta)} = \frac{t_1 + t_2}{\sin \Delta}$$

○ 복합곡선의 이용

두 곡선 사이의 자연스러운 주행을 위하여 곡선간의 반경비가 1.5 : 1 이상이 되어서는 안 된다.

평면 교차로, 인터체인지 내의 ramp부, 지형이 좋지 않은 도로 등에 적용

배향곡선(reverse curves)	같은 곡선반경을 가진 2개의 단곡선이 서로 반대 방향으로 연결

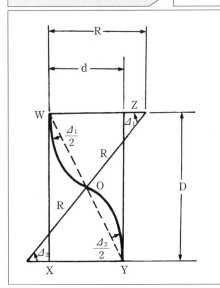

R: 단곡선의 반경(m)

Δ_1, Δ_2: 단곡선의 각도

d: 접선장간의 거리

D: 접선간의 거리

$$\Delta = \Delta_1 + \Delta_2$$

$$\angle OWX = \frac{\Delta_1}{2} = \frac{\Delta_2}{2} = \angle OYZ$$

$$\tan \frac{\Delta}{2} = \frac{d}{D}$$

$$d = R - R \cos \Delta_1 + R - R \cos \Delta_2 = 2R(1 - \cos \Delta)$$

$$R = \frac{d}{2(1 - \cos \Delta)}$$

$$\cos \Delta = 1 - \frac{d}{2R} \rightarrow D = d \tan^{-1}\left(\frac{\Delta}{2}\right)$$

⑶ 완화곡선이란 무엇인가

○ 완화곡선(transition curves)

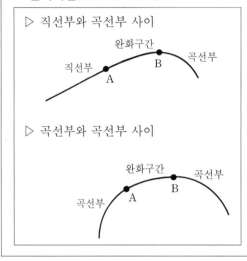

▷ 직선부와 곡선부 사이

▷ 곡선부와 곡선부 사이

▷ 곡선과 직선부 사이, 곡선 반경이 현저히 다른 두 개의 곡선 사이에 설치
▷ 차량 주행시 원심력의 증감을 적절히 조절할 수 있는 점이 유리
▷ 클로소이드 곡선(Clothoid)이 일반적으로 사용
▷ 클로소이드 기본식

$$A^2 = R \cdot L$$

A: 클로소이드 곡선의 파라메터
L: 클로소이드 곡선의 길이
R: 단곡선의 곡선 반경

완화곡선의 최소 길이 산정

완화곡선은 평면곡선부에서 차량의
안전하고 원활한 주행을 위해 필요합니다.

• 완화곡선 길이 산정식
 (Short의 식)

$$L = \frac{0.07V^3}{RC}$$

L: 완화곡선의 최소 길이(m)
V: 속도(km/h)
R: 곡선 반경(m)
C: 원심력의 가속도 변화율(m/sec³)
 (일반적으로 1~3의 값 적용)

◑ 클로소이드의 기본식을 A(클로소이드 곡선의 파라메터), L(클로소이드 곡선의 길이), R(단곡
선의 곡선반경)을 써서 나타내어라.

◐ $A^2 = R \cdot L$

◑ 클로소이드 곡선의 파라미터 A가 60.00m인 클로소이드 곡선상의 초기지점(KA)에서
곡선길이가 각각 20.00m 씩 늘어나는 점에 있어서의 반경을 구한다.
A＝60.00m, L_1＝20.00m, L_2＝40.00m, L_3＝60.00m, L_4＝80.00m라 할 때 R_1,
R_2, R_3, R_4를 구하여라.

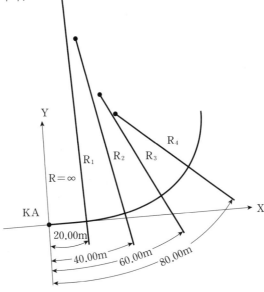

◐ $R = \dfrac{A^2}{L}$ 이므로

$R_1 = \dfrac{60.00^2}{20.00} = 180.00\,\mathrm{m}$

$R_2 = \dfrac{60.00^2}{40.00} = 90.00\,\mathrm{m}$

$R_3 = \dfrac{60.00^2}{60.00} = 60.00\,\mathrm{m}$

$R_4 = \dfrac{60.00^2}{80.00} = 45.00\,\mathrm{m}$

⑷ 도로의 평면 선형은 어떻게 계산하나

> **도로의 평면 선형 계산 예제**
> (단곡선, 복합곡선)

○ 단곡선의 경우 … ①

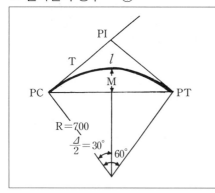

옆의 그림과 같은 단곡선에서 접선장과 호의 길이를 구하여라.

접선장

$$T = R\tan\frac{\Delta}{2} = 700 \times \tan\frac{60°}{2} = 404.14(\text{m})$$

호의 길이

$$l = \frac{\pi R\Delta}{180} = \frac{\pi \times 700 \times 60}{180} = 733.04(\text{m})$$

○ 복합곡선의 경우 … ②

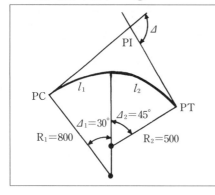

옆의 그림과 같은 복합곡선에서 호의 길이를 구하여라. 복합곡선에서 호의 길이는 각 단곡선의 호의 길이를 더한 것과 같다.

$L = l_1 + l_2$ 에서

$$l_1 = \frac{\pi R_1\Delta_1}{180} = \frac{\pi \times 800 \times 30}{180} = 418.88(\text{m})$$

$$l_2 = \frac{\pi R_2\Delta_2}{180} = \frac{\pi \times 500 \times 45}{180} = 392.70(\text{m})$$

따라서 $L = l_1 + l_2 = 418.88 + 392.70 = 811.58(\text{m})$

○ 단곡선에서의 Station 계산

위의 그림 ①과 같은 단곡선에서 PT점의 Station을 계산하여라.
(단, PC점의 Station은 120^{+00}이며 Station간 간격은 50m이다.)

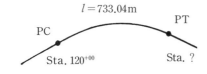

• PT점의 Station=PC점의 Station+호의 길이(l)
Station간의 간격이 50m이므로 호의 길이 733.04m는 Station 길이로 14^{+66}이 된다. 따라서 PT점의 Station=$120^{+00}+14^{+66}=134^{+66}$

도로의 평면 선형 계산 예제(배향곡선, 완화곡선)

○ 배향곡선의 경우 … ③

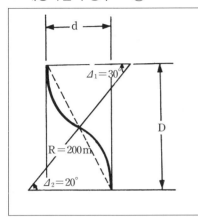

옆의 그림과 같은 배향곡선에서 D와 d를 구하여라.

$d = 2R(1 - \cos \varDelta)$

$D = d \tan^{-1}\left(\dfrac{\varDelta}{2}\right)$

▷ 계산

$\varDelta = \varDelta_1 + \varDelta_2$이므로 $\varDelta = 50°$

R = 200m

$d = 2R(1 - \cos \varDelta) = 2 \times 200(1 - \cos 50°) = 142.88(\text{m})$

$D = d \tan^{-1}\left(\dfrac{\varDelta}{2}\right) = 142.88 \times \tan^{-1}\left(\dfrac{50°}{2}\right) = 12531.92(\text{m})$

○ 완화곡선의 최소 길이 산정

◐ 차량의 속도가 60km/h이고 곡선 반경이 700m라고 할 때 Short의 공식을 이용하여 완화곡선의 최소 길이를 구하여라.(원심력의 가속 변화율은 0.8m/sec³이다.)

◐ 완화곡선의 최소 길이 결정식

$L = \dfrac{0.07V^3}{RC}$ 에서

V = 60km/h, R = 700m, C = 0.8이므로

$L = \dfrac{0.07 \times (60)^3}{700 \times 0.8} = 27(\text{m})$

4. 편구배는 어떤 역할을 하나

편구배 (Superelevation)	평면곡선에서 차량 주행시의 원심력에 대항하기 위하여 곡선부의 끝부분과 안쪽부분과의 기울기

▷ 편구배 설치 전 차량 주행

▷ 편구배 설치 후 차량 주행

▷ 곡선부에서의 편구배 설치

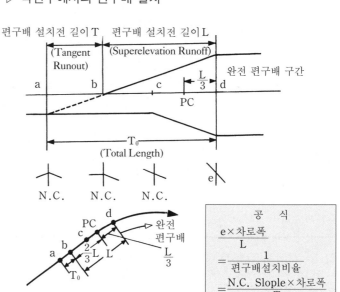

공 식

$$\frac{e \times 차로폭}{L} = \frac{1}{편구배설치비율} = \frac{N.C.\ Slople \times 차로폭}{T}$$

○ 평면곡선에서의 표고 계산 과정

평탄지 도로에서 a점의 표고가 100.00m, 2차로 도로, 차로폭은 3.5m일 경우 N.C.=1.5%, e=0.08, 설계 속도 80km/시일 때 c지점의 표고를 구하여라.(편구배 설치비율은 150:1)

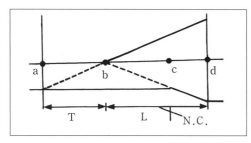

① L의 계산

$$\frac{0.08 \times 3.5}{L} = \frac{1}{150} \qquad L=42m$$

② T의 계산

$$\frac{0.015 \times 3.5}{T} = \frac{1}{150} \qquad T=7.9m$$

③ c지점의 표고 계산

좌측 $100+(0.08 \times 3.5 \times \frac{7.9}{42})=100.053m$

우측 $100-(0.08 \times 3.5 \times \frac{7.9}{42})=99.947m$

5. 도로의 종단 선형

(1) 종단 곡선에는 어떠한 형태가 있을까

지금 내가 오르막길을 가고 있으니까
볼록형 종단 곡선이구나!

○도로의 종단 선형

> 직선 구간과 포물선으로 구성

> 종단 구배 변화부분에 종단 곡선 삽입

> 종단 곡선은 일반적으로 포물선을 적용

종단 곡선의 형태

차량의 충격을 최대한 완화시키고 운전자의 시거 확보

평면 선형과의 조화를 이루도록 설계

가능한 한 종단 곡선의 길이는 긴 것이 바람직

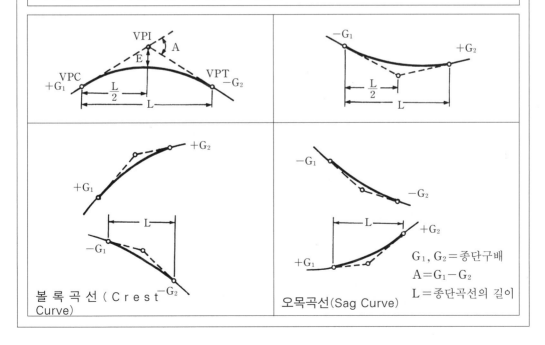

볼 록 곡 선 (C r e s t Curve)

오목곡선(Sag Curve)

G_1, G_2＝종단구배
$A＝G_1－G_2$
$L＝$종단곡선의 길이

⑵ 종단 곡선의 최소 길이는 어떻게 정하나

종단 곡선의 최소 길이

- 종단 곡선의 길이는 종단 구배의 변화량과 설계 속도에 의해 결정
- 종단 곡선의 중점은 종단 구배의 교차점에 설치
- 종단 곡선의 중점에서 종단 곡선까지의 거리
  (직선부와 곡선부의 차이)

$$E = \frac{AL}{800}$$

E: 종단 곡선의 외선장
L: 종단 곡선의 길이(m)
A: $|G_2 - G_1|(\%)$

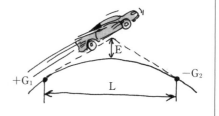

시거에 의한 종단 곡선 최소 길이 산정

볼록 곡선의 경우	오목 곡선의 경우

볼록 곡선의 경우

- 시거가 종단 곡선 길이보다 짧을 때 (S<L)

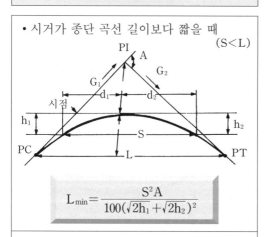

$$L_{min} = \frac{S^2 A}{100(\sqrt{2h_1} + \sqrt{2h_2})^2}$$

- 시거가 종단 곡선 길이보다 길거나 같을 때 (S≧L)

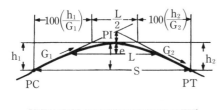

$$L_{min} = 2S - \frac{200(\sqrt{h_1} + \sqrt{h_2})^2}{A}$$

오목 곡선의 경우

- 시거가 종단 곡선 길이보다 짧을 때 (S<L)

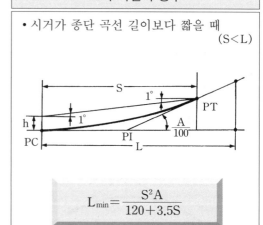

$$L_{min} = \frac{S^2 A}{120 + 3.5S}$$

- 시거가 종단 곡선 길이보다 길거나 같을 때 (S≧L)

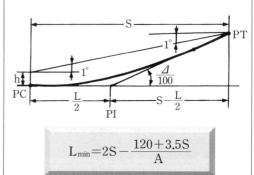

$$L_{min} = 2S - \frac{120 + 3.5S}{A}$$

⑶ 시거에 의한 종단 곡선 최소 길이 산정의 예

시거에 의한 종단 곡선 최소 길이 산정의 예

---

① 볼록 곡선의 경우

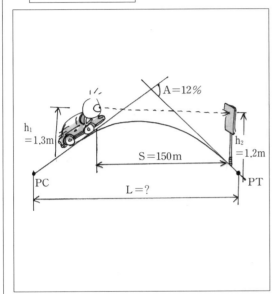

다음 그림과 같은 관계가 성립할 때 최소 종단 곡선의 길이를 구하여라.

종단 곡선의 길이가 시거보다 긴 경우 최소 종단 곡선 길이는 다음과 같이 구한다.

$$L = \frac{S^2 A}{100(\sqrt{2h_1} + \sqrt{2h_2})^2}$$

S=150m, A=12, h_1=1.3m, h_2=1.2m 따라서

$$L = \frac{(150)^2 \cdot 12}{100(\sqrt{2(1.3)} + \sqrt{2(1.2)})^2}$$
$$= 270.11(m)$$

---

② 오목 곡선의 경우

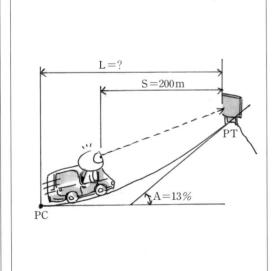

다음과 같은 경우 최소 종단 곡선의 길이를 구하여라.

시거가 종단 곡선의 길이보다 짧으므로 최소 종단 곡선 길이는

$$L = \frac{S^2 A}{120 + 3.5S}$$

S=200m, A=13(%)이므로
$$L = \frac{(200)^2 \cdot (13)}{120 + 3.5(200)}$$
$$= 634.15(m)$$

⑷ 종단 곡선에서의 표고 결정은 어떻게 하나

종단 곡선에서의 표고

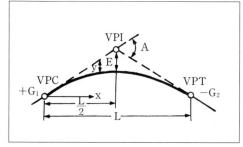

- 종단 곡선의 종단 구배 변화값

$$A = |G_2 - G_1|$$

- 구배 변화율(r)

$$r = \frac{|G_2 - G_1|}{L} = \frac{A}{L}$$

- 종단 곡선의 접선과 종단 곡선간의 표고차(offset) 산정

$$y = \frac{r}{2}x^2 = \frac{A}{2L}x^2$$

y: offset(m)
L: 종단 곡선 길이(m)
x: VPC에서부터의 수평 거리
y: 종단 곡선과 접선간의 표고차

- 종단 곡선상의 점 P에 대한 표고 산정

$$ELE_p = ELE_{vpc} + G_1 \cdot x + y = \begin{cases} ELE_{vpc} + G_1 \cdot x - \dfrac{Ax^2}{2L} \ (볼록\ 곡선의\ 경우) \\ ELE_{vpc} + G_1 \cdot x + \dfrac{Ax^2}{2L} \ (오목\ 곡선의\ 경우) \end{cases}$$

- 가장 높은 표고를 나타내는 지점 산정

$$x = \frac{G_1 \cdot L}{A}$$

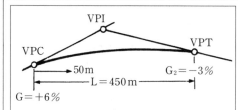

위의 곡선에서 VPC로부터 50m 떨어진 지점, 최고점에서 표고를 구하여라. (단, VPC의 표고는 600m)

A값 계산	$A = \|G_2 - G_1\| = \|-3-6\| = 9\%$
최고점 위치 계산	$x = \dfrac{G_1 \cdot L}{A} = \dfrac{6 \cdot 450}{2L} = 300\,m$ VPC에서 300m 떨어진 지점
50m 지점 표고	$ELE = 600 + (6 \times 0.5)$ $- \dfrac{9 \times (0.5)^2}{2 \times 4.5} = 602.75(m)$
최고점 표고	$ELE = 600 + (6 \times 3)$ $- \dfrac{9 \times (3)^2}{2 \times 4.5} = 609.00(m)$

6. 시거란 무엇인가

(1) 최소 정지 시거는 어떻게 정하나

| 시 거 (sight distance) | 차로의 중심선상 1.0m 높이에서 당해 차로의 중심선상에 있는 높이 15cm의 물체 정점을 볼 수 있는 거리를 차로의 중심선에 따라 측정한 길이 |

○ 시거의 내용

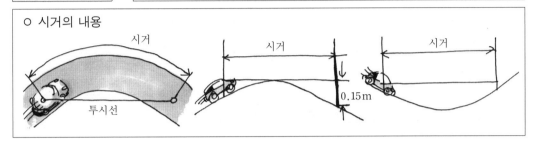

○ 시거의 종류

① 정지시거 : 운전중 장애물을 발견하고 제동장치를 작동시켜 자동차가 정지하기까지의 거리

② 추월시거 : 차량의 추월을 위해 필요한 거리

| 최소 정지 시거 (Minimum stopping sight distance) | • 운전자가 반응시간 동안 주행한 거리＋차량의 제동 거리
• 도로상을 운전하는 운전자의 최소 안전 거리
• 도로 설계시 최소 정지 거리가 확보되도록 설계하는 것이 바람직 |

최소 정지 시거를 확보해야 안전하다.

▷ 최소 정지 시거 계산

$$MSSD = 0.694(V) + \frac{V^2}{254(f \pm G)}$$

MSSD: 최소 정지 시거(m)
V: 설계 속도(km/시)
f: 마찰 계수(0.29 ~ 0.44)
G: 종단구배

차량이 60km/시로 주행시 마찰 계수가 0.4인 평탄지 도로에서 최소 정지 시거를 구하라.

설계 속도 V＝60	
마찰 계수 f＝0.4	최소 정지 시거(MSSD)＝$0.694(60) + \dfrac{60^2}{254(0.4)} = 77.07$(m)
종단 구배 G＝0	

⑵ 추월 시거란 무엇인가

추월 시거
(passing sight distance)

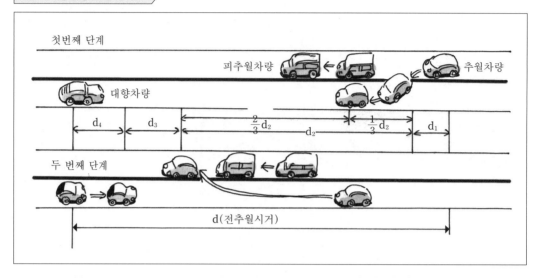

○ 추월 시거의 결정

d : 전추월시거 $d=d_1+d_2+d_3+d_4$

d_1: 추월 차량이 추월을 위해 대향 차로로 진입하기까지의 거리
d_2: 추월 차량이 대향 차로를 주행하여 원래 차로로 돌아오기까지의 거리
d_3: 추월 완료 후 추월 차량과 대향 차량간의 거리
d_4: 추월을 완료할 때까지 대향 차량이 주행한 거리

○ 추월 시거의 계산

$d_1=\dfrac{V_0}{3.6}t_1+\dfrac{1}{2}at_1^2$ $d_2=\dfrac{V_0}{3.6}t_2$ $d_3=30\sim100m$ $d_4=\dfrac{2}{3}d_2$

V_0: 앞지르기 당하는 차량
　　의 속도(km/h)
a: 평균 가속도(m/sec²)
t_1: 가속 시간(sec)

V: 앞지르기하는 차량이 대향 차로에
　　있을 때의 속도(km/h)
t_2: 앞지르기 시작에서 완료시까지의
　　시간(sec)

(3) 추월 시거 계산의 예

○ 추월 시거의 계산
양방향 2차로 도로에서 추월 차량 앞차량의 속도가 50km/h, 평균가속도가 5m/sec², 2초동안 가속하였다. 이 차량이 반대편 차로에 있을 동안의 속도가 80km/h이고 앞지르기 시작에서 완료까지의 시간 5초가 걸렸다면 안전하게 추월하기 위한 추월 시거는 얼마인가?(앞지르기 한 차량이 다시 본차로로 돌아올 때 반대 방향을 주행하는 차량과의 거리는 60m이다.)

안전하게 추월할 수 있는 거리는
얼마나 될까?

▷ 뒷차량이 추월을 위해 반대 차로로 진입하기까지의 주행 거리(d_1)

$$d_1 = \frac{V_0}{3.6} t_1 + \frac{1}{2} at_1{}^2 = \frac{50}{3.6}(2) + \frac{1}{2} \cdot 5(2)^2 = 37.78(m)$$

▷ 뒷차량이 반대 차로를 주행한 거리(d_2)

$$d_2 = \frac{V}{3.6} t_2 = \frac{80}{3.6}(5) = 111.11(m)$$

▷ 추월완료 후 추월 차량과 반대방향 차량간의 거리(d_3)

$$d_3 = 60(m)$$

▷ 추월을 완료할 때까지 반대 방향 차량이 주행한 거리(d_4)

$$d_4 = \frac{2}{3} d_2 = \frac{2}{3} \cdot (111.11) = 74.07(m)$$

따라서 전추월 시거는 $d = d_1 + d_2 + d_3 + d_4 = 37.78 + 111.11 + 60 + 74.07 = 282.96(m)$

Ⅱ. 교차로 설계

1. 교차로에서는 어떤 일이 일어날까

교차로 설계	상충(conflict)이란 차량 흐름간의 마찰을 의미
	교차로 설계의 목표는 차량간의 상충 최소화

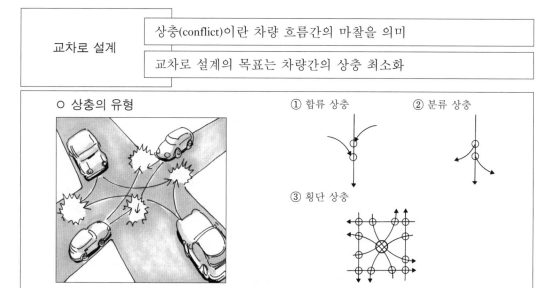

O 상충의 유형

① 합류 상충   ② 분류 상충

③ 횡단 상충

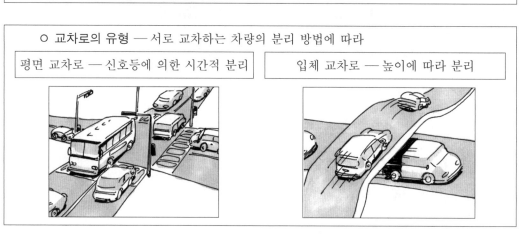

O 교차로의 유형 ― 서로 교차하는 차량의 분리 방법에 따라

평면 교차로 ― 신호등에 의한 시간적 분리   입체 교차로 ― 높이에 따라 분리

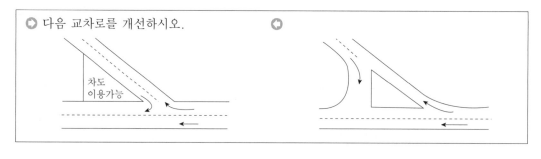

◑ 다음 교차로를 개선하시오.   ◐

차도
이용가능

2. 평면 교차로는 어떤 기능을 하나

(1) 평면 교차로의 형태

평면 교차로의 형태

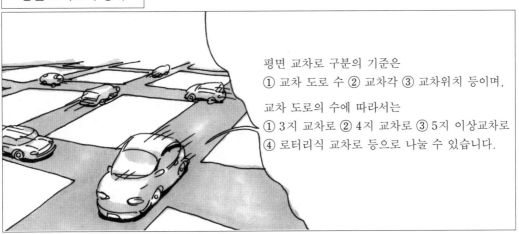

평면 교차로 구분의 기준은
① 교차 도로 수 ② 교차각 ③ 교차위치 등이며,

교차 도로의 수에 따라서는
① 3지 교차로 ② 4지 교차로 ③ 5지 이상교차로
④ 로터리식 교차로 등으로 나눌 수 있습니다.

▨ 교차로의 형태

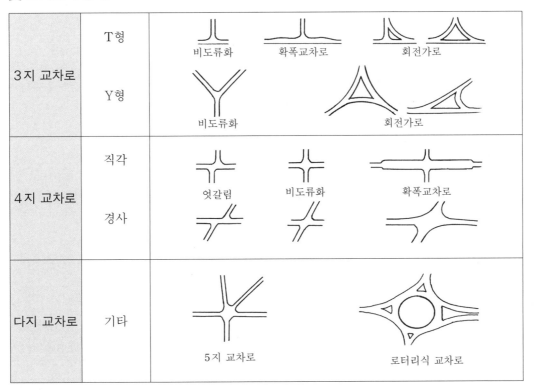

⑵ 평면 교차로 설계의 원리와 기준

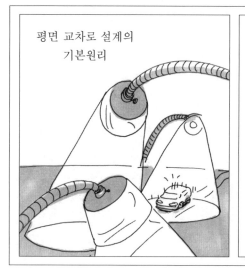

평면 교차로 설계의
기본원리

- 상충 횟수 최소화
- 상대 속도 최소화
- 교차로 기하 구조와 교통통제·운영방식의 조화
- 적극적인 상충처리기법 적용
- 회전 차로의 활용
- 분류, 합류 횟수는 최소화
- 상충되는 교통류는 서로 분리
- 가장 많은 교통량과 높은 속도의 교통류 우선 처리
- 상충발생지점의 최소화
- 교통 특성이 서로 다른 교통류의 분리

평면 교차로 설계 기준

인적 요소	교통류 요소	도로의 기하 구조	경제적 요소	환경적 요소
• 주행 습관 • 판단 능력 • 운전자의 기대치 • 반응시간 • 차량 주행 경로에의 순응 여부 • 보행자 특성	• 용량 • 회전 교통량 • 차량의 제원 • 차량 흐름 • 속도 • 대중 교통 수단과의 연계성 • 교통사고 기록	• 주변 토지 이용 특성 • 종단 선형 • 시거 • 교차각도 • 상충 지역 • 속도변화구간 • 교통통제시설 • 조명시설 • 안전시설	• 공사비 • 도로의 확폭 • 연료 소비	• 소음 • 공해 • 생태계 파괴

◐ 교차로 설계원리(5개)를 서술하시오.

◑
① 상충횟수의 최소화　　　　④ 회전차로를 활용
② 적극적인 상충처리방법 적용　⑤ 상충지점의 최소화
③ 상충의 분리　　　　　　　⑥ 기하구조와 교통통제·운영방법 조화

⑶ 평면 교차로의 선형

평면 교차로의 선형	• 차량, 보행자, 시설이 서로 복잡하게 얽혀 있어 사고의 위험이 상존 • 도로의 선형은 되도록 직선을 유지하게끔 설계하는 것이 바람직 • 보행자 및 운전자의 안전성 확보가 필수적

평면 선형	운전자의 시야 확보를 위해 교차로는 직각으로 설계하는 것이 바람직하다.

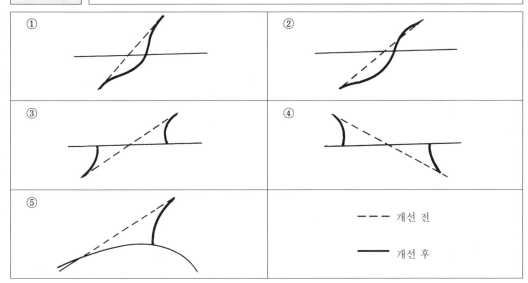

①	②
③	④
⑤	- - - - 개선 전 ———— 개선 후

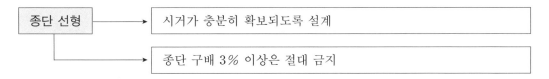

종단 선형	→	시거가 충분히 확보되도록 설계
	→	종단 구배 3% 이상은 절대 금지

▷ 교차로 개선의 예

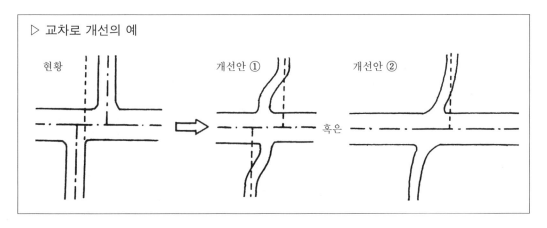

현황   개선안 ①   혹은   개선안 ②

⑷ 평면 교차로에서의 곡선 설계

○ 설계시 고려 요소

곡 선 반 경	차량 주행 쾌적	차 로 폭
보행자 방향	교통섬 기능	교통 통제 시설
편 구 배	도 류 화	차량간 속도 차이의 최소화

○ 단곡선과 복합곡선

단 곡 선	▷ 가각 정리에 많은 면적이 소요, 비경제적
복합곡선	▷ 차량의 원활한 주행 확보 가능, 경제적

교차로 곡선 사용 예 ▷

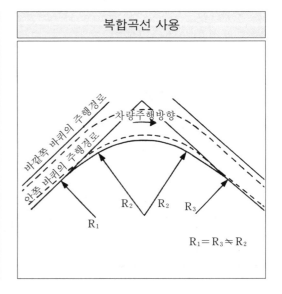

단곡선 사용	복합곡선 사용
바깥쪽 바퀴의 주행경로 / 안쪽 바퀴의 주행경로 / 차량주행방향 / R_1 / R_1: 곡선반경	바깥쪽 바퀴의 주행경로 / 안쪽 바퀴의 주행경로 / 차량주행방향 / R_1 / R_2 R_2 R_3 / $R_1 = R_3 \fallingdotseq R_2$

3. 교통섬이란 무엇인가

(1) 교통섬의 기능

교통섬 (Traffic Island)	• 차량의 주행을 제어하거나 보행자를 보호하기 위해 차로 사이에 설정한 구역 • 기능에 따라 유도섬, 안전섬, 분리섬 등으로 구분 • 연석에 의한 화단 또는 마킹에 의해 설치

○ 교통섬 설치의 목적

▷ 차량의 주경로를 분명히 하고 교통 흐름을 분리한다.

▷ 위험한 교통 흐름을 제어한다.

▷ 보행자를 보호한다.

▷ 교통관제시설을 설치할 수 있는 공간을 확보한다.

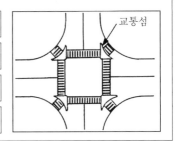

○ 교통섬 설치에 따른 효과

1. 도류로를 명시하여 차량을 유도한다.
2. 보행자를 위한 안전성의 역할도 한다.
3. 신호, 표지, 조명 등 관련 시설의 설치장소를 제공한다.
4. 차량 정지선의 위치를 앞으로 당길 수 있다.

○ 교통섬의 구성

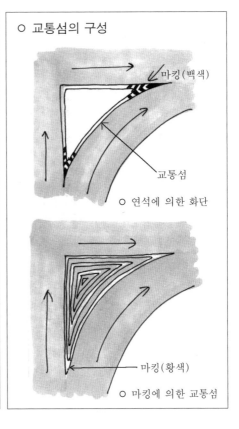

○ 연석에 의한 화단

○ 마킹에 의한 교통섬

(2) 교통섬의 설치

① 자연스러운 주행속도를 유지하도록 하여야 한다.

③ 적당한 크기를 확보해야 한다.

② 가급적 설치 횟수는 최소화해야 한다.

④ 시야가 확보되지 않거나 곡선이 급한 지점 등에는 안전상 설치를 금지하는 것이 바람직하다.

교통섬 설치시 고려사항

○ 일반적인 교통섬의 구성 요소

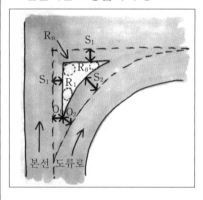

본선 도류로

직각 보차 도로

▷ Setback(S_1, S_2), Nose offset(O_1, O_2)의 값(단위: m)

구분 설계속도	80km/h	60km/h	50~40km/h
S_1, S_2	1.00	0.75	0.50
O_1	1.50	1.00	0.50
O_2	1.00	0.75	0.50

▷ 교통섬 선단위 반경(단위: m)

R_1	R_0	R_n
0.50~1.00	0.50	0.50~1.50

▷ 교통섬에 나무를 심고 직각 보차 도로를 따라 교통섬을 설치할 경우의 문제점

① 교통섬에 나무를 심어 접근시 시야 방해

② 직각 보차 도로로 주변 도로의 시야 불량, 차량 진입시 불편, 우회전 차량의 회전시 불편

③ 교통 통제 시설의 설치 곤란, 시인성 부족

⑶ 교통섬을 이용한 도류화 기법의 예

도류화 (channelization)	▷	평면 교차로에 진입하는 차량에 대해 진로를 명확히 제공함으로써 안전하고 신속한 통행을 제공하기 위하여 사용

○ 전	○ 전	○ 전	○ 전
○ 후	○ 후	○ 후	○ 후
○교통류의 규제와 교차로의 적절한 활용	○교통량이 많은 회전방 향 교통류의 흐름 원활화	○보행자 보호	○회전 및 횡단 차량 보호
○ 전	○ 전	○ 전	○ 전
○ 후	○ 후	○ 후	○ 후
○상충 교통류 분리	○상충 가능성이 있는 차량의 진행각도 조절	○교통통제장치의 적절 하고 안전한 장소 제공	○통과 차량의 제한

⟳ 다음 교차로의 안전한 흐름을 위해 도류화하시오. ⟲

⟳ 도류화 설계원칙 4가지를 쓰시오.

⟲ ① 운전자가 한 번에 한 가지 이상의 의사결정을 하지 않도록 할 것.

　② 90° 이상 회전하거나 갑작스럽거나 급격한 배향곡선 등의 부자연스런 경로를 피할 것.

　③ 운전자가 적절한 시인성 및 시계를 가지도록 해야 한다.

　④ 교통섬의 최소면적은 $4.5m^2$ 이상은 되어야 한다.

⑷ 좌회전 차로의 설치

좌회전 차로 설계

좌회전 차로 ▷ 평면 교차로에서 좌회전 교통류를 효율적으로 처리하기 위하여 설치

○ 좌회전 차로의 기능

좌회전 차량의 원활한 감속을 유도

좌회전 차량의 대기공간 확보로 교통신호 운영의 합리화 도모

직진 차량과 좌회전 차량을 분리함으로써 직진 차량에 대한 영향 최소화

○ 좌회전 차로의 설계

○ 완전 점용 형태의 좌회전 차로($W_L = W_S$)

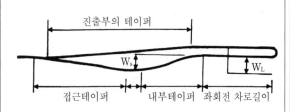

진출부의 테이퍼

접근테이퍼 내부테이퍼 좌회전 차로길이

○ 적 용
• 도로의 폭이 넓은 경우
• 좌회전 교통량이 많은 경우
○ 특 징
• 좌회전 차로의 폭과 같은 좌회전 차로 돌출폭
• 대향차량과의 안전성 확보

○ 부분 점용 형태의 좌회전 차로($W_L > W_S$)

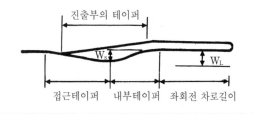

진출부의 테이퍼

접근테이퍼 내부테이퍼 좌회전 차로길이

○ 적 용
• 도로의 폭이 좁은 경우
• 좌회전 교통량이 적은 경우
○ 특 징
• 좌회전 차로폭보다 적은 좌회전 차로 돌출폭
• 적은 면적으로 차량의 원활한 주행이 가능

○ 접근로 테이퍼(T_a)
접근 교통류를 좌측으로 유도하는 충분한 거리 확보, 노면 표시 등으로 보완

○ 좌회전 차로 테이퍼(T_b)
좌회전 교통류를 좌회전 차로로 유도하는 기능

$$T_a = \begin{cases} \dfrac{W_1 V_2}{60} : \text{바람직한 설계기준} \\ W_s \cdot V : \text{최소 설계기준} \end{cases}$$

$$T_b = \begin{cases} \dfrac{W_1 V}{2.5} : \text{바람직한 설계기준} \\ 4 : 1 : \text{최소 설계기준} \end{cases}$$

여기서
W_1 : 차로폭(ft)
V : 속도(mph)
W_s : 좌회전 차로의 돌출폭

(5) 좌회전 차로 길이 산정 방법

좌회전 차로의 길이 산정 방법	▷	속도, 교통량, 통제시설의 형태에 따라 결정

○ 교통량이 적은 경우
- 접근로의 속도가 낮고 도로의 폭이 적은 경우 이용
- 차량의 감속에 필요한 길이를 고려하여 적절한 길이를 산정

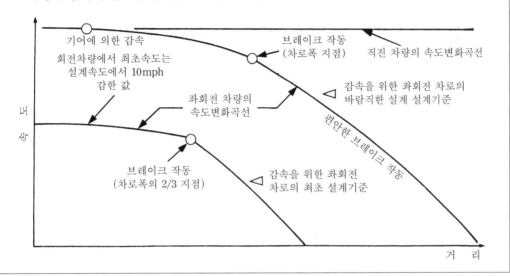

○ 교통량이 많은 경우
 - 좌회전 교통량, 신호주기, 직진 교통량, 차량 혼입률 등에 따라 좌회전 차로의 길이 결정
 - 순서: 회전 교통량 → 신호주기 → 트럭 혼입률 → 좌회전 차로의 길이

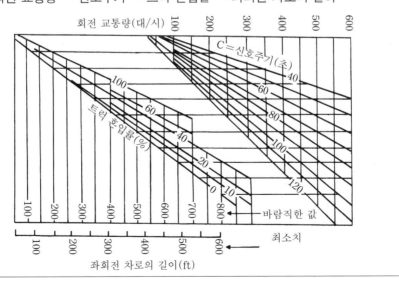

4. 인터체인지는 언제 설치하나

(1) 인터체인지 설치의 기본 방향은

인터체인지	• 2개 이상의 도로를 안전하고 효율적으로 처리하기 위해 입체로 교차시키는 시설 • 4차로 이상의 도로의 경우는 원칙적으로 입체 교차화
인터체인지 설계시 고려 사항	도로의 기능, 교통류 특성, 출입제한 정도, 도로폭, 지형, 경제적 측면
인터체인지 설계시 기본 방향	① 램프는 본선과 동일한 설계기준을 적용한다. ② 교통 표지 및 기타 운영 시설을 적절히 활용하여 운전자에게 정확한 정보 전달이 이루어지도록 해야 한다. ③ 출입제한 고속도로의 경우 모든 방향에서 램프에 의해 접근이 가능해야 한다.

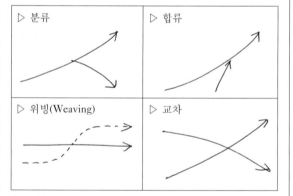

○ 인터체인지 구성 요소

감속차로 램프 가속차로

○ 교통류의 흐름

▷ 분류   ▷ 합류

▷ 위빙(Weaving)   ▷ 교차

인터체인지의 종류 ▷	입체 교차하는 형식에 따라

완전 입체 교차	불완전 입체 교차
• 크로바형 • 직결형 • 트럼펫형(3지 교차) • 2중 트럼펫형(4지 교차)	• 다이아몬드형 • 불완전 크로바형 • 트럼펫형(4지 교차) • 준 직결형 • 로터리형 • 교차점 입체 교차

(2) **3지 교차 인터체인지의 종류**

3지 교차 인터체인지

① 트럼펫(trumpet)형

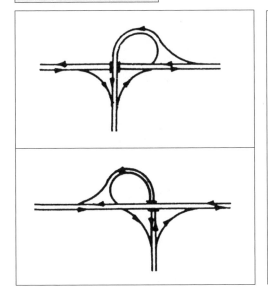

ㅇ 장 점
 • 단순하며 공사가 용이
 • 엇갈림 현상이 발생하지 않음

ㅇ 단 점
 • 교차로 소요 면적 과다 요구

② 직접 연결형 | 직접 연결로 혹은 준직결 연결로를 사용하여 구성, 입체 교차 구조물의 수 증가

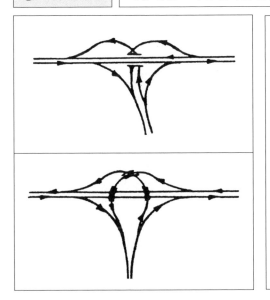

ㅇ 장 점
 • 엇갈림 현상이 발생하지 않음
 • 교통 용량 증대 가능
 • 고속도로 상호간 교차에 적합

ㅇ 단 점
 • 구조물의 수가 많아짐
 • 공사비가 증가하고 시공이 복잡

⑶ 4지 교차 인터체인지의 종류

4지 교차 인터체인지(크로바형)

① 완전 크로바형	4지 완전 입체 교차의 기본형으로 기하학적으로 대칭

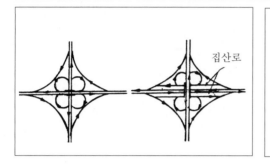

○ 장   점
• 구조물이 단순하여 시공 용이
○ 단   점
• 용지 면적 과다 소요
• 엇갈림 현상 발생
• 교통 용량 저하
• 도시부에서는 적용 불가능

② 불완전 크로바형	방향별로 입체 교차를 분리

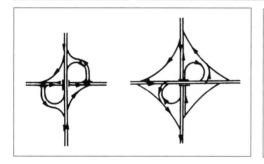

○ 장   점
• 용량 증대
• 완전 크로바형으로 개량 용이
○ 단   점
• 우회 거리 과다
• 용지 소요 면적 과다
• 공사비가 많이 소요

③ 변형된 크로바형	

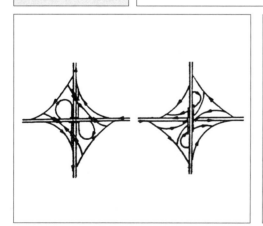

○ 장   점
• 엇갈림 현상이 없음
• 교통 용량 증대
• 고속도로 상호간 교차에 적합
○ 단   점
• 구조물 과다
• 엇갈림 현상 발생
• 용지 면적이 많이 요구
• 공사비 과다
• 시공이 복잡

4지 교차 인터체인지(직결·트럼펫형)

④ 직결형 | 좌회전 교통을 목적하는 방향으로 원활한 곡선으로 처리

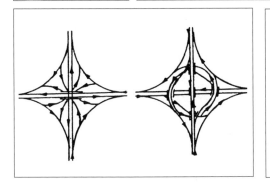

○ 장 점
- 엇갈림이 발생하지 않음
- 교통 용량 증대
- 고속도로 상호간 교차에 적합

○ 단 점
- 구조물을 많이 설치
- 공사비가 고가이고 공사가 복잡

⑤ 트럼펫형 | 트럼펫형을 4지 교차에 적용한 형태

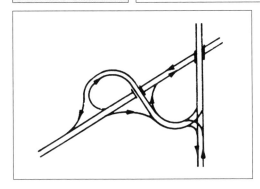

○ 장 점
- 요금 징수소를 한곳에 설치
- 유료 도로에 적합
- 2중 트럼펫형으로 개량이 용이

○ 단 점
- 우회 거리 과다

⑥ 2중 트럼펫형 | 트럼펫 2개를 이용하여 완전 입체 접속

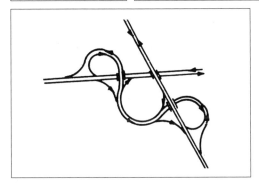

○ 장 점
- 유료 도로 운영 용이
- 요금 징수소 집약 가능

○ 단 점
- 우회 거리 과다
- 엇갈림 현상 발생

4지 교차 인터체인지(다이아몬드 · 로터리형)

| ⑦ 다이아몬드형 | 4지 교차를 하는 불완전 입체 교차의 대표적 형태 |

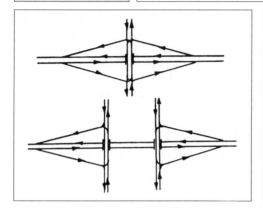

○ 장　점
• 용지 면적이 적게 소요
• 공사비 저렴
• 짧은 우회 거리

○ 단　점
• 2개의 평면 교차로 인접
• 병목 현상 발생

| ⑧ 로터리형 | 연결로의 일부를 겹쳐서 엇갈림이 수반되는 형태 |

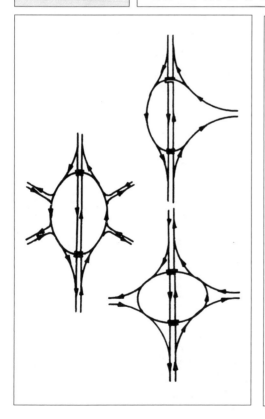

○ 장　점
• 교통량이 적은 5지 이상 교차로에
　적용

○ 단　점
• 교통량이 많은 도로에는 부적절
• 엇갈림 현상 발생

○ 고속도로의 간선도로가 교차하는 지점을 완전 크로버 인터체인지로 설계하려고 한다.
완전 크로버 인터체인지를 도시하고 진행방향을 도시하라.

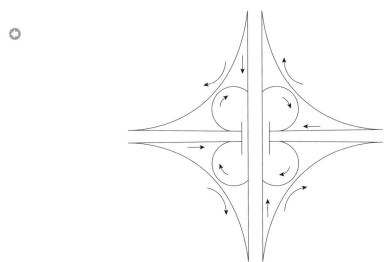

○ 입체방식을 트럼펫형으로 모든 방향으로 통행이 가능하도록 하려면 램프의 접속을 어떻
게 설계해야 하는가? 램프접속방법과 방향표시를 도시하라.

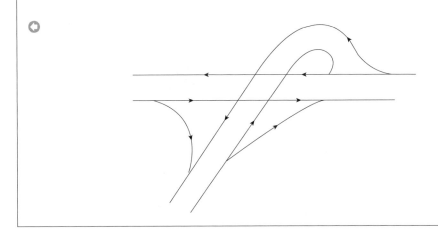

Ⅲ. 주차장 설계는 어떻게 하나

1. 주차장의 구분

| 주 차 장 | 자동차 통행의 목적지에서 일시적으로 자동차를 세워두기 위한 주차 공간 혹은 그와 유사한 주차 공간을 가진 시설 |

O 주차장의 구분

종　류	관리 주체	설치 장소	기　능
노상주차장	—	도　　로 광　　장	—
노외주차장	공공(도시계획) 주차장	옥　　외 옥　　내	공공 주차장, 역세권 주차장, 민자유치 주차장
	민영 주차장	옥　　외 옥　　내	—
부설주차장	—	옥　　외 옥　　내	주택의 차고 건물의 부설 주차장

O 주차장 수요와 공급의 관계(수요>공급)

2. 주차장의 종류에는 어떠한 것들이 있나

(1) 노상 주차장의 유형

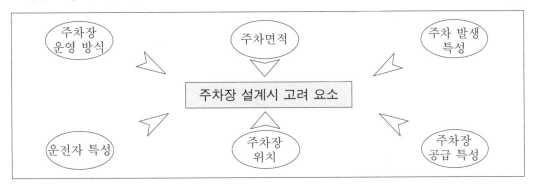

▷ 주차장의 종류

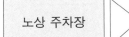

노상 주차장	• 도로의 차로와 보도 사이에 설치 • 연석 주차(curb parking)라고도 함

O 평행식 주차	O 각도식 주차
▷ 각도식 주차에 비해 주차 대수가 적음 ▷ 주차에 걸리는 시간 단축 ▷ 주도로에 적절	▷ 주차 대수가 평행식에 비해 많음 ▷ 차량 주행에 지장 ▷ 사고 발생 가능성 높음 ▷ 도로폭이 좁고 저속 차량이 많은 부도로 에 적합

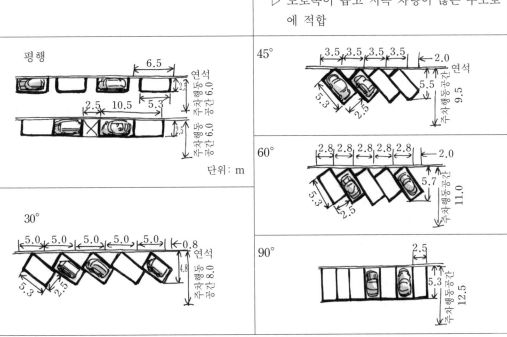

(2) 노외 주차장의 유형

노외 주차장	▷	• 공공 주차장이나 역세권 주차장이 이에 해당 • off-street parking

노외 주차장 설치 기준은 …

진입로의 위치: 교차로에서 가급적 멀리 설치
진입로의 수
주차면의 폭과 길이
통행로의 폭
주차각도
회전반경: 크기는 내측 3.0m, 외측 6.5m 이상이어야 함

▷ 노외 주차장의 형태

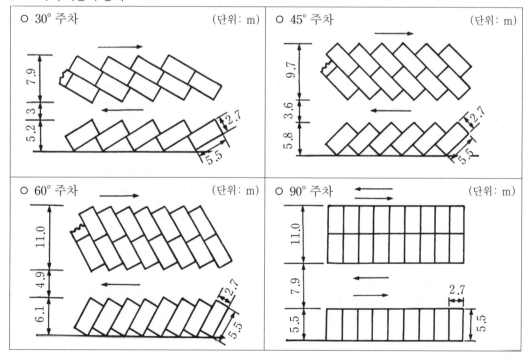

○ 30° 주차 (단위: m)

○ 45° 주차 (단위: m)

○ 60° 주차 (단위: m)

○ 90° 주차 (단위: m)

(3) 옥내 주차장의 유형

옥내 주차장 (주차 건물)	• 주차 건물을 이용하여 주차하는 방식 • 지가가 높은 도심 지역에서 주차를 목적으로 건설

O 옥내 주차장의 구분
  (각 층의 연결 방식에 따라)

램 프 식	경사 바닥식	기 계 식
• 램프(ramp)로 각 층을 연결 • 주차면당 면적이 타방식에 비해 많이 소요	• 바닥이 경사짐 • 통로가 램프 기능을 하므로 램프식에 비해 적은 면적 필요 • 경사의 크기는 5.5% 이상 금지 • 주차각은 60°이상	• 램프와 통로가 불필요 • 지가가 높고 좁은 장소에 적합 • 초기 투자 및 운영비가 많이 소요 • 이동식 혹은 고정식 엘리베이터 사용

✕ 주차 건물의 형태

램 프 식	경사 바닥식	기 계 식

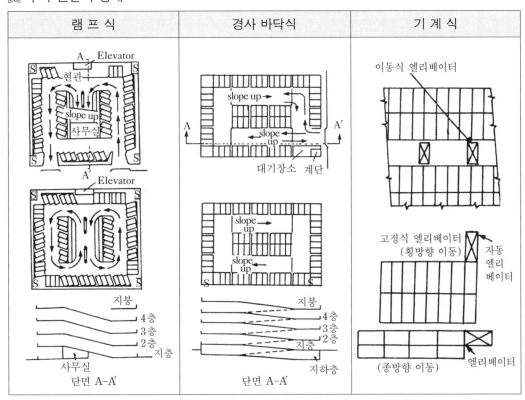

3. 주차에는 어떤 특성이 있나
(1) 주차 특성

```
                        ┌─────────────┐
                        │   주차 특성   │
                        └─────────────┘
```

개별적 특성	주차 수요 특성	교통 특성
• 차량 유형(How) • 통행 목적(Why) • 유입 시간(When) • 유출 시간 • 주차 시간(How long) • 주차 장소(Where) • 주차장 유형	• 주차 수요(How many) (1일 주차 대수) • 피크시 주차 유입량 • 피크시 주차 대수 • 피크시 주차율 • 단위 면적당 평균 주차 대수 • 평균 주차 점유 시간 • 회전율	• 기·종점(Where) • 차량 통행 거리(How far) • 주차 후 통행거리 • 주차 후 이용교통수단 • 통행비용 • 주차비용

▷ 주차 수요 특성에 관련된 용어

주차 효율

• 주차장에 주차 차량이 존재한 시간 비율
• 주차 효율의 산정

$$주차 효율 = \frac{주차이용대수 \times 평균주차시간}{주차용량 \times 운영시간}$$

주차 회전율

• 어느 시간대에 단위 주차면당 출입횟수
• 주차 회전율의 산정

$$주차 회전율 = \frac{이용차량대수}{총주차면수}$$

• 대도시의 경우 시간당 4~6회 정도

◑ 백화점의 주차장으로 사용하기 위해 유사백화점의 자료를 참고하여 주차장을 설치하고
자 한다. 6시간 동안 매 1시간마다 한 번씩 조사한 주차대수는 표와 같다. 첨두시간 동안의
주차량은 70대이었고 주차장 효율계수를 e＝0.85로 계획코자 할 때 다음에 답하여라.

시　간	주차대수	시　간	주차대수
7：00～ 8：00	45	11：00～12：00	51
8：00～ 9：00	40	12：00～13：00	39
10：00～11：00	45	13：00～14：00	40

(1) 첨두시간
(2) 첨두시간의 주차부하
(3) 소요주차면수
(4) 첨두시간의 회전수
(5) 첨두시간의 평균주차시간

◒ (1) 첨두시간＝11：00～12：00

(2) 주차부하＝L＝51 면

(3) 소요주차면수＝$\dfrac{주차부하}{효율계수}=\dfrac{51}{0.85}=60$ 면

(4) 첨두회전수＝$\dfrac{첨두시간대의 주차량}{소요주차면수}=\dfrac{70}{60}=1.17$ 회/시간

(5) 첨두시간의 평균주차시간＝$\dfrac{첨두시간의 주차부하}{첨두시간주차량}=\dfrac{51}{70}=0.73$ 시간

⑵ 주차효율과 주차 시간 계산

주차효율의 계산 예

◑ 어느 건물의 주차 용량이 50대, 주차 이용 대수가 하루 330대이고 평균 주차 시간이 2.5
시간이다. 주차장이 하루 18시간 개방된다고 할 때 이 주차장의 주차효율을 구하여라.

◐ 주차효율＝$\dfrac{주차 이용 대수 \times 평균 주차 시간}{주차 용량 \times 운영시간}=\dfrac{330 \times 2.5}{50 \times 18}=0.92$

이 건물의 주차효율은 0.92이다.

○ 주차 시간 분포 특성

▷ 주차 시간 분포

음지수 분포(Negative Exponential Distribution)

▷ 주차 시간이 t를 초과할 확률

$$P(>t)=e^{-mt}$$

P(>t): 주차 시간이 t를 초과할 확률
m: 평균 주차 시간의 역수
e: 지수(2.7182)
t: 주차 시간

○ 주차 시간 분포 그래프

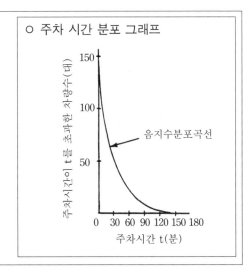

주차 시간 계산

◑ 어느 주차장의 평균 주차 시간은 2시간이다. 한 대의 차량이 도착했을 때 이 차량이 1시간 미만 주차할 확률을 구하여라.

◑ 주차시간은 $m=\frac{1}{2}$인 음지수 분포를 따르므로 $P(>t)=e^{-0.5t}$
  $t=1$일 때 $P(\leq 1)=1-e^{-0.5}=1-0.6065=0.3935$
  따라서 어떤 차량이 1시간 미만 주차할 확률은 39.35%이다.

(3) 주차 차량의 도착 분포

주차 차량의 도착 분포

- 주차 차량의 도착 패턴은 일정하지 않고 무작위적으로 발생
- 따라서 이는 포아송 분포(Poisson Distribution)에 해당
- 주차 차량의 도착 분포 계산식

$$P(x)=\frac{e^{-m}\cdot m^x}{x!}$$

  $P(x)$: 어떤 시간 동안 x대의 차량이 도착할 확률
  m: 주차 차량의 평균 도착 대수(대)
  x: 도착 차량 대수(대)

○ 주차장의 주차차량 도착분포 계산 예

◑ 다음과 같은 주차장에 1시간 동안 180대의 차량이 도착한다고 한다. 1분 동안 차량이 한 대도 도착하지 않을 확률을 구하여라.

◑ 1시간 동안 180대의 차량이 도착하므로
$\frac{180}{60}=3$, 즉 1분에 3대의 차량이 도착

따라서 주차 차량의 도착 분포는
$P(x)=\frac{e^{-m}\cdot m^x}{x!}=\frac{e^{-3}\cdot 3^x}{x!}$
1분 동안 차량이 1대도 도착하지 않을 확률은
$P(0)=\frac{e^{-3}\cdot 3^0}{0!}=e^{-3}=0.0498$

4. 주차 수요 추정은 어떻게 하나
(1) 과거 추세 연장법

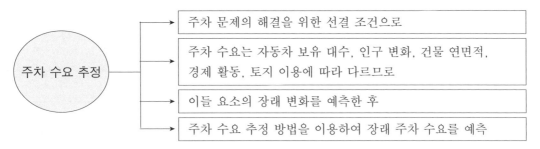

주차 수요 추정
- 주차 문제의 해결을 위한 선결 조건으로
- 주차 수요는 자동차 보유 대수, 인구 변화, 건물 연면적, 경제 활동, 토지 이용에 따라 다르므로
- 이들 요소의 장래 변화를 예측한 후
- 주차 수요 추정 방법을 이용하여 장래 주차 수요를 예측

주차 수요 추정 방법
- 과거 추세 연장법
- 주차 원단위법
- 자동차 기·종점 조사에 의한 방법
- 사람 통행 실태 조사 방법

과거 추세 연장법 : 과거 주차 수요의 증가 경향을 토대로 장래의 주차 수요를 예측하는 방법

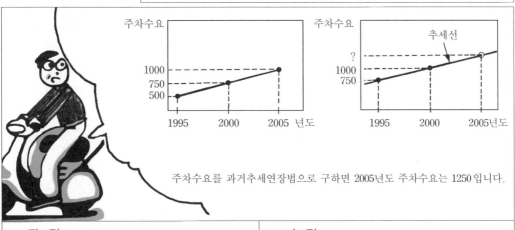

주차수요를 과거추세연장법으로 구하면 2005년도 주차수요는 1250입니다.

○ 장 점
- 개략적이고 단기적 수요 추정에 적합
- 이해가 쉽고 적용이 간단
- 안정된 성장률을 나타내는 도시나 사회 경제적 여건이 급격히 변화하지 않는 도시 지역에 적합

○ 단 점
- 장래의 불확실성을 고려 못함
- 신뢰성이 떨어짐

(2) 주차 원단위법(주차 발생 원단위법)

주차 원단위법	주차 수요 추정시 기존의 자료를 사용하여 원단위를 구한 후 주차 수요를 추정하는 방법

⊠ 주차 원단위법의 종류

▷ 주차 발생 원단위법

▷ 건물 연면적 원단위법

▷ 교통량 원단위법

주차 발생 원단위법 ▷

현재 건물의 연면적당 주차 발생 대수	×	장래 용도별 건물 연면적

$$P = \frac{U \times F}{1,000 \times e}$$

P: 주차 수요(첨두시, 대)
U: 첨두시 용도별 건물연면적 1,000m²당 주차 발생량(대)
F: 용도별 건물연면적(m²)
e: 주차 효율

$$e = \frac{주차\ 이용\ 대수 \times 평균주차\ 시간}{주차\ 용량 \times 운영\ 시간}$$

◯ 주차 효율이 0.80, 주차 발생량이 1,000m²당 5대, 건물연면적이 30,000m²일 때 주차 수요를 구하여라.

◯ 주차 발생 원단위법 ▷ $P = \dfrac{U \times F}{1,000 \times e} = \dfrac{5 \times 30,000}{1,000 \times 0.80} = 187.5$

U=5(대)
F=30,000(m²) ───────→ 주차 수요는 188대
e=0.80

◗ 4.5대/1,000m², e=80.5%, 건물 면적 14,000m²일 때 5년 후(증가율 4%)의 주차수요를 구하시오.

◗ $P = \dfrac{4.5 \times 14,000}{1,000 \times 0.805} = 78.26$대

5년 후 수차수요 = $78.26(1.04)^5 = 96.70$대

(3) 주차 원단위법(건물 연면적 원단위법)

건물 연면적 원단위법	• 건물의 연면적당 원단위를 구하여 이를 적용 • 용도별 연면적과 총주차 대수를 이용하는 방법과 용도에 따른 연면적당 주차 발생량을 구하여 이용하는 두 가지 방법이 있다.

① 용도별 연면적과 총주차 대수를 이용하는 방법(회귀식에 의한 방법)

$$Y = a_0 + a_1 X_1 + a_2 X_2 + \cdots + a_i X_i$$

Y: 총주차 대수
a_i: i용도별 연면적 원단위(용도별 연면적과 총주차 대수를 이용하여 회귀식으로부터 파라메터 도출)
X_i: i용도별 연면적

② 용도에 따른 연면적당 주차 발생량을 이용한 방법

$$Y = a_1 X_1 + a_2 X_2 + \cdots + a_i X_i$$

Y: 총주차 대수
a_i: i용도별 연면적 원단위당 주차 발생량
X_i: i용도별 연면적

▷ 용도에 따른 연면적당 주차 발생량을 이용한 주차 수요 산정

어느 지역의 상업 시설이 $2,000 m^2$, 업무 시설이 $3,000 m^2$, 주거 시설이 $15,000 m^2$일 때 이 지역의 주차 수요를 구하여라.(단, 각 용도별 연면적 원단위당 주차 발생량은 m^2당 상업 시설이 0.21, 업무 시설이 0.13, 주거 시설이 0.05이다.)

용도에 따른 연면적당 주차 발생량을 이용하여 주차 수요를 구하면
$Y = a_1 X_1 + a_2 X_2 + a_3 X_3$에서 $a_1 = 0.21$, $a_2 = 0.13$, $a_3 = 0.05$ 이므로
$Y = 0.21(2000) + 0.13(3000) + 0.05(15000) = 1,560$
따라서 총주차 수요는 1,560대이다.

▷ 용도별 연면적과 총주차 대수를 이용한 주차 수요 산정(회귀식에 의한 방법)

용도별 연면적과 총주차 대수 사이의 관계가 아래와 같다고 할 때 업무 시설의 연면적이 $5,000 m^2$, 상업 시설의 연면적이 $1,400 m^2$인 지역의 총주차 수요를 구하여라.

$$Y = 221 + 0.05 X_1 + 0.14 X_2$$

X_1: 업무 시설의 연면적
X_2: 상업 시설의 연면적

$Y = 221 + 0.05(5000) + 0.14(1400) = 667$, 따라서 이 지역의 총주차 수요는 667대

(4) 주차 원단위법(교통량 원단위법)

교통량 원단위법	• 교통 여건이 안정된 지역 • 동질적인 토지 이용을 갖는 지역의 주차 수요 추정에 적합

○ 수요 추정 과정

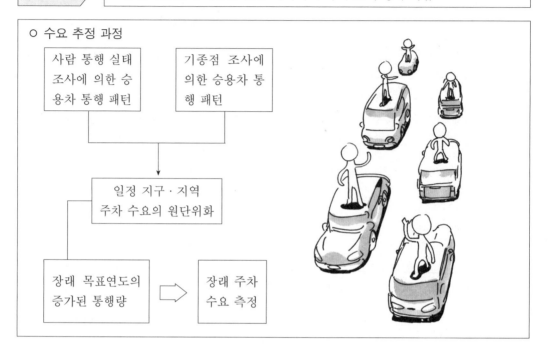

○ 교통량 원단위법을 이용한 주차 수요 추정의 예

사람 통행 실태 조사와 기종점 조사에 의해 어느 지역의 주차 수요가 다음과 같이 나타났다. 장래 통행량이 1.5배 증가하였을 경우 주차 수요를 예측하여라.	A 지역의 주차 수요: 0.21대/통행 B 지역의 주차 수요: 0.07대/통행 C 지역의 주차 수요: 0.12대/통행 A 지역의 총통행량＝1,000통행 B 지역의 총통행량＝1,200통행 C 지역의 총통행량＝1,500통행

① 먼저 장래 통행량이 1.5배 증가하였으므로 각 지역의 통행량은 다음과 같다.
 A 지역＝1,500통행, B 지역＝1,800통행, C 지역＝2,250통행
② 각 지역의 주차 수요
 A 지역＝0.21×1,500＝315, B 지역＝0.07×1,800＝126,
 C 지역＝0.12×2,250＝270
③ 따라서 이 지역의 장래 총주차 수요는 315＋126＋270＝711. 즉 장래 주차 수요는 711대이다.

⑸ P요소법

○ P요소법

▷ 피크시 도착 차량과 주차장 이용 효율과의 관계 이용

▷ 원단위법보다 정밀

▷ 지역 특성 반영이 가능

▷ 지구, 도심지와 같은 특정 지역 주차 수요 추정에 적합

▷ 지역 주차 조정 계수, 계절 조정 계수 측정의 어려움

▷ P요소법을 이용한 주차 수요 추정식

$$P = \frac{d \cdot s \cdot c}{o \cdot e} \times (t \cdot r \cdot p \cdot pr)$$

P: 주차 수요(주차면수)
d: 주간(07 : 00~19 : 00) 통행 집중률(%)
s: 계절주차 집중계수(seasonal parking factor)
c: 지역주차 조정계수
　(locational adjustment factor)
o: 평균 승차 인원(인/대)
e: 주차 이용 효율(%)
t: 1일 이용 인구(인)
r: 피크시 주차 집중률(%)
p: 건물 이용자 중 승용차 이용률(%)
pr: 승용차 이용자 중 주차차량 비율(%)

● 어느 지역의 주간 통행 집중률이 98%, 계절 집중 계수가 1.1, 평균 재차 인원이 1.45인, 주차 이용 효율이 85%, 1일 이용 인구가 26,854인, 피크시 주차 집중률이 26.5%, 승용차 이용률이 23%, 승용차 이용자 중 주차 차량 비율이 98%일 때 P요소법을 이용하여 주차 수요를 추정하여라.(단, 지역 조정 계수는 1.0으로 한다.)

● $P = \dfrac{d \cdot s \cdot c}{o \cdot e} \times (t \cdot r \cdot p \cdot pr)$에서

d=0.98, s=1.1, c=1.0, o=1.45, e=0.85, t=26,854, r=0.265, p=0.23, pr=0.98

이므로 대입하면

$P = \dfrac{0.98 \times 1.1 \times 1.0}{1.45 \times 0.85} \times (26,854 \times 0.265 \times 0.23 \times 0.98) = 1,729.1$

주차 수요는 1403 대

● 어느 대도시에 위치한 호텔들의 주차특성을 조사한 결과가 우측표와 같다.
신축 예정인 A 호텔의 1일 이용인구가 10,000명이고, 피크시 주차집중률이 10.0%로 예측되었다면 이 호텔이 확보해야 할 주차대수는 얼마인가?

구　　분	특 성 치
주간통행집중률(%)	50
계절주차집중계수	1.1
지역주차집중계수	1.1
평균승차인원(인/대)	1.7
주차이용효율(%)	80
건물이용자 중 승용차 이용률(%)	45
승용차이용자 중 주차차량(%)	95

● $P(\text{주차수요}) = \dfrac{0.5 \times 1.1 \times 1.1 \times 0.45 \times 0.95 \times 10000 \times 0.1}{1.7 \times 0.8} = 190.17$대≒191대

⑹ 누적 주차 수요 추정 방법

▷ P 요소법보다 합리적

▷ 시간대별 유출입량을 이용하여 각 시간대별 누적 주차 대수를 산정

▷ 누적주차 수요추정 공식

$$N_i = (\sum_{i=1}^{n} I_i - \sum_{i=1}^{n} O_i)$$

N_i: i 시간대의 누적주차대수
I_i: i 시간대의 주차유입대수
O_i: i 시간대의 주차유출대수

- 위의 식을 이용하여 각 시간대별 누적주차대수를 산출
- 각 시간대별 누적주차대수 중 가장 많은 대수를 나타내는 시간대의 주차대수를 필요한 주차 수요로 추정

⊠ 누적 주차 수요 측정 방법을 이용한 주차 수요 추정의 예

요금징수표요.

옆의 그림과 같은 주차장의 시간대별 유출입 교통량이 다음과 같을 때 누적 주차 수요 측정 방법을 이용하여 주차 수요를 구하여라.

시 간 대	유입	유출	시 간 대	유입	유출
07 : 00 ~ 08 : 00	73	25	13 : 00 ~ 14 : 00	161	143
08 : 00 ~ 09 : 00	214	77	14 : 00 ~ 15 : 00	155	161
09 : 00 ~ 10 : 00	155	103	15 : 00 ~ 16 : 00	153	147
10 : 00 ~ 11 : 00	163	149	16 : 00 ~ 17 : 00	163	152
11 : 00 ~ 12 : 00	171	144	17 : 00 ~ 18 : 00	138	181
12 : 00 ~ 13 : 00	153	158	18 : 00 ~ 19 : 00	129	315

누적 주차 수요 추정 방식은 각 시간대별 유입과 유출 대수를 뺀 값을 누적하여 가장 많은 주차 대수를 나타내는 시간대의 주차 수요를 추정하는 방식이다. 각 시간대별 누적 대수를 먼저 구한다. 여기서 가장 많은 누적 대수를 나타내는 시간대는 16 : 00 ~ 17 : 00 으로 총 302 대, 따라서 302 대가 누적 주차 수요 추정 방법을 이용한 주차 수요이다.

⑺ 자동차 기종점에 의한 주차 수요 추정 방법

⊠ 승용차의 기종점 통행과 총주차 대수와의 관계에 따른 방법

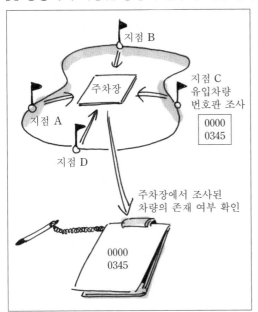

○ 추정 방법

도심지와 같은 특정 지역 진입도로를 기점으로 설정 → 차량 번호 기록 → 승용차 주차 장소에서 기록된 번호와 비교→ 주차 수요 분석

○ 예 제

어느 지역의 진입 도로에서 기록한 1,000대의 차량 번호 중 주차장소에 일치한 번호가 500대일 경우 이 지역의 주차 수요는 얼마인가?

$$주차 수요 = \frac{주차 차량}{진입 차량} = \frac{500}{1000} = 0.5$$

따라서 전체 진입 차량의 50%가 주차 수요가 된다.

⊠ 일정 지역으로 진입하는 차량 대수와 주차 대수와의 관계를 이용하는 방법

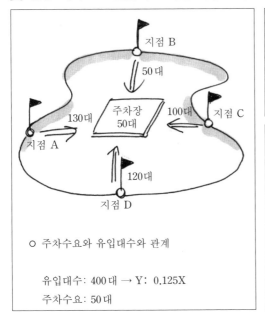

○ 주차수요와 유입대수와 관계

유입대수: 400대 → Y: 0.125X

주차수요: 50대

○ 추정 방법

차량 유입 대수와 주차 수요와의 관계식 정립 → 장래 차량 유입 대수로부터 주차 수요 추정

○ 예 제

어느 지역의 차량 유입 대수와 주차 수요와의 관계가 Y=0.125X일 때, 장차 5000대의 차량이 유입될 경우 주차수요를 구하여라.

Y=0.125X에서 X=5000을 대입하면 Y=0.125(5000)=625, 주차 수요는 625대이다.

5. 주차 수요 추정 방법별 장단점

추 정 방 법	장 점	단 점
과거 추세 연장법	• 이해가 쉽고 적용이 편리 • 계산 간편	• 신뢰성 부족 • 장래의 불확실성에 대한 고려 불가
주차 발생 원단위법	• 단기적 주차수요 예측에 높은 신뢰성 제공	• 주차 이용효율 산출의 어려움 • 발생 원단위의 변화에 대한 융통성 부족
건물 연면적 원단위법	• 수요 추정에 비교적 높은 신뢰성 제공	• 유사건물의 자료 수집의 어려움
P 요소법	• 여러 가지 지역 특성의 포괄적 고려 가능 • 특정 장소의 수요 추정에 적합	• 각 계수에 대한 자료 수집의 어려움
자동차 기종점에 의한 방법	• 특정 지역에 대해서는 정확한 수요 추정이 가능	• 자료 수집의 어려움 • 시간 및 비용 소요의 과다
누적주차수요 추정방법	• 시간에 대한 고려가 가능 • 특정 용도의 수요 추정에 적용이 용이	• 추정시 각 용도별로 각각 추정함으로써 비용이 많이 소요

제 6 장

교통 운영

제 6 장   교통 운영

I. 교통 신호 설치 방법은

1. 신호등 제어란 무엇인가

교통 신호등은「교통류를 정지, 출발시키기 위하여 설치된 동력으로 작동되는 교통 관제 시설」이다. 적절히 설치된 신호등은 다음과 같은 효과를 가져온다.

- 교차로에서 충돌 사고와 같은 교통사고의 감소
- 교통의 흐름을 유도하여 규칙적인 질서를 부여
- 신호의 연동화를 통하여 차량의 연속적인 흐름 유도
- 보행자의 안전 도모

신호등 제어

장 점	단 점
• 교통류에 질서를 부여하여 교차로의 처리 능력을 향상시킨다. • 적절한 신호로 차량 및 보행자의 통행을 확보한다. • 사람이 수동으로 교통의 흐름을 제한하는 것보다 더 경제적이며 운전자의 신뢰를 확보할 수 있다. • 교통사고를 감소시킬 수 있다.	• 교차로에서 차량의 지체 및 이로 인한 연료의 소모를 증가시킨다. • 신호 주기가 불합리하게 설정되어 있는 경우 차량의 지체를 증가시키고 운전자를 초조하게 한다. • 부적절한 위치에 설치된 경우는 운전자가 신호등을 무시하는 경향이 나타날 수 있다. • 추돌과 같은 사고의 요인이 된다.

2. 신호등의 형태에는 어떠한 것이 있나

신호등의 형태

제어하는 방식에 따라

고정식 신호등 (Pretimed Signal)	교통량 반응식 신호등 (Traffic Actuated Signal)
• 교통량의 변화와는 상관없이 규칙적인 신호 주기가 반복된다. • 교통 패턴이 안정되고 변동이 극히 적은 경우에 적합하다.	• 신호 주기가 고정되어 있지 않고 감지기에서 감지되는 교통량의 변화에 의한다. • 교통 패턴이 복잡하고 변동이 많은 경우에 적합하다.
▷ 장　점 • 신호 주기가 일정하기 때문에 인접 신호등과 연동화가 용이 • 교통의 흐름을 방해하는 조건(주·정차 등)의 영향을 배제 • 다수의 보행인이 존재하는 장소에 적합 • 구조가 간단 • 설치 비용이 저렴	▷ 장　점 • 교통량의 예측이 불가능하여 고정 신호 주기로 처리하기 어려운 곳에 적용 • 연동화하기 어려운 교차로에 적합 • 주도로교통의 흐름에 불필요한 영향 배제 • 교통량의 시간별 변동이 클 경우 지체의 최소화 가능

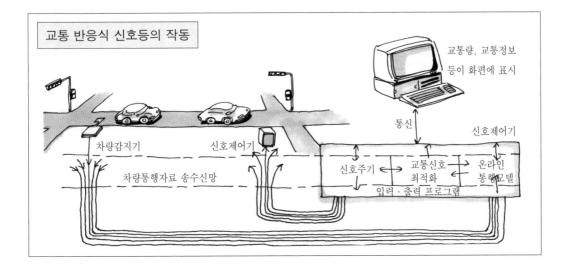

교통 반응식 신호등의 작동

○ 연동 방법에는 연속 진행시스템이 있다. 나머지 두 가지를 쓰시오.
○ ① 동시시스템 ② 교호시스템

3. 신호 체계의 구성

신 호 체 계

교통 소통의 효율성을 증가시켜 사회 경제적 비용을 감소시키는 효과	교차로의 특성에 따라 계획, 설계, 운영	주목적은 원활한 교통 소통과 교통사고의 감소	보행자, 에너지, 환경 등의 문제도 고려 대상에 포함

◪ 신호 체계의 분류

① 신호 통제의 범위에 따라

독립 교차로 신호 통제	간선 도로 신호 통제	가로망 신호 통제
	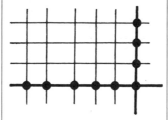	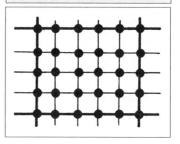

② 신호 주기 변동 방식에 따라

정주기 신호 방법 (pretimed signal)	교통량 반응 신호 방법 (traffic actuated signal)	교통량 조정 신호 방법 (traffic adjusted signal)
• 고정된 신호 주기 • 연속적, 규칙적 신호 반복	• 교통량에 따라 신호 변화	• 컴퓨터에 의한 중앙 통제 • 감지기를 통해 교통량을 측정하여 이를 바탕으로 신호 주기를 결정

4. 신호 주기 결정

(1) 신호 주기 결정 과정은

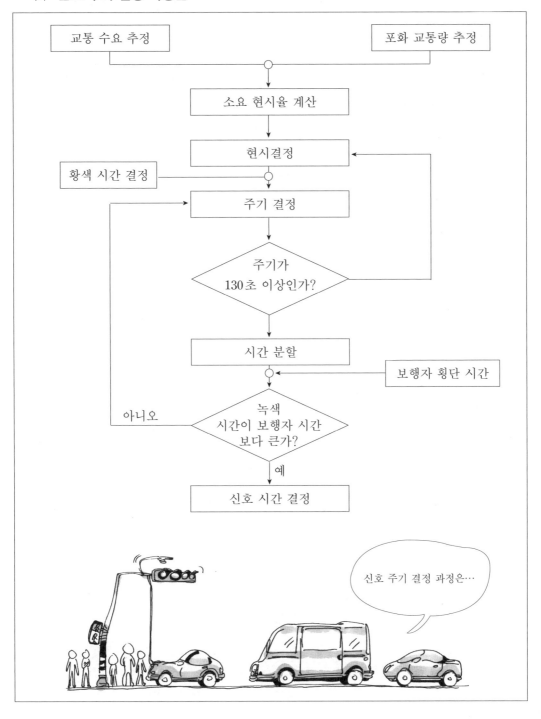

⑵ 신호 주기는 어떻게 구성되나

| 신호 주기 (cycle) | ▷ | 교차로 신호등에서 녹색 신호가 켜진 후 다시 녹색 신호가 켜지기까 지의 시간 |

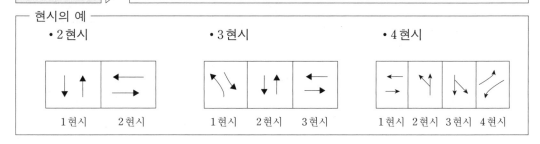

| 현시(phase) | ▷ | 교차로에서 동시에 통행할 수 있도록 각 방향 교통류에 부여되는 통행권 |

─ 현시의 예 ─

• 2현시   • 3현시   • 4현시

1현시 2현시   1현시 2현시 3현시   1현시 2현시 3현시 4현시

○ **신호 주기의 구성**(2현시의 경우)

유효녹색시간 = 녹색시간 + 황색시간 − 손실시간
손실시간 = $t_1 + t_2 + t_3$

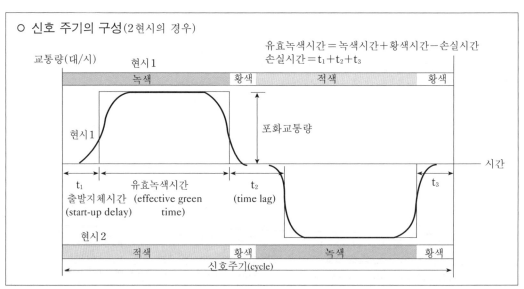

❇ 신호 시간과 관련된 용어

출발 지체 시간 (start-up delay)	신호가 적색에서 녹색으로 바뀐 후 첫번째 차량이 교차로를 통과하기까지의 손실 시간(통상 1~2초)
현시간 전이시간 (clearance time)	현시가 바뀔 때 소요되는 시간(＝황색 시간)
유효 녹색 시간 (effective green time)	차량이 실제로 교차로를 통과하는 시간 (녹색 시간＋황색 시간－출발 지체 시간)
녹색비(g/c ratio)	신호 주기에 대한 유효 시간의 비
분할비(split)	한 주기 내에서 각 현시가 차지하는 비율

▷ 분할비의 구성

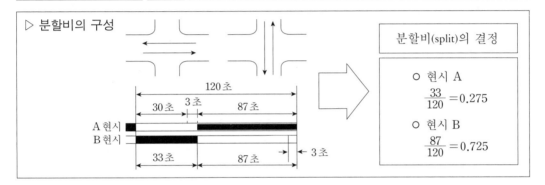

분할비(split)의 결정

○ 현시 A

$$\frac{33}{120} = 0.275$$

○ 현시 B

$$\frac{87}{120} = 0.725$$

옵셋(offset)	연속된 교차로에서 첫번째 신호등의 녹색 신호 시작 시간과 두 번째 신호등의 녹색 신호 시작 시간과의 시간 간격

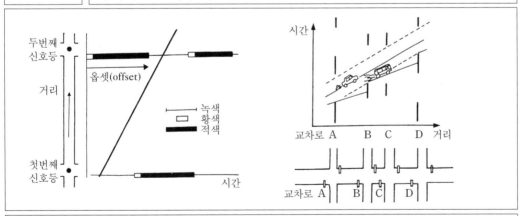

● 40km/h의 속도로 차량이 진행한다고 할 때 A교차로에서 직진신호 시작 후 몇 초 후에 B교차로 직진신호를 시작하는 것이 옳은가?

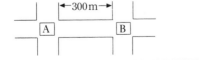

$$T_{offset} = \frac{L}{V} = \frac{300}{\frac{40}{3.6}} = 27초$$

5. 신호 시간 계획이란 무엇인가

(1) 황색 시간은 어떻게 계산할까

신호 시간 계획

정 의	교차로에서 교통량에 따라 신호 주기, 현시, 현시의 수 등 신호 시간에 관계되는 내용을 결정하는 것을 말한다.

신호 시간
계획의 수

- 교통량에 따라 결정
- 방향별 교통 수요와 변화를 파악하여 신호 시간 계획 수립
- 교차로 신호등의 합리적 운영시 필요

황색 시간

- 현시가 바뀌는 동안 차량의 안전한 주행을 위해 필요
- 일반적으로 3~6초
- 적정 황색 신호 시간 결정식

$$C_p = t + \frac{V}{2a} + \frac{W+L}{V}$$

C_p: 황색 시간(초)
a: 차량의 감속도(m/sec²)
t: 운전자 반응 시간(1~2초)
V: 차량 속도(km/h)
W: 교차로 폭(m)
L: 차량 길이(m)

─ 황색 시간 계산 ─

◐ 차량의 속도가 40km/h이고 교차로 폭이 20m인 도로에서 적정 황색 시간을 구하여라.(단, 차량의 감속도는 4.5m/sec², 차량 길이는 5m, 운전자 반응 시간은 1초)

◑ $C_p = t + \dfrac{V}{2a} + \dfrac{W+L}{V} = 1.0 + \dfrac{40}{2 \times (4.5) \times 3.6} + \dfrac{(20+5) \times 3.6}{40} = 4.5$초

◐ 딜레마존의 정의를 기술하고, 해결책을 제시하시오.
◐ 정의:황색신호가 시작되는 것을 보았지만, 임계감속도로 정지선에 정지하기가 불가능하여 계속 진행할 때 황색신호 이내에 교차로를 완전히 통과하지 못하게 되는 경우가 생기는 구간을 말한다.
해결책: 실제황색시간을 적정황색시간보다 길게 하면 된다.

(2) 보행자 통행 시간과 최소 신호 주기 결정

보행자 통행 시간

보행자들이 안전하게 교차로를 횡단하기 위한 충분한 시간 확보
일반적인 보행자 보행 속도: $1.0 \sim 1.2 \text{m/sec}$

보행자 횡단 시간
결정요소

→ 횡단 보행자 수

→ 보행 속도

→ 교차로 폭

▷ 최소 신호 주기 결정

교차로에서 최소신호 주기는 각 방향의 교통을 원활히 처리하기 위해 반드시 필요한데…

최소 신호 주기 결정식

$$C_{min} = \frac{L}{1 - \sum_{i=1}^{n} y_i}$$

C_{min} = 최소 신호 주기(초)
L = 총손실 시간(초)
n = 현시 수
$y_i = \dfrac{i\text{번째 현시에서의 최대 교통량}}{\text{포화 교통량}}$

손실 시간
(lost time)

$l_i = G_i + \tau_i - g_i$
l_i = 현시 i의 손실 시간
G_i = 현시 i의 녹색 시간
τ_i = 현시 i의 황색 시간
g_i = 유효 녹색 시간

$L = \sum_{i=1}^{n} l_i$
n = 신호 주기당
현시의 수
L = 손실 시간

6. 신호 주기 산정 방식은

(1) Failure Rate Method를 이용한 신호 주기 산정

신호 주기 산정 방식

① ▷ 신호 주기당 손실 시간 이용 방식(Failure Rate Method)

② ▷ Webster 방식

③ ▷ Pignataro 방식

Failure Rate Method

- 어느 주기에 도착한 차량이 그 다음 주기의 녹색시간에 통과하지 못하는 비율(실패율)
- Drew와 Pinnell에 의해 개발
- 각 현시당 임계 차로 교통량에 기초하여 신호주기를 산정
- 교통량이 적을 경우 불합리한 결과 도출

$$C = \frac{360 \times n(k-h)}{3600 - h \sum_{i=1}^{n} V_i}$$

C: 신호 주기(초)
k: 출발 지체 시간＋손실 시간(초)
h: 평균 차두 간격(초)
n: 신호당 현시의 수
V_i: 현시 i의 임계 차로 교통량

○ Failure Rate Method를 이용한 신호 주기 계산 예

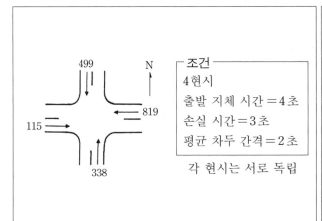

조건
4현시
출발 지체 시간＝4초
손실 시간＝3초
평균 차두 간격＝2초

각 현시는 서로 독립

$$C = \frac{360 \times n(k-h)}{3600 - h\sum_{i=1}^{n} V_i}$$

$$= \frac{360 \times 4(7-2)}{3600 - 2 \cdot (1771)}$$

$$= \frac{7200}{58} = 124(초)$$

∴ 최적 신호 주기는 124초

⑵ Webster 방식을 이용한 신호 주기 산정

Webster 방식

- 실측자료 및 시뮬레이션을 통한 차량의 지체도를 고려하여 신호 주기를 결정
- 최소지체를 나타내는 신호주기 산정

$$C_p = \frac{1.5L + 5.0}{1 - \sum_{i=1}^{n} y_i}$$

C_p: 최적 신호 주기(초)
L: 주기당 총손실 시간(초)
n: 주기당 현시의 수
y_i: $\dfrac{\text{현시 i의 최대 교통량}}{\text{현시 i의 포화 교통량}}$

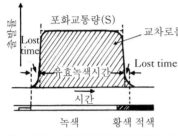

○ Webster 방식을 이용한 신호 주기 산정

2현시 교차로에서 현시당 손실 시간이 3초일 때 최소 신호 주기와 최적 신호 주기를 구하시오.

	현시 1	현시 2
교통량	1,232	2,665
포화 교통량	2,600	6,600
y_i	0.47	0.40

신호 주기당 총손실 시간 2현시이므로 L = 3 × 2 = 6초

Σy_i 계산 $\sum_{i=1}^{2} y_i = (0.47 + 0.40) = 0.87$

최소 신호 주기 $C_{min} = \dfrac{6}{1-0.87} = 46$초

최적 신호 주기 $C_p = \dfrac{1.5(6)+5}{1-0.87} = 108$초

 4현시, 총접근로 v/s합 0.68, 현시당 손실시간 3.2초일 경우 Webster 식을 이용한 적정 주기를 구하시오.

○ 손실시간 L = 3.2초 × 4현시 = 12.8초

$$C_p = \frac{1.5L+5}{1-\Sigma v/s} = \frac{1.5 \times 12.8 + 5}{1-0.68} = 75.6초$$

⑶ Pignataro 방식을 이용한 신호 주기 산정

Pignataro 방식

- 피크시 15분 동안 교차로를 통과하는 차량에 필요한 총시간을 기초로 하여 신호 주기 산정
- 교차로에 도착하는 교통량이 적은 경우에 적합
- 식의 유도와 이해는 쉬우나 차량 소통에 대한 평가 기준이 모호

$$C=\frac{\sum_{i=1}^{n}\tau_i+R}{1-(\sum_{i=1}^{n}V_ih_i)/3600(PHF)}$$

C: 최소 신호 주기
τ_i: i현시의 황색 시간
R: 신호 주기 중 총적색 시간
V_i: 현시 i의 임계 차로 교통량
h_i: 현시 i의 평균 차두 간격
PHF: 피크시간 계수

○ 다음과 같은 교차로의 평균차두시간이 2초, 4현시로 운영되며 황색 시간은 현시당 4초이다. 피크시간 계수가 0.90일 경우 이 교차로의 신호 주기를 Pignataro 방식에 의해 계산하라.

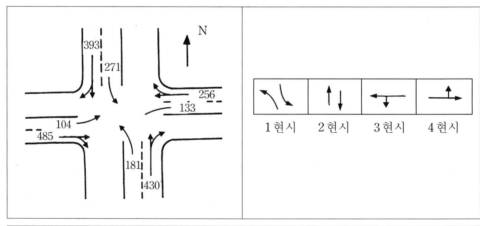

○

$$C=\frac{\sum_{i=1}^{n}\tau_i+R}{1-(\sum_{i=1}^{n}V_ih_i)/3600(PHF)}\ \text{에서}$$

$$\sum_{i=1}^{4}\tau_i=(4\times4)=16초,\quad R=0,\quad \sum_{i=1}^{4}V_ih_i=2884$$

$$\to C=\frac{16+0}{1-(2884)/3600(0.9)}=\frac{16}{0.11}=145초$$

Ⅱ. 교통 표지는 어떻게 설치되나

1. 교통 관제 시설에는 어떠한 것들이 있을까

| 교통 관제 시설 | 은 | • 교통류 유도
• 도로 이용자의 안전 확보
• 차량간의 안전 제고 | 를 목적으로 설치된 | 도로 운영 시설 | 이다. |

↓ 종류

| 교 통 표 지 | 노 면 표 시 | 신 호 등 |

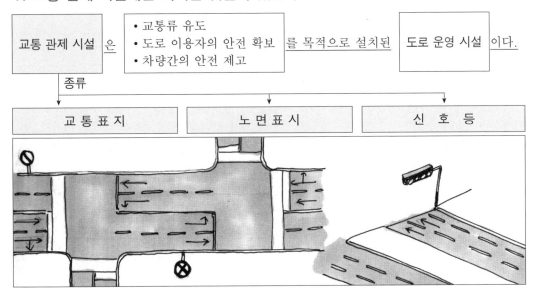

▨ 교통 관제 시설의 내용

설 계	위 치	운 영	유지 및 관리	통 일 성
• 크기 • 색조 및 색상 • 형태 • 전달 내용 • 휘도	• 운전자 시야 고려 • 도로 환경과 조화 • 충분한 반응 시간 확보	• 운전자가 동일한 상황에서 동일한 반응을 갖도록 통일성 유지	• 청결 • 타 시설물과의 총체적 입장에서 검토	• 교통 관제 시설이 통일성을 이루도록 설치

교통 관제 시설이 갖추어야 할 요건

① 설치 필요성에 대한 당위성이 있어야 한다.

② 운전자의 주의를 끌 수 있어야 한다.

③ 분명하고 단순하면서도 확실한 의미 전달이 되어야 한다.

④ 도로 사용자가 부담없이 따를 수 있어야 한다.

⑤ 해당 지시를 따를 충분한 시간을 갖기 위해 적절한 지점에 설치되어야 한다.

2. 교통 표지에 대하여

(1) 교통 표지의 개요와 설치 위치

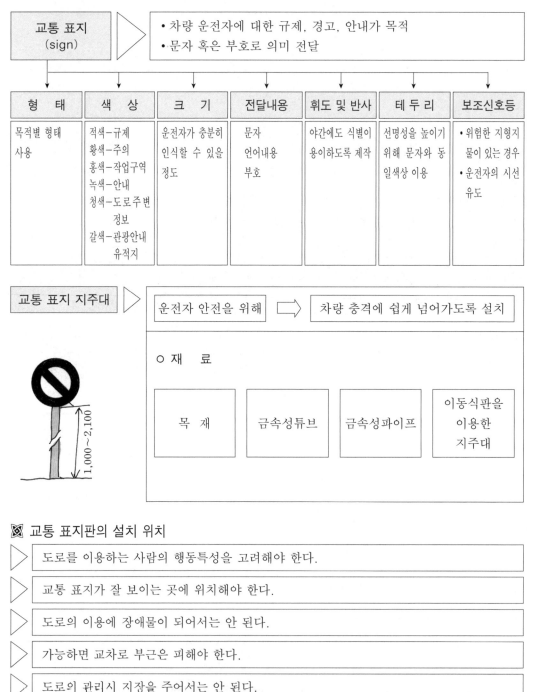

교통 표지 (sign)	▷	• 차량 운전자에 대한 규제, 경고, 안내가 목적 • 문자 혹은 부호로 의미 전달

형 태	색 상	크 기	전달내용	휘도 및 반사	테 두 리	보조신호등
목적별 형태 사용	적색–규제 황색–주의 홍색–작업구역 녹색–안내 청색–도로주변 　　　정보 갈색–관광안내 　　　유적지	운전자가 충분히 인식할 수 있을 정도	문자 언어내용 부호	야간에도 식별이 용이하도록 제작	선명성을 높이기 위해 문자와 동일색상 이용	• 위험한 지형지물이 있는 경우 • 운전자의 시선 유도

교통 표지 지주대	▷	운전자 안전을 위해 ⇨ 차량 충격에 쉽게 넘어가도록 설치

1,000 ~ 2,100

○ 재 료

목 재	금속성튜브	금속성파이프	이동식판을 이용한 지주대

▧ 교통 표지판의 설치 위치

▷ 도로를 이용하는 사람의 행동특성을 고려해야 한다.

▷ 교통 표지가 잘 보이는 곳에 위치해야 한다.

▷ 도로의 이용에 장애물이 되어서는 안 된다.

▷ 가능하면 교차로 부근은 피해야 한다.

▷ 도로의 관리시 지장을 주어서는 안 된다.

⑵ 도로 표지는 어떻게 읽어야 하나

▨ 교통 표지의 종류

도로법 제25조 건교부령	◁	도 로 표 지	안 전 표 지	▷	도로교통법 제2조 행자부령

도로 표지의 종류 ▷

일반 도로 (국도, 지방도, 군도)		
	- 300m 진행하면 교차로가 있음을 알리는 방향예고표지임 - 진행방향은 17번 국도를 나타내고 교차되는 좌우방향 도로는 719번 지방도임 - 진행방향의 상단은 원거리 지명, 하단은 근거리 지명을 표시한 것임	- 통과하는 지점이 남양주군 화도면에 진입하는 것임을 알려주는 행정구역 경계표지임
시가지 도로		
	- 현수식 방향안내표지로 진행방향은 53번 시도이며 원거리는 시청, 근거리는 서울역을 나타냄 - 오른쪽 방향은 562번 시도로서 국립묘지쪽 방향임을 나타냄	
고속 국도		
	- 평면 교차로의 예고표지임 - 동 노선의 14번째인 인터체인지임을 나타냄 - 교차되는 도로는 24번 국도임을 알 수 있음	- 1호선 고속국도의 이정표임 - 표지판 설치 지점으로부터 대전이 121km, 수원이 23km의 거리에 각각 있음을 나타냄

⑶ 안전 표지의 종류

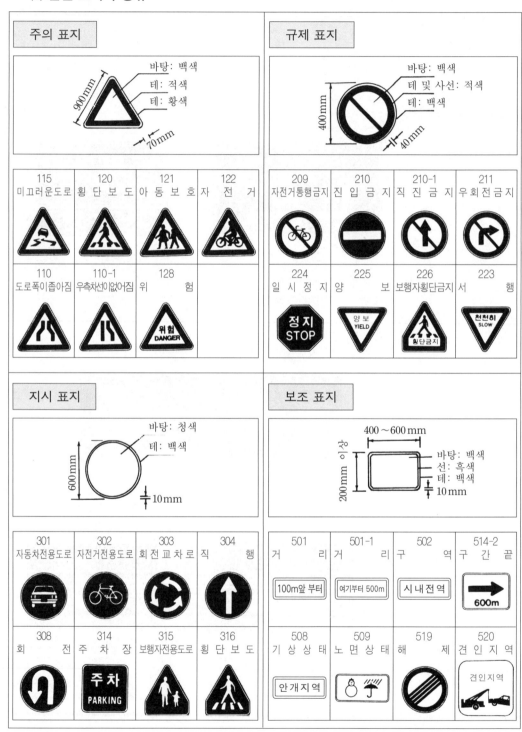

주의 표지

바탕: 백색
테: 적색
테: 황색
900mm
70mm

115 미끄러운도로	120 횡 단 보 도	121 아 동 보 호	122 자 전 거
110 도로폭이좁아짐	110-1 우측차선이없어짐	128 위 험	

규제 표지

바탕: 백색
테 및 사선: 적색
테: 백색
400mm
40mm

209 자전거통행금지	210 진 입 금 지	210-1 직 진 금 지	211 우 회 전 금 지
224 일 시 정 지	225 양 보	226 보행자횡단금지	223 서 행

지시 표지

바탕: 청색
테: 백색
600mm
10mm

301 자동차전용도로	302 자전거전용도로	303 회 전 교 차 로	304 직 행
308 회 전	314 주 차 장	315 보행자전용도로	316 횡 단 보 도

보조 표지

400~600mm
200mm 이상
바탕: 백색
선: 흑색
테: 백색
10mm

501 거 리	501-1 거 리	502 구 역	514-2 구 간 끝
100m앞 부터	여기부터 500m	시 내 전 역	600m
508 기 상 상 태	509 노 면 상 태	519 해 제	520 견 인 지 역
안 개 지 역			견인지역

3. 노면 표시에 대하여

노면표시(Marking)		
기 능	**표 현**	**색 채**

• 도로 구조 보호
• 교통 안전과 원활한 소통 도모
• 안전 표지 보완
• 도로 이용자에게 독자적으로 규제, 지시 등의 정보 전달
	• 페인트, 테이프, 표시병
	• 기호, 문자, 선 등을 이용
		• 백색-동일방향 교통류 분리 및 경계
		  (예: 차로)
		• 황색-반대방향 교통류 분리, 제한 및 지시
		  (예: 중앙선)
		• 청색-지정 방향의 교통류
		  (예: 전용 차로)

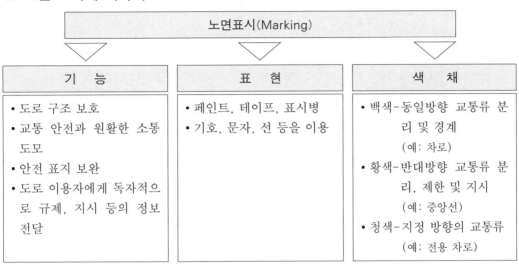

예:

⊠ 노면 표시의 종류

규 제 표 시	**지 시 표 시**
도로 교통의 안전을 위해 각종 제한, 금지 등의 규제를 표시	도로 통행 방법, 통행 구분 등 안전을 위하여 필요한 지시 내용을 표시
예:	예:

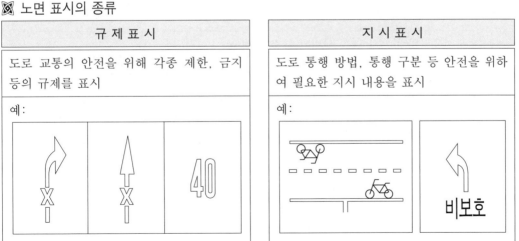

Ⅲ. 교통운영체계 개선 방안의 유형은

1. 교통운영체계 개선 방안의 특성과 필요성

| 교통운영체계 개선방안
(Transportation Systems
Management) | ▷ 기존 시설의 효율적 관리를 목적으로 함 |
| | ▷ 단기적, 저투자의 교통 개선 방안 |

TSM 기법의 특성

- 적은 비용 투자
- 단기적 편익 발생
- 기존 시설 및 서비스의 효율적 활용
- 도시교통 체계의 모든 요소간의 조정 및 균형 유지의 역할
- 교통체계의 양적인 측면보다는 질적인 측면을 강조
- 규모면에서 지역적, 미시적
- 비용이 많이 소요되는 투자 사업의 보완
- 고투자 사업의 대치 가능
- 차량보다는 사람의 효율적 움직임에 중점

TSM 기법의 필요성

▷ 기존 시설 확장 중심의 장기 교통 계획의 한계

▷ 도로 건설이나 확장 등의 물리적 변경만으로는 도시교통문제 해결의 한계

▷ 도시재정의 한계와 예산 낭비의 축소 추세

▷ 도시계획 차원의 도시교통 대책의 한계

▷ 도시교통체계의 양보다 질 위주의 전략 필요성

▷ 기존 시설물 활용 제고의 필요성

▷ 기존 교통시설의 이용 극대화 요구

2. TSM은 어떻게 계획되나

TSM 계획 과정

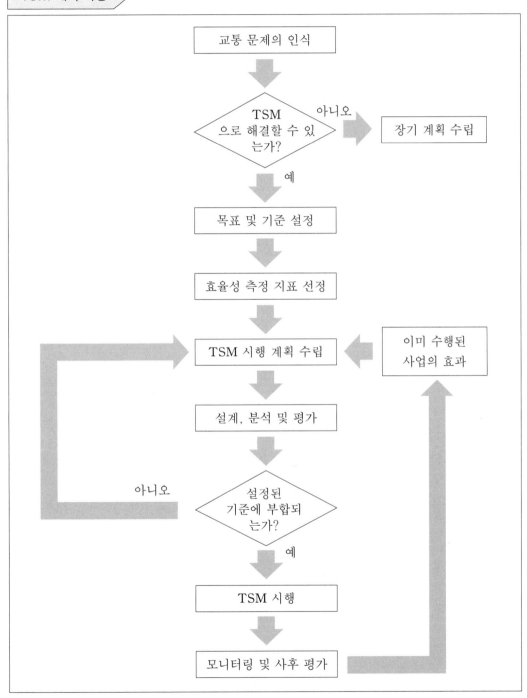

3. TSM과 장기계획은 어떻게 다른가

⊗ TSM과 장기계획과의 비교

구 분	교통 운영 개선 사업	장기 계획
목 적	당면 문제점 해소	폭넓은 정책에 관련
기 간	1~5년	10~20년
규 모	미 시 적	거 시 적
효 과	단 기 적	장 기 적
문 제 점	국부적 해결에만 주력	장래 예측에 의존
성 과	구체적 설계	최적 대안 설정
적 용	도시내 간선 도로	다양한 교통 수단, 대안의 선택

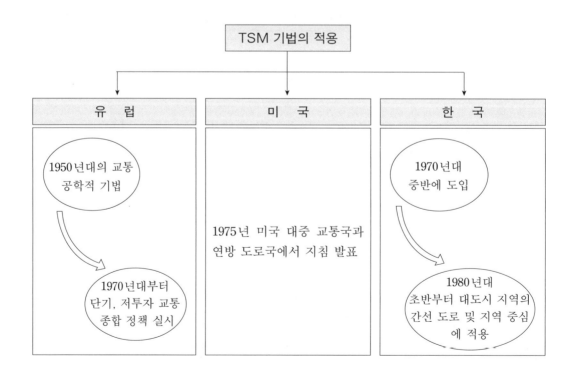

4. TSM 기법의 유형은

(1) 수요와 공급 측면에서 본 TSM 기법의 유형

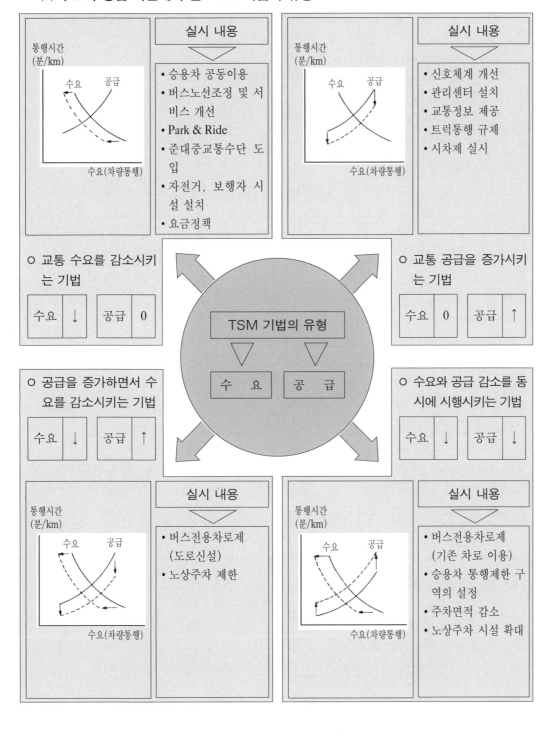

◎ TSM 관련 효과지표(MOE)가 기술적으로 만족해야 하는 5가지를 기술하시오.

◎ ① 계량적이어야 한다.
② Simulation이 가능하고 현장측정이 가능해야 한다.
③ 민감한 것이어야 한다.
④ 통계적으로 나타낼 수 있어야 한다.
⑤ 중복되는 것은 피해야 한다.

◎ TSM기법 중 첨두(peak)수요를 줄일 수 있는 방법을 기술하시오.

◎ ① 승용차 공동 이용
② 버스노선 조정 및 서비스 개선
③ Park & Ride 도입
④ 준대중교통수단(para-transit) 도입
⑤ 요금정책
⑥ 근무일수 단축

◎ TSM기법 중에서 승용차 수요와 교통시설 공급을 동시에 감소시키는 기법을 서술하시오.

◎ ① 버스 전용 차로제(기존 차로 이용)
② 승용차 통행제한 구역의 설정
③ 주차면적 감소
④ 노상주차 시설 확대

⑵ 항목별로 본 TSM 기법의 유형

항목별 교통 운영 체계 개선 내용

항 목	개 선 내 용	항 목	개 선 내 용
교통운영 측면	• 교차로 및 도로 확장 • 일방 통행로 • 회전 차로 실시 • 회전 통행량 및 차로의 사용 제한	보행자 및 자전거	• 측면 보도 확장 • 보행자와 차량 통행 분담 • 자전거 전용 도로 • 보행자 통행 장치
도로배정	• 지역 통행 허가제 • 자가용, 승용차 통행 지역 • 보행자 전용 도로의 확장 • 주거지의 교통 통제	트 럭	• 노상 적재·적하 지역 선정 • 노외 적재·적하 지역 선정 • 피크시 노상 적재·적하 금지 • 트럭 노선 선정
교통신호 체계	• 지역 교통 신호등 개선 • 간선도로 신호체계 개선 • 연계 신호체계 확립 • 고속도로 전환신호 • 고속도로 감속, 통제 신호체계	차선배정	• 버스 전용 차로 • 역류버스 차로 • 전세버스 차로체계 • 대중교통 수단의 우선 통과
주차관리	• 노외 주차 제한 • 대중교통 수단 우선 주차 • 주차율 변화 • 노상 주차 제한 • 주거 지역 주차 통제	대중교통 수단운영	• 버스노선 및 배차계획 정비 • 고속버스 서비스 개선 • 버스우선신호 • 버스터미널 개선 • 단일요금제도
대중교통 수단관리	• 차량 개선 • 차량 정기 검진 계획	가격제도	• 피크시 도심 통행료 징수 • 자가용 차량 통행료 징수 • 연료제 • 피크시와 비피크시 대중교통수단의 요금 차등제 • 노약자 요금 구조 조정 • 대중교통수단 요금 개선
교통 수단간 연계	• Park & Ride 시설 • 환승 시설의 신설 및 개설		
출퇴근 시간	• 근무 시간 조정 • 출퇴근 시간 조정		
유사 대중 교통수단	• 승용차 공동 이용제 • 호출 택시 • 노약자 서비스		

5. 대표적인 TSM 기법

(1) 일방 통행제란 무엇인가

일방 통행제 ▷	차량의 흐름을 한 방향으로 규제하여 속도의 원활화를 도모하는 방안

시 행 장 소	장 점	단 점
• 상충 교통류를 감소시킬 필요가 있는 지역 • 고속도로 램프, 로터리 • 양방통행으로 위험한 좁은 도로 • 복잡한 교차로 통제의 단순화 • 평행한 도로가 서로 인접한 경우	• 도로 용량 증대 • 교통 안전성 향상 • 평균 운행 속도의 증가 • 교통 운영의 개선 • 주차 조건 개선 효과 • 도로변 토지이용의 증대	• 운전자의 운행 거리 증가 • 교통통제 설비 수의 증가 • 넓은 도로에서는 보행자 횡단 곤란 • 대중 교통 용량의 감소 • 좌, 우회전 용량 감소 • 버스 노선 조정으로 인한 도로변 상업 시설 이용에 부정적 영향 초래

○ 일방 통행제 시험을 위한 고려 사항

- 교통류의 기종점
- 도로 구간의 첨두시간 교통량
- 첨두시, 비첨두시 통행시간과 지체 시간
- 도로의 용량
- 노선망
- 경제성 평가
- 주요 통행 발생지점의 위치
- 교통사고
- 대중 교통 노선
- 보행자의 이동

○ 일방 통행제 실시의 효과

통행시간 →	10~15 % 감소
교 통 량 →	5~10 % 증가
교통사고 →	10~40 % 감소

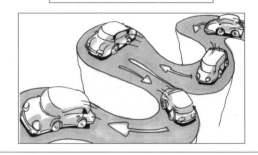

○ 일방 통행제의 유형

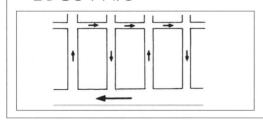
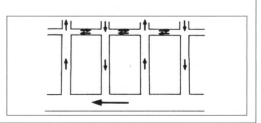

일방 통행제의 방향에 따른 비교

▷ 시계 방향 시스템(Clockwise System)

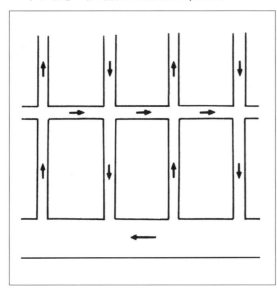

- 외곽 교차로에서 상충되는 교통류 증가
- 블럭을 순환하는 버스 노선이 많은 경우에 적합
- 상시 우회전이 가능하므로 교통류 처리에 효과적
- 좌회전 교통류와의 상충 발생 가능성

▷ 시계 반대 방향 시스템(Counter-clockwise System)

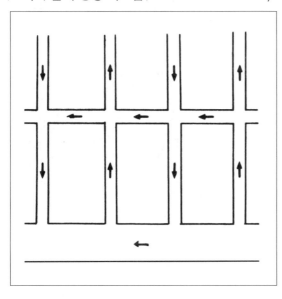

- 시계 방향보다 상충 교통류 감소
- 버스노선의 경우 우측으로 진입하여 우측의 진출이 적합
- 버스정류장이 있을 경우에는 정차를 위해 위빙 횟수가 증가

⑵ 가변 차로제란 무엇인가

가변 차로제	▷	교통량에 따라 차로를 부여하여 차량의 원활한 흐름을 유도하는 방안

▨ 가변 차로제 적용 기준

방향별 교통량 분포가 6 : 4 이상일 경우
양방향 교통 소통을 위해 도로 용량이 충분한 구간
정기적으로 교통 혼잡이 발생하고 일방 통행제 실시가 불가능한 간선도로

▨ 가변 차로제 실시의 장단점

장 점	단 점
• 교통량이 많은 방향에 차로 제공 • 일방 통행제와 같은 효과 • 대중교통노선 조정이 불필요 • 운전자 및 보행자의 통행거리 감소	• 교통량이 적은 방향에 대한 용량 부족 초래 • 교통통제시설 설치비가 많이 소요 • 교통사고 발생률 증가

▨ 가변 차로제의 유형

차로를 증가시키는 경우	차로의 변화 없이 방향만 변화시키는 경우

▶ 가변차로제 적용기준(3개)을 서술하시오.
◐ ① 방향별 교통량분포가 6 : 4 이상일 경우
② 양방향 교통소통을 위해 도로용량이 충분한 구간
③ 정기적으로 교통혼잡이 발생하고 일방통행제 실시가 불가능한 간선도로

(3) 버스 전용 차로제의 장단점

버스 전용 차로제	버스를 다른 교통과 분리시킴으로써 상호간의 마찰 방지를 목적으로 설치

○ 장 점
- 버스와 다른 차량간의 마찰 방지
- 통행시간 단축
- 일반차량의 지체감소에 따른 도로의 용량 증대
- 사고 발생률 감소

○ 단 점
- 회전 교통류와 상충
- 교통통제설비 설치비용 소요
- 중앙전용차로의 경우는 승하차를 위한 교통섬 및 횡단보도 설치 요구

(4) 버스 전용 차로제의 종류

① 가로변 버스 전용 차로(Curb Bus Lane)

일방 혹은 양방통행로에서 가로변쪽 차로를 버스에 제공하는 방식

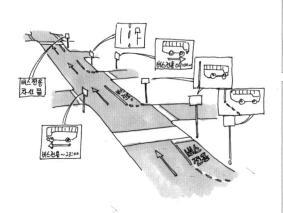

○ 장 점
- 시행이 간편
- 적은 비용으로 운용 가능
- 기존 가로망체계에 미치는 영향의 극소화
- 원상복귀가 용이

○ 단 점
- 시행효과가 미비
- 가로변 상업활동과의 상충
- 위반차량이 많이 발생
- 교차로에서 우회전차량과의 마찰

② 역류버스 차로(Contra-flow Curb Bus Lane)

일반 교통류와 반대 방향으로 1~2차로를
버스에 제공하는 방식

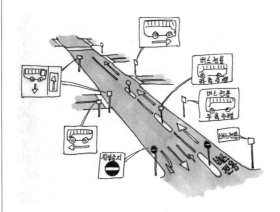

○ 장 점
- 일반차량과의 분리가 확실
- 내부마찰의 감소
- 버스 서비스의 정시성 확보
- 버스 서비스를 유지시키며 일방 통행제의 장점 첨가

○ 단 점
- 보행자 사고의 증가 가능성
- 잘못 진입한 차량으로 인한 혼잡 야기
- 시행 준비가 까다롭고 비용이 많이 투자됨

③ 중앙 버스 전용 차로(Median Bus Lane)

기존 도로의 중앙 차로에 울타리나 가드레일
을 설치한 전용차로를 제공하는 방식

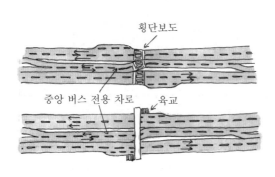

횡단보도

중앙 버스 전용 차로   육교

○ 장 점
- 효과가 확실
- 일반 차량의 가로변 접근성 유지
- 일반 차량과의 마찰 방지
- 버스 이용자의 증가 기대
- 버스 운행속도와 정시성 향상

○ 단 점
- 도로 중앙에 설치된 정류장으로 승객의 안전 문제 발생
- 비용이 많이 요구
- 일반차로의 용량 감소
- 정차장 및 횡단보도 설치에 따른 비용투자

6. 버스 전용 차로의 용량과 버스 우선 신호

버스 전용 차로의 용량	=	차로의 최대 버스 차량 용량	×	버스의 평균 승차 인원

┌─ 전용 차로의 용량에 미치는 요소 ──────────────

구 분	내 용
버스전용차로의 형태	가로변, 역류, 중앙
버스 정류장	크기, 좌석 수, 최대 용량, 가감속 능력, 문의 수 및 발차 방식
요금 징수 방법	토큰제, 현금제(정액제, 가산제 등)
타차량의 혼입정도	버스전용, HOV, 좌·우 회전시 승용차 허용 여부
승객 특성	승하차 인원, 재차 인원
기 타	도로의 폭, 기타 조건, 교차로 통행 방법(우선 신호 부여)

❌ 버스 우선 신호(Bus Priority Signal)

교차로상에 버스가 도착할 경우 이를 감지하여 녹색 신호를 할당함으로써 지체를 감소시키는 기법

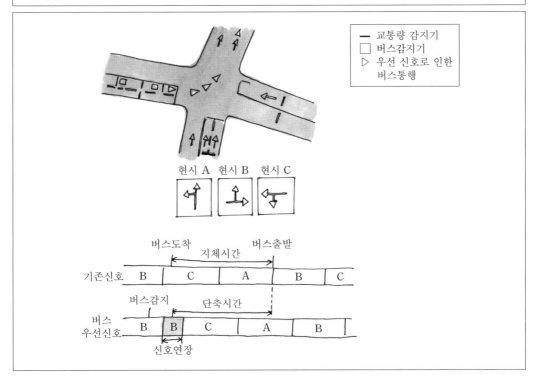

Ⅳ. 교통수요 관리 방안(TDM)이란

교통수요 관리방안 (Transportation Demand Management: TDM)	① 이용자의 통행행태의 변화를 통해서 1인 승용차의 이용을 감소시키거나, ② 직장의 출근패턴을 전환하여 대중교통을 비롯한 다인승차량 이용을 촉진하고, ③ 차량당 이용승객수를 늘림으로 교통체계에 대한 부담을 줄여 교통혼잡을 완화시키는 제반의 교통수요 관리기법

TDM의 목표

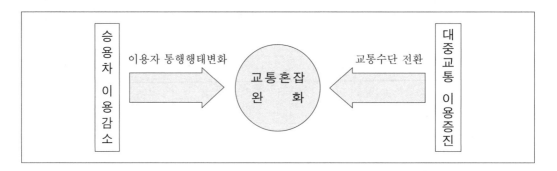

TDM의 특징

• 경 제 성	– 인간의 행태변화를 통해서 교통시설의 공급과 똑같은 효과를 창출
• 효과의 신속성	– 인간의 통행행태변화는 짧은 시간 내에 이룩될 수 있으므로 단시일 내에 교통개선효과를 기대
• 고밀도 개발가능성	– 다인승차량 이용활성화로 통행수요를 전환하여 도로의 교통량을 저감하면서 수송능력을 증대하여 토지의 고밀도 개발이 가능
• 기법의 다양성	– 통행행태에 영향을 미치는 모든 요인을 대상으로 정책수립이 가능하고 정책의 시행에 시간과 돈이 많이 들지 않기 때문에 다양한 정책의 시행 가능

TDM의 효과 및 기법

효 과	기 법
교통발생 자체를 차단	• 근무스케줄 단축: 출근일수단축, 재택근무 • 성장관리정책: 특정지구 성장억제정책, 기존 도심기능의 외곽 이전, 대중교통유발부담금 등 • 조세정책: 고액의 차량등록세, 차량규입세, 고율의 보험금 등
교통수단의 전환 유도	• 경제적 기법: 주차요금정책, 차량소유에 대한 도시혼잡세 징수, 휘발유세, 주행세 등 • 법적·제도적 장치: 부제운행, 차고지 증명, 교통영향평가제 활성화, 교통위반시 선택적 운행정지 등 • 대체수단 지원정책: 대중교통이용 편리화, 카풀, 밴풀 이용촉진, 자전거 이용촉진 등
통행발생의 시간적 재배분	• 시차제 출근 • 교통정보체계를 통한 출발시간 및 노선의 조정
통행의 목적지/도착지/노선전환을 통한 공간적 재배분	• 지역허가통행제 • 미터링(차량진입제한) • 주차금지구역의 확대 • 교통방송을 통한 통행노선의 전환

혼잡세의 문제점과 극복방안

	문 제 점	극 복 방 안
효율성	교통행태는 비용에 대해서 비탄력적이기 때문에 교통수요관리를 위해서 혼잡세를 부과하여도 기대한 것만큼의 혼잡완화효과가 크지 않음	운전자에게 주는 부담을 적게 하되 부과대상 숫자를 많이 하여 부담을 줄이면서 목적 달성
	혼잡세 부과로 인하여 통행비용이 증가하면 지역경제에 악영향을 미침	혼잡세 부담으로 비생산적인 교통은 혼잡이 없는 시간대로 전환하여 생산적 교통은 추가비용지출에 상응하는 시간 절약
	교통시설에 대한 투자 없이 수요관리만으로 문제를 해결하려 할 경우 성장 잠재력이 큰 지역에서는 효과가 미비	잠재수요에 따른 통행의 수단적, 공간적 전이현상 및 경제활동의 지역적 이동을 막을 수 있도록 교통수요관리대상 공간의 지역적 확대
형평성	혼잡비용 부과의 수혜자가 부유층	수단(승용차, 대중교통)간 형평성 유지 및 대중교통의 서비스 향상
	혼잡요금 부과로 인한 사회적 편익은 모두 정부의 수익금으로 전환	교통수요관리를 위해서 징수된 수입금을 교통부문에 재투자하며 우선순위를 대중교통 위주
	국민의 평등한 교통권 행사를 제약	혼잡상황에 따라 시간과 공간을 구분하여 부과하고 업무상 부득이하게 도로이용이 많은 통행자에게 공평하게 통행권이 보장될 수 있는 환경조성

교통 계획 과정

제 7 장 교통 계획 과정

I. 교통 계획은 어떻게 수립되나

1. 교통 계획의 기능은

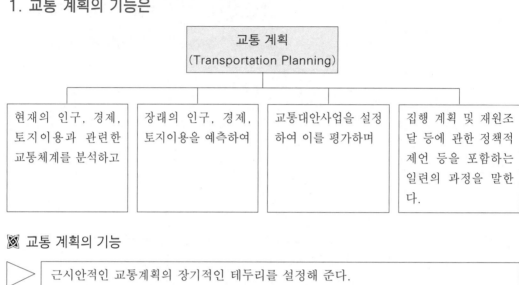

```
┌──────────────────────────────┐
│         교통 계획              │
│  (Transportation Planning)    │
└──────────────────────────────┘
```

| 현재의 인구, 경제, 토지이용과 관련한 교통체계를 분석하고 | 장래의 인구, 경제, 토지이용을 예측하여 | 교통대안사업을 설정하여 이를 평가하며 | 집행 계획 및 재원조달 등에 관한 정책적 제언 등을 포함하는 일련의 과정을 말한다. |

❖ 교통 계획의 기능

▷ 근시안적인 교통계획의 장기적인 테두리를 설정해 준다.

▷ 즉흥적인 계획과 집행을 막을 수 있다.

▷ 교통행정에 대한 지침을 제공하는 역할을 한다.

▷ 단기, 중기, 장기 교통정책의 조정과 상호 연관성을 높여 준다.

▷ 정책목표를 세울 수 있는 계기가 마련된다.

▷ 한정된 재원의 투자 우선 순위를 설정해 준다.

▷ 부문별 계획간의 상충과 마찰을 방지해 준다.

▷ 교통 문제를 진단하고 인식할 수 있는 여건을 조성해 준다.

▷ 세부계획을 수립할 수 있는 준거를 마련해 준다.

▷ 집행된 교통 정책에 대한 점검(monitoring)의 틀을 제공한다.

▷ 계획가와 의사 결정자 및 시민과의 상호 교류와 사회학습의 분위기를 조성해 준다.

2. 교통 계획에는 어떤 유형이 있나

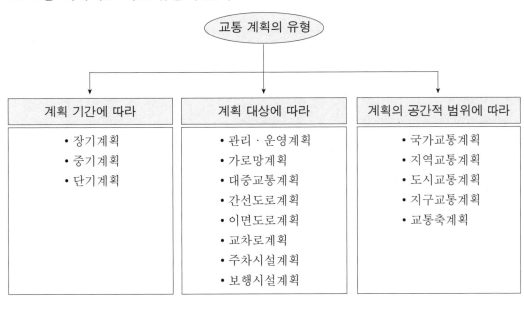

계획 기간에 따라
- 장기계획
- 중기계획
- 단기계획

계획 대상에 따라
- 관리·운영계획
- 가로망계획
- 대중교통계획
- 간선도로계획
- 이면도로계획
- 교차로계획
- 주차시설계획
- 보행시설계획

계획의 공간적 범위에 따라
- 국가교통계획
- 지역교통계획
- 도시교통계획
- 지구교통계획
- 교통축계획

장기계획과 단기계획 사이의 균형

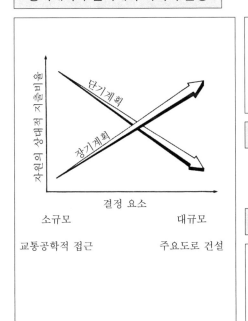

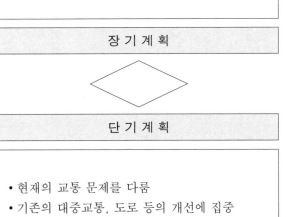

- 대규모 지역교통계획
- 토지이용, 주택 등과 같은 타계획분야에 기초자료 제공

장 기 계 획

단 기 계 획

- 현재의 교통 문제를 다룸
- 기존의 대중교통, 도로 등의 개선에 집중

3. 도시 교통 계획 과정은

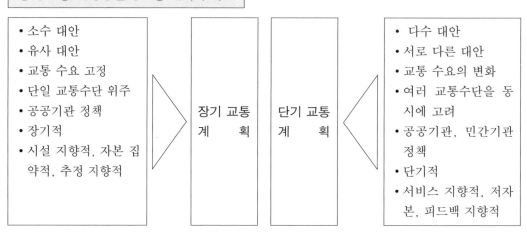

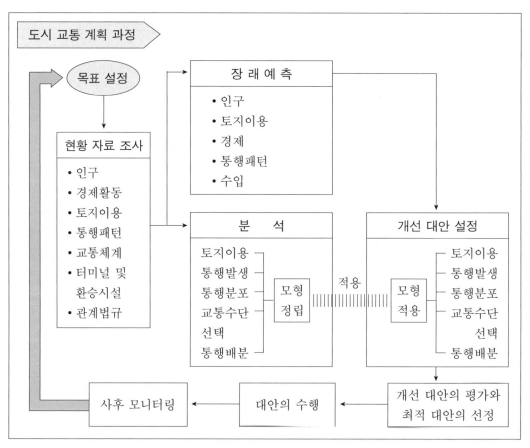

II. 교통 조사는 어떻게 하나

1. 교통 조사의 종류

┌─ 교통 조사 ───────────────────────────────────
• 사람과 차량의 도로교통에 관한 각종 조사를 말한다. 인식된 문제점을 계량적으로 파악하여 장래의 개선방안을 합리적으로 제시하기 위한 목적으로 실시한다.
└──

광의의 개념	협의의 개념
• 교통량 이외의 사회경제 지표, 토지 이용, 교통 시설물의 운영 및 관리 실태까지도 포함하여 시행하는 조사	• 여객, 화물, 차량통행실태에만 국한하여 실시하는 조사

▷ 사회경제 지표 조사

총인구, 존별인구, 경제활동인구, 산업시설, 고용자수, 학생수, 소득계층별 가구주, 산업별 총생산액, 자동차 보유대수

▷ 토지이용 지표 조사

용도별 면적, 연면적, 용도별 활동인구

▷ 교통시설 조사

차로수, 노폭, 측방여유폭, 곡선반경, 종단구배, 신호체계

▷ 운영 관리 실태 조사

교통소통, 지체도, 교통사고, 교통요금, 교통정책

▷ 여객통행 실태 조사

여객 O/D 조사(소득별, 수단별, 거리별, 가구 특성별)

▷ 화물통행 실태 조사

화물 O/D 조사(수단별, 거리별, 시간대별)

▷ 차량통행 실태 조사

차량 O/D 조사(차종별 승차인원, 노선별 차량통행 등)

2. 사람 통행 조사는 어떻게 하나

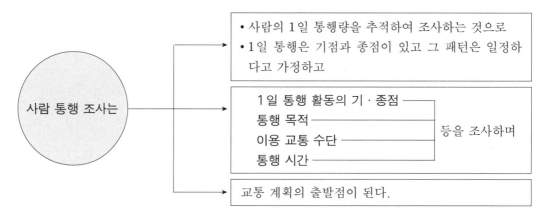

사람 통행 조사는

- 사람의 1일 통행량을 추적하여 조사하는 것으로
- 1일 통행은 기점과 종점이 있고 그 패턴은 일정하다고 가정하고

1일 통행 활동의 기·종점 ─┐
통행 목적 ────────────┤ 등을 조사하며
이용 교통 수단 ─────────┤
통행 시간 ──────────────┘

교통 계획의 출발점이 된다.

○ 통행(trip)이란
– 일정 목적을 갖는 기·종점상의 교통 행위

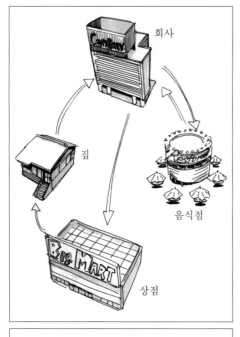

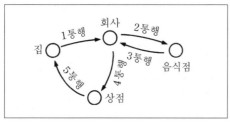

사람 통행 조사 방법

① 가구 방문 조사
② 영업용 차량 조사
③ 노측 면접 조사
④ 대중 교통수단 이용객 조사
⑤ 터미널 승객 조사
⑥ 직장 방문 조사
⑦ 차량 번호판 조사
⑧ 폐쇄선 조사

스크린 라인 조사

↳ 조사 내용의 보완 검증

3. 교통존이란 무엇인가

교통존 (traffic zone)	• 승객이나 화물 이동에 대한 분석과 추정의 기본단위 공간 • 교통 존의 중심을 Centroid라고 함. • 각 존의 사회경제적 특성, 교통여건을 파악하여 이를 기초로 자료의 수집, 분석, 예측을 수행

교통존
설정기준

• 동질적인 토지이용이 포함되도록 한다.
• 행정구역과 가급적 일치시킨다.
• 간선도로는 존 경계와 일치하도록 한다.
• 소규모도시의 주거지역은 1,000~3,000명, 대도시의 경우는 5,000~10,000명 정도 포함되도록 설정한다.

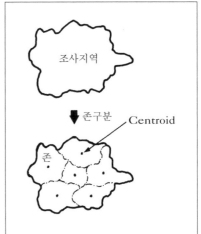

○ 폐쇄선(Cordon Line) 조사와 스크린라인(Screen Line) 조사

폐쇄선	조사 대상지역을 포함하는 외곽선

▷ 폐쇄선을 통해 유출입되는 통행 조사
▷ 폐쇄선 주변의 지역은 최소한 5% 이상의 통행자가 폐쇄선 내의 지역으로 출근 및 등교하는 지역으로 설정
▷ 폐쇄선 선정시 고려 사항
  • 가급적 행정구역 경계선과 일치
  • 도시주변의 인접도시나 장래 도시화지역은 포함
  • 횡단되는 도로나 철도의 최소화
  • 주변에 동이 위치하면 포함

스크린라인

▷ 조사 결과의 검증 및 보완
▷ 스크린라인을 통과하는 차량을 조사

Ⅲ. 교통 수요 추정 방법은

1. 교통 수요 추정 과정은 어떤 단계를 거쳐야 하나

(1) 교통 수요 추정 과정은

교통 수요	교통체계나 시설을 이용하는 규모로서 통행량으로 표현한다.

┌─ 교통 수요의 추정 ─────────────────────────────┐
- 장래 발생될 수요를 현재의 시점에서 예측하는 작업
- 교통 계획 수립을 위한 기초 자료
- 어느 지역에 교통시설의 개선이나 새로운 교통시설이 필요한지를 판단하는 기준
- 먼저 장래 토지이용 패턴의 추정을 필요로 함

교통 수요 추정 과정

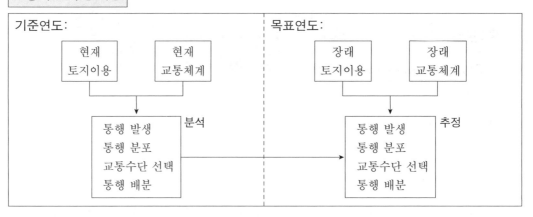

사회경제 지표 추정: 장래의 인구, 토지이용, 자동차 보유대수 등을 예측하여 교통계획의 기초로 활용

(2) 사회경제지표 예측 모형에는 어떠한 것들이 있나

사회 · 경제지표 예측 모형

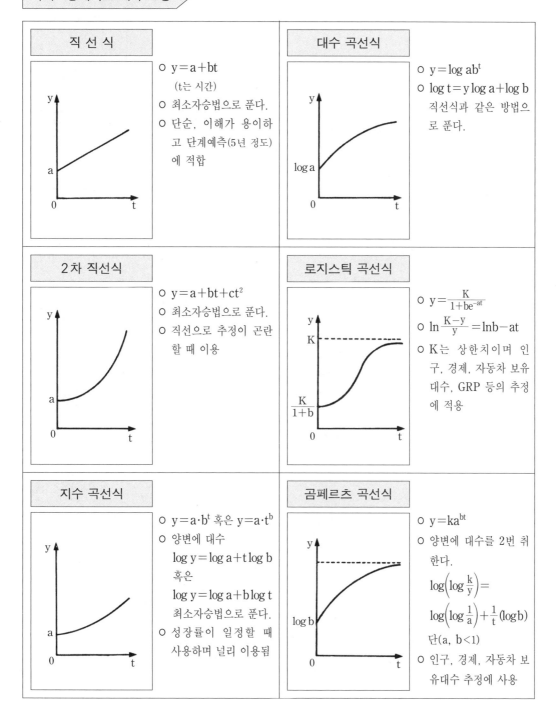

직 선 식

- $y = a + bt$
  (t는 시간)
- 최소자승법으로 푼다.
- 단순, 이해가 용이하고 단계예측(5년 정도)에 적합

대수 곡선식

- $y = \log ab^t$
- $\log t = y \log a + \log b$
  직선식과 같은 방법으로 푼다.

2차 직선식

- $y = a + bt + ct^2$
- 최소자승법으로 푼다.
- 직선으로 추정이 곤란할 때 이용

로지스틱 곡선식

- $y = \dfrac{K}{1 + be^{-at}}$
- $\ln \dfrac{K-y}{y} = \ln b - at$
- K는 상한치이며 인구, 경제, 자동차 보유대수, GRP 등의 추정에 적용

지수 곡선식

- $y = a \cdot b^t$ 혹은 $y = a \cdot t^b$
- 양변에 대수
  $\log y = \log a + t \log b$
  혹은
  $\log y = \log a + b \log t$
  최소자승법으로 푼다.
- 성장률이 일정할 때 사용하며 널리 이용됨

곰페르츠 곡선식

- $y = ka^{bt}$
- 양변에 대수를 2번 취한다.
  $\log\left(\log \dfrac{k}{y}\right) =$
  $\log\left(\log \dfrac{1}{a}\right) + \dfrac{1}{t}(\log b)$
  단$(a,\ b<1)$
- 인구, 경제, 자동차 보유대수 추정에 사용

(3) 사회경제지표 예측모형을 이용한 계산(직선식)

사회경제 예측모형을 이용한 계산 예

장래 자동차대수 추정

오른쪽 표는 어느 도시의 10년 동안의 인구와 자
동차 증가 추세이다. 직선식 예측 모형을 이용하
여 10년 후의 자동차 보유대수를 추정하여라.(단,
이 도시의 최대 자동차 수용능력은 10만대이다.)

(단위: 천)

인구(X)	80	85	90
자동차대수(Y)	50	55	65

▷ 직선식을 이용한 추정

○ 최소제곱법 공식
  $Y=a+bX$ 에서

$$b=\frac{n\Sigma XY-\Sigma X \Sigma Y}{n\Sigma X^2-(\Sigma X)^2} \qquad a=\frac{(\Sigma Y)}{n}-b\frac{(\Sigma X)}{n}$$

○ 회귀식 도출

X	Y	X^2	XY
80	50	6400	4000
85	55	7225	4675
90	65	8100	5850
255	170	21725	14525

여기서 $n=3$
  $(\Sigma X)^2=255^2=65025$
  $\Sigma X \Sigma Y=43350$

위의 수치를 대입하면
$b=1.5, \ a=-70.83$
따라서 회귀식은

$$Y=-70.83+1.5X$$

10년 후의 자동차 보유대수 계산
$X=100$을 위의 식에 대입하면 $Y=-70.83+1.5(100)=79.17$
그러므로 10년 후의 이 도시의 자동차 보유대수를 직선식을 이용하여 추정한 결과는
79,170대이다.

(4) 사회경제지표 예측모형을 이용한 계산(2차 곡선식)

⊠ 2차 곡선식을 이용한 추정

○ 2차 곡선식을 중회귀 모형으로 전환

2차 곡선식을 최소자승법으로 풀기 위해서는 먼저 중회귀 모형으로 전환해야 한다. 즉,
$Y=a+bX+cX^2$에서 $X^2=W$라 하면
$Y=a+bX+cW$

위의 식에 대한 계수는 아래와 같이 구할 수 있다.

$$b=\frac{\Sigma W^2 \Sigma YX-(\Sigma XW)(\Sigma YW)}{\Sigma X^2 \Sigma W^2-(\Sigma XW)^2}$$

$$a=\frac{\Sigma Y}{n}-b\frac{\Sigma X}{n}-c\frac{\Sigma W}{n}$$

$$c=\frac{\Sigma X^2 \Sigma YW-\Sigma XW \Sigma YX}{\Sigma X^2 \Sigma W^2-(\Sigma XW)^2}$$

○ 회귀식 도출

X	W	Y	X^2	W^2	XW	YX	YW
80	6400	50	6400	40960000	512000	4000	320000
85	7225	55	7225	52200625	614125	4675	397375
90	8100	65	8100	65610000	729000	5850	526500
255	21725	170	21725	158770625	1855125	14525	1243875

n=3이므로
b=－0.18
c=0.01
a=－0.45

따라서 회귀식은

$Y=-0.45-0.18X+0.01W \rightarrow Y=-0.45-0.18X+0.01X^2$

10년 후의 자동차 보유대수 계산

X=100을 위의 식에 대입하면
$Y=0.45-0.18(100)+0.01(100)^2=82.45$

10년 후의 자동차 보유대수는 2차 곡선식을 이용한 결과 82,450대로 추정된다.

⑸ 사회경제지표 예측모형을 이용한 계산(지수곡선식)

☒ 지수곡선식을 이용한 추정

○ 지수곡선식의 일반형을 양변에 log를 취해 직선식으로 변환

$$Y = a \cdot b^x \xrightarrow{\text{log 화}} \log Y = \log a + \log b$$

○ 최소제곱법을 이용하여 회귀계수 도출
위의 식에서
$\log Y = Y'$,
$\log a = A$,
$\log b = B$라 하고 다음과 같이 바꿀 수 있다.

$$\log Y = \log a + \log b \rightarrow Y' = A + BX$$

직선식과 마찬가지로 최소자승법으로 풀면

X	$\log Y$	X^2	$X(\log Y)$
80	1.6990	6400	135.920
85	1.7404	7225	147.934
90	1.8129	8100	163.161
255	5.2523	21725	447.015

$B = \log b = 0.011 \rightarrow b = 1.026$
$A = \log a = 0.816 \rightarrow a = 6.546$

따라서 회귀식은 다음과 같이 쓸 수 있다.

$$Y = 6.546(1.026)^x$$

○ 10년 후의 자동차 보유대수 추정
위에서 구한 지수 곡선식의 X에 100을 대입하면
$Y = 6.546(1.026)^{100} = 85.25$

따라서 2000년 자동차 보유대수는 85,250대이다.

⑹ 사회경제지표 예측모형을 이용한 계산(대수곡선식)

⊠ 대수곡선식을 이용한 추정

○ 대수곡선식의 일반형을 직선식으로 변환

$$Y = \log a \cdot b^x \longrightarrow Y = \log a + X \log b$$

○ 최소제곱법으로 회귀식 도출

$\log a = A$, $\log b = B$로 치환하면

$$Y = A + BX$$

최소제곱법을 이용하여 회귀계수를 구하면 아래와 같다.

X	Y	X^2	XY
80	50	6400	4000
85	55	7225	4675
90	65	8100	5850
255	170	21725	14525

$n = 3$ 으로 대입하고 직선식을 이용한 추정과 같은 방법으로 회귀계수를 구하면

$$B = \log b = 1.5$$
$$A = \log a = -70.83$$

따라서 회귀식은

$$Y = A + BX = -70.83 + 1.5X$$

○ 10년 후의 자동차 보유대수 추정

위에서 구한 회귀식을 이용하여 10년 후의 자동차 대수를 추정하기 위해 $X = 100$을 대입하면

$$Y = -70.83 + 1.5(100) = 79.17$$

따라서 대수곡선식을 이용하여 추정한 결과는 79,170대이다.

⑺ 사회경제지표 예측모형을 이용한 계산(로지스틱 곡선식)

☒ 로지스틱 곡선식을 이용한 추정

○ 로지스틱 곡선식의 일반형을 양변에 ln을 취해 직선식으로 변환

$$Y = \frac{K}{1+be^{-ax}} \xrightarrow{\text{ln화}} \ln\left(\frac{K-Y}{Y}\right) = \ln b - aX$$

○ 최소제곱법을 이용하여 회귀식 도출

$$\ln\left(\frac{K-Y}{Y}\right) = Y', \quad \ln b = A, \quad -a = B \text{로 치환하면}$$

$$Y' = A + BX$$

K=100으로 대입하고 계산하면

X	Y'	X²	$XY'\left(=X\cdot\ln\left(\frac{K-Y}{Y}\right)\right)$
80	0	6400	0
85	−0.20	7225	−17.0
90	−0.62	8100	−55.8
255	−0.82	21725	−72.8

n=3이고 최소제곱법을 이용하여 회귀계수를 구하면

$B = -a = -0.062 \quad \therefore a = 0.062$

$A = \ln b = 4.997 \quad \therefore b = 147.92$

따라서 구하는 회귀식은

$$Y = \frac{K}{1+147.92\,e^{-0.062X}}$$

○ 장래 자동차 보유대수 추정

위에서 구한 회귀식에 X=100을 대입하면

$$Y = \frac{100}{1+147.92\,e^{-0.062(100)}} = 76.91$$

따라서 10년 후의 이 도시의 자동차 보유대수를 로지스틱 곡선식을 이용하여 추정한 결과는 76,910대이다.

2. 개략적 수요 추정 방법이란

(1) 과거 추세 연장법

| 수요 추정 방법의 종류 |

| 개략적 수요 추정 방법 | ▷ | • 단기적인 교통 계획이나 소규모 지역 등에서 개략적으로 수요를 측정하기 위하여 사용되는 기법
• 예산과 시간이 적게 소요
• 선택 대안이 다수일 경우 몇 개의 중요한 대안으로 선택의 폭을 좁히는 경우에 사용 |

○ 수요 추정 방법의 종류

개략적 수요 추정 방법에는

| 과거 추세 연장법 | ▷ | • 과거 수요 증가 패턴을 미래까지 연장하는 방법 |

| 수요 탄력성법 | ▷ | • 교통 체계의 변화에 따른 수요의 민감성을 측정하는 방법
• 교통에 긍정적 혹은 부정적 영향을 미치는 변수를 분석할 수 있기 때문에 보다 정밀한 추정이 가능 |

○ 과거 추세 연장법의 예

어느 지하철 구간의 이용 추세가 다음 그림과 같다고 할 때 Y_{15}년의 지하철 승객수를 구하여라.

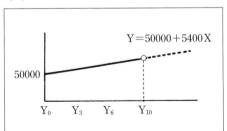

$Y = 50000 + 5400X$

$Y =$ 승객수, $X =$ 연도라고 하면
Y_0년을 기준으로 $X = 15$
따라서 Y_{15}년의 지하철 승객수는
$Y = 50000 + 5400(15) = 131,000$ 명

(2) 수요 탄력성법

○　수요 탄력성법(elasticity model)

▷　수요 탄력성　│　교통 체계의 변수(요금, 거리 등)의 변화에 따른 수요의 변화

$$\mu = \frac{\partial V}{V_0} \Big/ \frac{\partial P}{P_0}$$

여기서 μ: 수요 탄력성

$\dfrac{\partial V}{V_0}$: 수요의 변화량

$\dfrac{\partial P}{P_0}$: 교통 체계 변수의 변화량

▷ 수요 탄력성은 한개 점에 대한 수치이므로 수요 곡선상의 점마다 탄력치가 상이
　　→ 따라서 변수의 1% 변화에 따른 수요의 퍼센트 변화율을 나타내는 현탄력성
　　　　(arc elasticity) 이용

$$\mu_a = \frac{\Delta V}{V_0} \Big/ \frac{\Delta P}{P_0} = \frac{\Delta V}{\Delta P} \Big/ \frac{V_0}{P_0}$$

○ 수요 탄력성법을 이용한 수요 추정 예

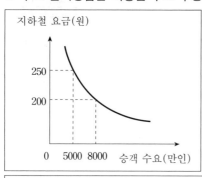

지하철 요금과 승객 수요간에 다음 그래프와 같은 관계가 나타난다고 할 때 수요 탄력성을 구하여라. 또 지하철 요금이 300원으로 인상되는 경우의 수요는 얼마인가?

지하철 요금과 승객 수요 사이의 수요 탄력성은

$V_0 = 8000$, $P_0 = 200$, $\Delta V = (5000 - 8000) = -3000$, $\Delta P = (250 - 200) = 50$이므로

$\mu = \dfrac{-3000}{8000} \Big/ \dfrac{50}{200} = -1.5$, 수요 탄력성은 -1.5

지하철 요금이 300원으로 인상될 경우 $\Delta V = -1.5 \times \dfrac{50}{250} \times 5000 = -1500$

따라서 지하철 요금이 300원으로 인상될 경우 수요는 $5000 - 1500 = 3500$(만인)

●　수요함수가 $V = 100 \cdot P^{-0.5}$이다. 다음을 구하라.
　(1) $P = 0.25$일 때 수요는 얼마인가?
　(2) 탄력성은?
　(3) 가격이 20% 증가할 때 수요는?

●　(1) $V = 100 \times (0.25)^{-0.5} = 200$
　(2) $\mu = -0.5 \times 100 \times P^{-1.5} \times \dfrac{P}{100 \times P^{-0.5}}$
　　　$= -0.5$
　(3) $\Delta V = -0.5 \times 20\% = -10\%$
　　　$\therefore$ 수요는 $200(1 - 0.1) = 180$

3. 직접 수요 추정 방법

(1) 추상 수단 모형(Quandt와 Baumol모형)

| 직접 수요 추정 방법 | ▷ | 통행 발생, 통행 분포, 수단 선택을 동시에 추정하는 방식 |

○ 직접 수요 추정 방법의 종류

| 추상 수단 모형 | ▷ 모형의 특징 |

• 몇 가지 설명 변수로써 통행발생, 통행분포, 수단선택을 동시에 추정
• 사회 경제적 변수 및 모든 교통수단의 통행시간과 통행비용을 설명 변수로 이용
• 최적 교통 수단의 속성을 기준으로 설정 → 고찰하고자 하는 교통수단의 속성을 상대적인 관점에서 비교 · 분석

▷ 추정 공식

$$T_{ijm} = aP_i^b P_j^c Q_i^d Q_j^e f(t_{ijm}) f(c_{ijm}) f(h_{ijm})$$

T_{ijm} : 존 i와 존 j간의 수단 m을 이용하는 통행량
P, Q : 존 i와 존 j간의 교류의 정도(인구, 고용 등)
t_{ijm} : 수단 m을 이용하는 존 i, j간의 통행의 상대적인 통행시간
c_{ijm} : 수단 m을 이용하는 존 i, j간의 통행의 상대적인 통행비용
h_{ijm} : 수단 m을 이용하는 존 i, j간의 통행의 상대적인 주기와 신뢰성
a, b, c, d, e : 상수

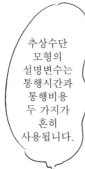

추상수단 모형의 설명변수는 통행시간과 통행비용 두 가지가 흔히 사용됩니다.

▷ 장 · 단점

○ 장 점
① 교통수단의 함수로 총교통 수요추정 가능
② 새로운 교통수단의 수요를 추정할 수 있으므로 장래 교통 대안의 평가시 유용하게 사용
○ 단 점
① 모든 교통수단의 속성대신 최적 교통수단을 기준으로 타교통수단을 분석함으로써 분석가의 주관이 강하게 대두
② 통행자의 개별적, 형태적 측면 고려 미흡

⑵ 통행 수요 모형(Charles River Associates모형)

통행 수요 모형	

▷ 모형의 특징

• t시간대에 교통목적 P(출근, 업무, 등교, 쇼핑 등)를 위해 교통수단 m을 이용하여 존 i와 j간의 왕복 통행량을 추정
• 설명변수는 유출존과 유입존의 인구, 고용, 건물연면적 등의 사회ㆍ경제적 변수와 소득, 자동차 보유, 가구 규모 등의 개인 특성에 관련된 변수 이용
• 교통수요는 분석대상 교통수단 m과 대안 교통수단간의 통행 저항(통행시간, 통행비용, 서비스수준)에 의해 결정

▷ 추정 공식

$$T(i, j/p_0, m_0) = f\{s(i/p_0), a(j/p_0), t(i, j/p_0, m_0), \\ c(i, j/p_0, m_0), t(i, j/p_0, m_a), c(i, j/p_0, m_a)\}$$

$T(i, j/p_0, m_0)$: 수단 m_0를 이용하여 목적 p_0를 수행하기 위한 존 i, j간의 왕복 통행량

$s(i/p_0)$: 존 i에 거주하는 통행자의 통행목적과 관련된 사회경제 변수

$a(j/p_0)$: 유입존 j의 사회경제 및 토지이용 변수

$t(i, j/p_0, m_0)$: 교통수단 m_0를 이용하여 목적 p_0를 수행하기 위한 존 i, j간의 왕복 통행 시간 변수

$c(i, j/p_0, m_0)$: 교통수단 m_0를 이용하여 목적 p_0를 수행하기 위한 존 i, j간의 왕복 통행 비용 변수

$t(i, j/p_0, m_a)$: 대안적 교통수단(a=1,2,3,⋯,n)을 이용하여 목적 p_0를 수행하기 위한 존 i, j간의 왕복통행의 통행 시간 요소

$c(i, j/p_0, m_a)$: 대안적 교통수단(a=1,2,3,⋯,n)을 이용하여 목적 p_0를 수행하기 위한 존 i, j간의 왕복통행의 통행 비용 요소

Ⅳ. 4단계 수요 추정법이란 무엇인가

1. 수요 추정은 어떻게 하나

○ 4단계 수요 추정법

가장 일반적으로 사용되는 교통 수요 추정법으로 통행 발생, 통행 분포, 교통 수단 선택, 통행 배분의 4단계로 나누어 순서적으로 통행량을 구하는 기법이다.

◈ 수요 추정 과정

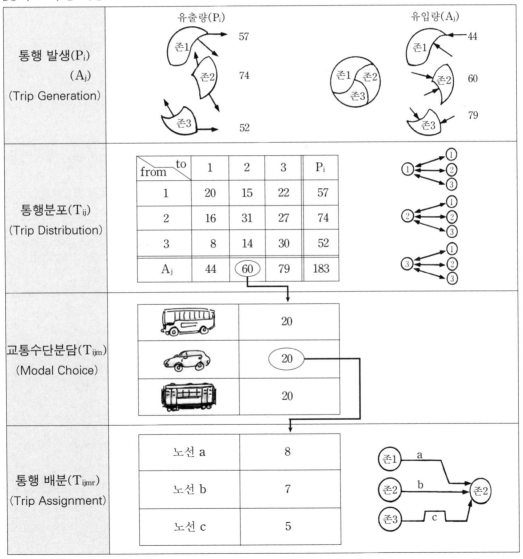

2. O-D 표란 무엇인가

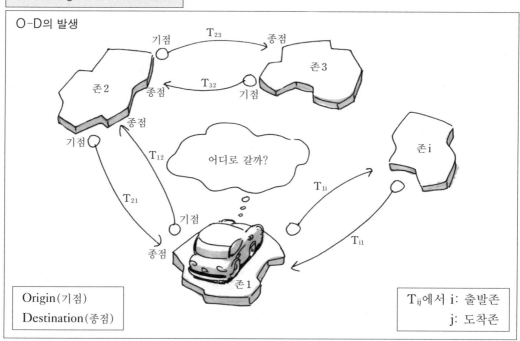

| | O-D(Origin-Destination) 표 |

O-D의 발생

Origin(기점)
Destination(종점)

T_{ij}에서 i: 출발존
j: 도착존

O-D표의 작성

O \ D	1	2	3	⋯ j ⋯	합계
1	T_{11}	T_{12}	T_{13}	⋯ T_{1j} ⋯	P_1
2	T_{21}	T_{22}	T_{23}	⋯ T_{2j} ⋯	P_2
3	T_{31}	T_{32}	T_{33}	⋯ T_{3j} ⋯	P_3
⋮ i ⋮	T_{i1}	T_{i2}	T_{i3}	⋯ T_{ij} ⋯	P_i
합계	A_1	A_2	A_3	⋯ A_j ⋯	Z

P_i: 존 i에서의 총 유출량
A_j: 존 j로의 총 유입량

3. 4단계 수요 추정법의 장 · 단점과 단계별 추정 모형은

4단계 수요 추정법의 장·단점

장점은 …	단점은 …
① 각 단계별로 결과에 대한 검증을 거침으로써 현실의 묘사 가능 ② 통행패턴의 변화가 급격하지 않은 경우 설명력이 뛰어남 ③ 단계별로 적절한 모형의 선택 가능	① 과거의 일정 시점을 기초로 모형화하므로 추정시 경직성을 나타냄 ② 계획가의 주관이 강하게 작용 ③ 총체적 자료에 의존함으로 인하여 행태적인 측면 반영이 어려움

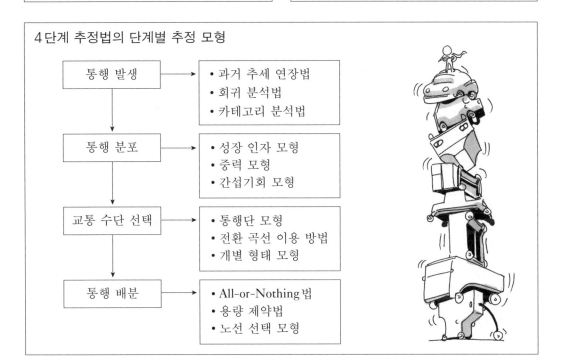

4단계 추정법의 단계별 추정 모형

통행 발생	• 과거 추세 연장법 • 회귀 분석법 • 카테고리 분석법
통행 분포	• 성장 인자 모형 • 중력 모형 • 간섭기회 모형
교통 수단 선택	• 통행단 모형 • 전환 곡선 이용 방법 • 개별 형태 모형
통행 배분	• All-or-Nothing법 • 용량 제약법 • 노선 선택 모형

○ 수요 추정 4단계의 단점(문제점) 3가지를 쓰시오.

○ ① 과거의 일정한 시점을 기초로 하며 수집한 자료로써 모형화하기 때문에 장래 추정시 경직성을 나타냄.

② 각 단계를 별개로 거치게 되므로 4단계를 거치는 동안 계획가나 분석가의 주관이 강하게 작용할 수 있음.

③ 총체적 자료에 의존하기 때문에 통행자의 총제적, 평균적 특성만 산출될 뿐 행태적인 측면은 반영이 어려움.

4. 통행 발생 단계에서 사용되는 모형은

(1) 증감률법, 원단위법

통행 발생(Trip Generation) 단계에 사용되는 모형

증감률법

증감률법이란 현재의 통행유출·유입량에 장래
의 인구와 같은 사회경제적 지표의 증감률을 곱
하여 장래의 통행유출·유입량을 구하는 방법이
다. 이는 해당 지역의 성장이나 발전의 정도에
따라 통행량이 비례하여 증가한다고 가정한다.

$$t'_i = t_i \cdot F_i$$
$$F_i = (P'_i / P_i) \cdot (M'_i / M_i)$$

t'_i : 장래 통행량
t_i : 현재 통행량
F_i : 증감률
P'_i : 장래 인구
P_i : 현재 인구
M'_i : 장래 자동차 보유대수
M_i : 현재 자동차 보유대수

10만
5만   8천대
인구   자동차   2천대
       보유대수
A지역 현재 장래   현재 장래

A 지역의 현재 통행량이
100,000 통행일 때 장래 통행
량은 얼마로 추정되는지 증감
률법을 이용하여 구하여라.

인구와 자동차 보유대수의 변화로부터
증감률 계산

$$F_i = (P'_i / P_i) \cdot (M'_i / M_i)$$
$$(10/5) \times (8/2) = 8$$
$$t'_i = t_i \cdot F_i = 100,000 \times 8 = 800,000 통행$$

원단위법

• 통행유출·유입량과 여러 가지
지표(사회경제적, 토지이용 지표)
사이의 상관관계를 구하여 원단
위화한 후 이로부터 장래의 통
행량을 예측하는 방법

• 계산이 용이하며 장래의 사회·
경제구조의 변화에 대한 적용
가능

○ 추정 과정

존별로 각종 지표를 이용하여 통행유출·유입량 산출
▽
존별 산출값을 집계하여 지역 전체를 반영하는 원단위 설정
▽
존별 장래 토지이용, 인구, 자동차 보유대수 등 추정
▽
평균 원단위에 장래 예측치를 곱하여 통행량 추정

(2) 회귀 분석법

회귀 분석법

• 통행유출·유입량과 해당 지역의 사회경제적 특성을 나타내는 지표와의 관계식을 구하고
이로부터 장래 통행 유출·유입량을 구하는 방법

○ 일반적인 회귀식 계수 결정 과정

$$Y = \alpha + \beta X$$

Y: 종속변수
X: 독립변수(설명 변수)
α, β: 회귀식의 상수와 계수
n: 표본의 수
최소 자승법에 의한 α, β값의 산출

$$\beta = \frac{n\Sigma XY - \Sigma X \Sigma Y}{n\Sigma X^2 - (\Sigma X)^2}$$

$$\alpha = \frac{(\Sigma Y)}{n} - \beta \frac{(\Sigma X)}{n}$$

○ 장래 통행량 추정 과정

회귀식 설정
종속변수: 통행량 독립변수: 존별 인구, 자동차수, 건물 연면적 등

⇩

존별 독립변수의 추정

⇩

회귀식에 장래 독립변수 값을 대입하 여 통행발생량을 추정

회귀 분석법을 이용한 장래 통행발생량 추정 ⟩

다음과 같은 지역의 존별 통행발생량과 자동차 보유대수가 아래 표와
같다고 할 때 장래 자동차 보유대수가 5만대일 경우 통행발생량을 구
하여라.

	존 1	존 2	존 3	존 4
통행 발생량(천통행)	20	40	90	60
자동차 보유대수(천대)	5	7	14	12

통행 발생량을 Y, 자동차 보유대수를 X라 하면
n=4, $\Sigma X = 38$, $\Sigma X^2 = 414$, $\Sigma Y = 210$, $\Sigma XY = 2360$이므로

$$\beta = \frac{(4 \times 2360) - (38 \times 210)}{(4 \times 414) - (38)^2} = 6.89$$

$$\alpha = \frac{210}{4} - 6.89 \times \frac{38}{4} = -12.96$$

Y = −12.96 + 6.89X에서 X = 50을 대입
Y = 331.54,
장래 통행 발생량은 331,540 통행

(3) 카테고리 분석법

카테고리 분석법

- 가구당 통행 발생량과 같은 종속변수를 소득, 자동차 보유대수 등의 독립변수로 교차 분류시키는 방법이다.

▷ 적용과정

카테고리 유형 설정

↓

조사된 자료를 유형에 따라 분류

↓

각 카테고리에 대한 평균 통행발생량 산출

↓

존별 총통행발생량 산출

▷ 장 점

- 이해가 용이
- 자료 이용이 효율적
- 검정과 변수조정이 용이
- 추정이 비교적 정확
- 교통정책에 민감하게 변화
- 다양한 유형에 적용 가능
- 타지역으로 이전이 용이

▷ 카테고리 분류 유형 기준

○ 자동차 보유 대수   ○ 가구 규모   ○ 가구 소득
○ 자동차 이용집단   ○ 지하철 이용집단   ○ 버스 이용집단

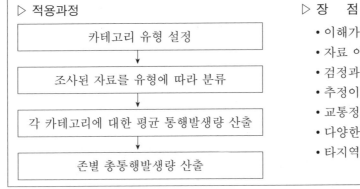

옆의 그림과 같은 경우 카테고리 분류 유형은 이용 교통 수단으로 구분할 수 있다.

▷ 카테고리 분석법을 이용한 통행 발생 예측

이용교통수단 \ 소득 수준	소 득 수 준		
	1백만원 이상	50만원~1백만원	50만원 이하
 (승용차)	2.8	1.4	0.1
(버스)	2.9	3.3	3.2
(택시)	2.4	1.8	0.6

총통행 발생량 산출

총통행 발생량
=유형별 가구수×평균통행 발생량

저소득, 버스=500	
저소득, 택시=50	이용 교통 수단과
중소득, 버스=1,200	소득 수준별 가구수
고소득, 승용차=100	

총통행 발생량=(500×3.2)+
(50×0.6)+(1,200×3.2)+
(100×2.8)=5870
총통행 발생량은 5,870이다.

5. 통행 분포 단계에서 사용되는 모형은

통행분포란 통행발생단계에서 존별 총유출 · 유입량을 존별로 연결시키는 과정을 말합니다.

○ 통행 유출량과 통행 유입량을 연결시키는 단계
○ 추정 모형의 종류
  • 성장률법(growth factor model)
  • 중력 모형(gravity model)
  • 간섭 기회 모형(intervening opportunity model)

(I) 성장률법

균일 성장률법

$$t_{ij}' = t_{ij} \times F$$

t_{ij}' : 장래의 존 i와 j간의 통행량

t_{ij} : 현재의 존 i와 j간의 통행량

F : 균일 성장률$\left(\dfrac{\text{장래의 통행량}}{\text{현재의 통행량}}\right)$

○ 현재의 존간 통행과 장래의 존별 통행량이 다음과 같을 때 장래 존간 통행량을 균일 성장률법을 이용하여 계산하여라.

(현재)

O\D	1	2	계
1	3	7	10
2	6	5	11
계	9	12	21

(장래)

O\D	1	2	계
1			15
2			48
계	30	33	63

F값 계산: $F = \dfrac{63}{21} = 3$

존별 통행량 계산: $t_{11}' = t_{11} \times F = 3 \times 3 = 9$

⋮   ⋮   ⋮

(배분)

O\D	1	2	계
1	9	21	30
2	18	15	33
계	27	36	63

평균 성장률법

$$t_{ij}' = t_{ij} \cdot \frac{(E_i + F_j)}{2}$$

$$E_i = \frac{P_i'}{P_i} \qquad F_j = \frac{A_j'}{A_j}$$

E_i: 존 i의 유출량의 성장률
F_j: 존 j의 유입량의 성장률

○ 현재의 존간 통행과 장래 통행 발생량이 다음과 같을 때 평균 성장률법을 이용하여 존별로 통행량을 계산하여라.

(현재)

O\D	1	2	계
1	3	7	10
2	6	5	11
계	9	12	21

(장래)

O\D	1	2	계
1			19
2			25
계	21	23	44

○ 계산 절차

① 각 존의 유출량과 유입량의 성장률 계산

$$E_1 = \frac{19}{10} = 1.90, \qquad E_2 = \frac{25}{11} = 2.27$$

$$F_1 = \frac{21}{9} = 2.33, \qquad F_2 = \frac{23}{12} = 1.92$$

② 각 존의 유출량과 유입량의 성장률 계산

$$t_{11}' = t_{11} \cdot \frac{(E_1 \cdot F_1)}{2} = 3 \cdot \frac{(1.9 \times 2.33)}{2} = 6.64 \fallingdotseq 6$$

$$t_{12}' = t_{12} \cdot \frac{(E_1 \cdot F_2)}{2} = 7 \cdot \frac{(1.90 \times 1.92)}{2} = 13.37 \fallingdotseq 13$$

$$t_{21}' = t_{21} \cdot \frac{(E_2 \cdot F_1)}{2} = 6 \cdot \frac{(2.27 \times 2.33)}{2} = 13.80 \fallingdotseq 14$$

$$t_{22}' = t_{22} \cdot \frac{(E_2 \cdot F_2)}{2} = 5 \cdot \frac{(2.27 \times 1.92)}{2} = 10.48 \fallingdotseq 10$$

③ 1차 배분 결과

O\D	1	2	계
1	6	13	19
2	14	10	24
계	20	23	43

④ 배분 결과에 차이가 있으므로 각 존간 유출·유입의 성장률 계산

$$E_1 = \frac{19}{19} = 1.0 \qquad E_2 = \frac{24}{25} = 0.96$$

$$F_1 = \frac{20}{21} = 0.95 \qquad F_2 = \frac{23}{23} = 1.00$$

⑤ 존간 통행량 계산

⑥ 10회 반복 후 최종 결과

O\D	1	2	계
1	6	13	19
2	15	10	25
계	21	23	44

프라타(Fratar) 법

○ 존간의 통행량은 E_i, E_j에 비례하여 증가 한다는 원리 이용

○ 반복 과정을 통하여 통행 발생 단계에서 산출된 통행 유출, 유입량과 일치하도록 조정

○ 평균 성장률보다 계산횟수가 적음

$$t_{ij}' = t_{ij} \cdot E_i \cdot F_j \frac{L_i + L_j}{2}$$

$$L_i = \sum_{j=1}^{n} t_{ij} / \sum_{j=1}^{n} t_{ij} \cdot F_j$$

$$L_j = \sum_{i=1}^{n} t_{ij} / \sum_{i=1}^{n} t_{ij} \cdot E_i$$

L_i, L_j: 보정식

○ 다음과 같은 경우 프라타법을 이용하여 존별 통행량을 계산하여라.

(현재)

O＼D	1	2	계
1	8	3	11
2	5	4	9
계	13	7	20

(장래)

O＼D	1	2	계
1			19
2			14
계	18	15	33

○ 계산 과정

① 각 존 유출 · 유입량의 성장률 계산

	1	2
E_i	$\frac{19}{11} = 1.73$,	$\frac{14}{9} = 1.56$
F_j	$\frac{18}{13} = 1.38$,	$\frac{15}{7} = 2.14$

② 보정식 계산

	1	2
L_i	$\frac{8+3}{(8 \times 1.38 + 3 \times 2.14)}$ $= 0.8$	$\frac{5+4}{(5 \times 1.38 + 4 \times 2.14)}$ $= 0.58$
L_j	$\frac{8+5}{(8 \times 1.73 + 5 \times 1.56)}$ $= 0.60$	$\frac{3+4}{(3 \times 1.73 + 4 \times 1.56)}$ $= 0.61$

③ 각 존간 통행량 계산

$$t_{11} = 8 \times 1.73 \times 1.38 \times \frac{(0.03+0.60)}{2} = 11.8 \fallingdotseq 12$$

$$t_{12} = 3 \times 1.73 \times 2.14 \times \frac{(0.63+0.61)}{2} = 6.89 \fallingdotseq 7$$

$$t_{21} = 5 \times 1.56 \times 1.38 \times \frac{(0.58+0.60)}{2} = 6.35 \fallingdotseq 6$$

$$t_{22} = 4 \times 1.56 \times 2.14 \times \frac{(0.58+0.61)}{2} = 7.94 \fallingdotseq 8$$

④ 최종 배분 결과

O＼D	1	2	계
1	12	7	19
2	6	8	14
계	18	15	33

각 존별 장래 유출 · 유입 통행량이 같으므로 최종 배분 결과가 된다.

디트로이트(Detroit)법

○ 프라타 모형의 계산 과정을 보다 단순화

$$t'_{ij} = t_{ij} \cdot \frac{E_i \cdot F_j}{F}$$

F: 총통행 발생량의 증감률
E_i: 존 i의 유출량의 성장률
F_j: 존 j의 유입량의 성장률

○ 장 점
• Fratar 모형보다 간단
• 적용이 용이

○ 단 점
• 교통량의 증감에 따라서 결과가 상이하게 발생(개별존의 성장이 매우 큰 개발지역의 경우 존 전체의 성장률에 의해 증감률이 상쇄)

성장률법의 장·단점

○ 이해가 쉽고 적용이 용이
○ 교통 여건이 크게 변하지 않는 지역에 적합
○ 프라타법의 경우 평균 성장률보다 통행 제약 조건을 만족시키는 속도가 신속
○ 가장 쉬운 방법은 균일 성장률법이며, 정확도는 프라타법이 가장 높음

○ 장래에 여건이 크게 변화하는 지역에 적용성이 떨어짐
○ 프라타법의 경우 계산 과정이 복잡하고 이해가 어려움

(2) 중력 모형법(Gravity Model)

중력모형이란 떨어지는 사과로부터 만유인력의 법칙을 발견한 뉴턴의 이론을 통행의 유출입에 적용한 모형을 말한다.

$$t_{ij}=KP_iA_j/f(Z_{ij})$$

두 지역간의 통행량 $=\left($두 지역의 활동량 $\times \dfrac{1}{통행 저항}\right)$

① 제약 없는 중력 모형

▷ 통행 유출, 유입량이 같지 않고 총통행량 만 제약

▷ 기본 공식

$$t_{ij}=KP_iA_j/f(Z_{ij})$$

$$K=\frac{\sum_i\sum_j t_{ij}{}^s}{\sum_i\sum_j t_{ij}{}^m}$$

$\sum_i\sum_j t_{ij}{}^s$: 조사된 O-D표의 존간 총통행량

$\sum_i\sum_j t_{ij}{}^m$: 모형상 O-D표의 존간 총통행량

P_i : 존 i에서 유출되는 총통행유출량

A_j : 존 j로 유입되는 총통행유입량

$f(Z_{ij})$: 통행시간, 거리로 표시되는 통행 저항함수

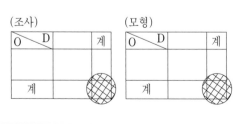

(조사)

O＼D		계
계		▨

(모형)

O＼D		계
계		▨

다음의 기존 통행량과 거리를 사용하여 장 래의 존간통행을 구하여라.

현재 통행 O/D

O＼D	1	2	계
1	8	6	14
2	4	2	6
계	12	8	20

각 존간의 거리

O＼D	1	2
1	5.5	8
2	7	7

장래의 총통행 발생

O＼D	1	2	계
1			16
2			19
계	21	14	35

○ 계산 과정

$K=\dfrac{20}{35}=0.57$

$t_{11}=0.57\times14\times12/5.5$

$\quad=17.41\simeq17$

$t_{12}=0.57\times14\times8/8$

$\quad=7.98\simeq8$(이하 생략)

장래의 통행 발생량

O＼D	1	2	Σ
1	17	8	25
2	6	4	10
Σ	23	12	35

② 단일제약 모형(통행유출량 제약 모형)

▷ 통행유출량만 일치시키도록 통행의 기종
   점을 결정

▷ 존 i의 총통행유출량을 조사된 존 i의 총
   통행량과 일치시킴($\sum_j t_{ij} = P_i$)

$$t_{ij} = K_i PA_j / f(Z_{ij})$$
$$K_i = [\Sigma A_i / f(Z_{ij})]^{-1}$$

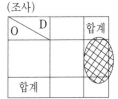

(조사) O\D		합계
합계		

(모형) O\D		합계
합계		

○ 다음의 기존 O-D 통행량과 장래 추정통행량을 단일제약 중력 모형을 이용하여 통행배분
  하여라.(여기서 통행저항함수는 존간 거리를 이용한다.)

(기존)

O\D	1	2	계
1	8	6	14
2	4	2	6
계	12	8	20

(장래)

O\D	1	2	계
1			16
2			19
계	21	14	35

(존간 거리)

O\D	1	2
1	4.2	20
2	15	9

○ 계산 과정

① 보정치 K_i값 계산
   $K_1 = [12/4.2]^{-1} = 0.35$, $K_2 = [8/15]^{-1} = 1.875$

② 존간 통행량 계산
   $T_{11} = 0.35 \times 14 \times 12/4.2 = 14.0$
   $T_{12} = 0.35 \times 14 \times 8/20 = 1.96 ≒ 2$ ⋯

③ 장래 통행량 분포
   $T_{21} = 1.875 \times 6 \times 12/15 = 9$
   $T_{22} = 1.875 \times 6 \times 8/9 = 10$ ⋯

통행유출량이 같으므로 최종
통행배분결과는 아래와 같다.

O\D	1	2	계
1	14	2	16
2	9	10	19
계	23	12	35

③ 이중 제약형 중력 모형(double-constraint gravity model)

▷ 조사된 O-D의 총통행 유출 · 유입량을 모형상의 총통행 유출 · 유입량에 일치시킴

▷ 기본 공식

$$t_{ij} = K_i K_j P_i A_j / f(Z_{ij})$$
$$K_i = [\Sigma K_j \cdot A_j / f(Z_{ij})]^{-1}$$
$$K_j = [\Sigma K_i \cdot P_i / f(Z_{ij})]^{-1}$$

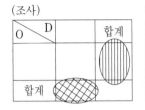
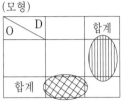

▷ 이중 제약형 중력 모형에 의한 통행 배분 과정

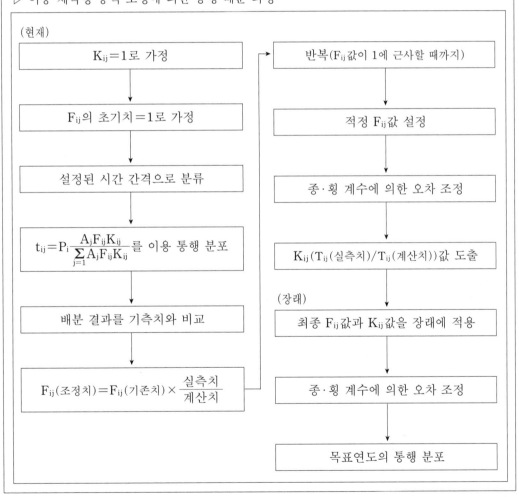

이중 제약형 중력 모형을 이용한 통행 분포의 예

현재의 통행이 다음과 같다고 할 때 존간 통행량을 이중 제약형 중력 모형을 이용하여 배분하여라.

(존별 통행량)

O＼D	1	2	3	계
1				140
2				330
3				280
계	300	270	180	750

(존간 통행 시간)

O＼D	1	2	3	
1	5	2	3	
2	2	6	6	
3	3	6	5	

(통행 시간과 마찰 계수 관계)

시간	F	시간	F
1	82	5	39
2	52	6	26
3	50	7	20
4	41	8	15

○ 계산 절차

① $K_{ij} = 1$로 가정하여 통행 배분

$$T_{ij} = P_i \left(\frac{A_j F_{ij} K_{ij}}{\sum\limits_{i}^{n} \sum\limits_{j}^{n} A_j F_{ij} K_{ij}} \right)$$

O＼D	1	2	3	계
1	47	57	36	140
2	188	85	57	330
3	144	68	68	280
계	379	210	161	750

$T_{11} = 140 \times \dfrac{(300 \times 29)}{(300 \times 29 + 270 \times 52 + 180 \times 50)} = 47$

$T_{12} = 140 \times \dfrac{(270 \times 52)}{(300 \times 29 + 270 \times 52 + 180 \times 50)} = 57$

…

각 존별로 계산

② 보정 계수 계산

$A_1' = 300 \times \dfrac{300}{379} = 237, \quad A_2' = 270 \times \dfrac{270}{210} = 347, \quad A_3' = 180 \times \dfrac{180}{161} = 201$

③ 보정 계수를 이용하여 통행량 계산

$T_{11} = 140 \times \dfrac{237 \times 39}{(237 \times 39 + 347 \times 52 + 201 \times 50)} = 34$

⋮

④ 최종 배분 결과

O＼D	1	2	3	계
1	34	68	38	140
2	153	112	65	330
3	116	88	76	280
계	303	268	179	750

(3) 간섭 기회 모형

○ 목적 존에서 기회를 나타낼 수 있는 변수(통행 목적별 사회경제적 변수)를 설정
○ 추정 과정

> 각 출발존별 목적지까지의 기회(거리, 통행 시간, 통행 비용)를 서열화

↓

> 기회를 모든 목적지에 누적시키는 함수(C_{ij}) 도출   ←---- 각 유출존에 대해 반복

↓

> 가구 통행 조사에 의한 목적지 선택 비율(π_{ij}) 분석

↓

> 모든 목적지를 향하는 통행의 누적비로서의 확률 배분 함수($P[V_{ij}]$) 결정

○ 추정 공식

$$P[V_{ij}]=1-e^{-LV(j)}$$

V(j): i번째 존까지의 기회의 합
L: 어느 한 기회를 선정할 확률
$P[V_{ij}]$: j번째 존까지 도착할 누적 확률

양변에 대수를 취하면
$$\ln(1-P[V_{ij}])=-LV(j)$$

○ 간섭 기회 모형을 이용한 통행 누적확률 계산

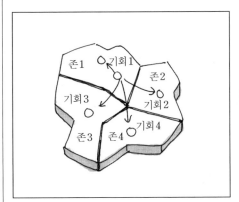

옆의 그림과 같은 대상 지역이 있다. 존 1에서 발생된 통행이 다른 존으로 분포된다고 할 때 존1에서 존3까지 도착할 누적 확률을 계산하여라.(한 기회를 택할 확률은 0.25)

> 3번째 존까지의 기회의 합은
> $$V(j)=(1+2+3)=6$$
> 따라서 3번째 존까지 도착할 누적 확률은
> $$P[V_{13}]=1-e^{-0.25(6)}=1-0.2231=0.7769$$
> 77.69%의 통행이 도착될 것으로 기대된다.

6. 교통 수단 선택 단계에서 사용되는 모형은

(1) 통행 발생 단계에서 사용되는 모형(회귀 분석법, 카테고리 분석법)

교통 수단 선택(Modal Split)에 영향을 미치는 요인

○ 통행자의 사회경제적 변수
○ 교통비용에 대한 인식
○ 경쟁관계에 있는 교통류의 특성
○ 현재 교통수단 분담 패턴

회귀 분석법, 카테고리 분석법

회귀 분석법	카테고리 분석법
○ 독립변수: 자동차 보유 유무, 통행거리, 주거밀도, 대중교통수단에의 접근성	○ 소득, 자동차 보유, 가구 규모로 분류하여 교통수단별 평균 통행발생량을 추정하는 방법
○ 추정 방식	○ 이러한 변수에 따라 분류된 가구수에 평균 통행 횟수를 구하여 예측

$$t_{pi(m)} = a_0 + a_1 X_{1i} + a_2 X_{2i} + \cdots + \beta_n X_{ni}$$
$$t_{aj(m)} = a_0 + a_1 X_{1j} + a_2 X_{2j} + \cdots + \beta_n X_{nj}$$

$t_{pi(m)}$: 교통수단 m을 이용한 존 i에서의 유출통행량
$t_{aj(m)}$: 교통수단 m을 이용한 존 j로의 유입통행량
$X_{1i}\cdots$, $X_{1j}\cdots$: 존 i, j의 독립 변수

(2) 통행 발생과 통행 분포 단계 사이에서 수단 분담(통행단 모형)

통행단 모형

○ 장래의 존별 통행 발생량을 산출한 후 통행 분포 전에 이용 가능한 교통 수단별 분담률을 산정한 후 각 수단별 통행 수요를 도출하는 방법
○ 모형의 수행 과정

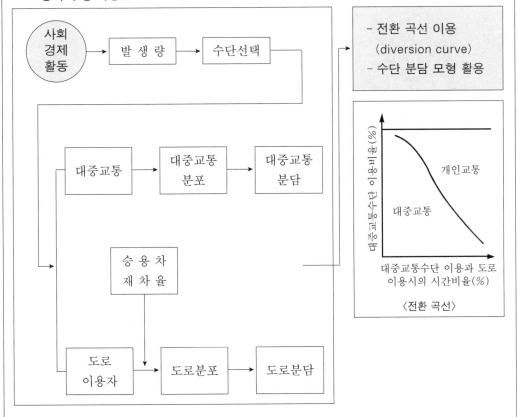

〈전환 곡선〉

모형의 특성

- 사회·경제적인 변수에 따라 교통 수단 선택 패턴이 결정된다고 가정
- 모형 적용이 편리하고 통행자 행태에 대한 가설 설정이 가능
- 주로 도로 이용자의 통행 분담률 산출에 주 목적을 둠
- 개인의 개별적 행태가 충분히 반영되지 않음
- 교통 체계 변화를 수용하기 힘듦

(3) 통행 분포 단계에서 함께 사용되는 방법(통행 교차 모형)

통행 분포 단계에서 함께 사용되는 방법

통행 교차 모형(Trip Interchange Model)

통행 교차 모형은 통행 분포가 완료된 상태에서 각 교통 수단의 서비스 특성에 의해 교통 수단 선택을 추정하는 모형이다. 이에 따라 대중교통 수단 체계의 변화에 신속히 대처할 수 있는 장점이 있다.

▷ 교통 수단의 선택시 사용되는 기준(교통 수단간 서비스 특성에 기초)

- 재차 시간
- 접근 시간
- 대기 시간 ─── 영향 ───→ 전환 곡선 을 이용하여 교통 수단 분담률 추정
- 환승 시간
- 통행 비용

▷ 출근 통행의 통행시간 비율 전환 곡선

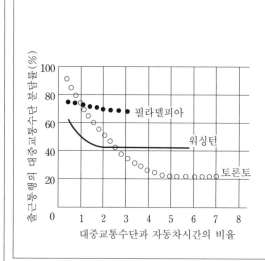

$$TTR = \frac{a+b+c+d+e}{f+g+h}$$

TTR: 대중교통수단에 소요된 시간대 자동차에 소요된 시간의 비율

a: 대중교통수단의 통행시간

b: 대중교통수단간의 환승시간

c: 대중교통수단의 대기시간

d: 대중교통수단의 접근시간

e: 대중교통수단에서 하차하여 목적지까지의 도보시간

f: 자동차의 통행시간

g: 주차소요시간

h: 주차 후 최종목적지까지의 소요시간

▷ 교통 수단간의 교통 비용비와 추가 통행 시간비(통행 서비스 기준)

교통 비용비	추가 통행 시간비
$$CR = \frac{i}{(j+k+0.5l)/m}$$	$$SR = \frac{b+c+d+e}{g+h}$$
CR: 대중교통요금 대 승용차 　　운행비용의 비율 i: 대중교통요금 j: 연료비용 k: 오일 및 윤활유 비용 l: 목적지에서의 주차 비용 m: 평균 탑승 인원수	SR: 대중교통수단이나 승용차 통행에 　　소요된 시간을 제외한 시간의 비율 b: 대중교통수단간의 환승시간 c: 대중교통수단의 대기시간 d: 대중교통수단까지의 도보시간 e: 대중교통수단에서 하차하여 　　목적지까지의 도보시간 g: 목적지에서의 주차시간 h: 주차 후 목적지까지의 도보시간

○ 전환 곡선 이용의 예(BART의 지하철 체계 연구)

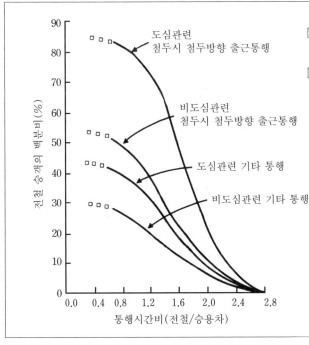

▷ 지하철의 운행 특성이 교통수단간
　분담률에 미치는 영향에 관한 연구
▷ 설명 변수
　- 통행 시간비
　- 통행 목적(출근, 기타)
　- 통행 방향(도심, 비도심)
　- 통행 시간(첨두시, 비첨두시)

7. 통행 배분 단계에서 사용되는 모형은

통행 배분 단계에 사용되는 모형

통행배분이란 내가 A 지점에서 B 지점으로 가는데 경로 1, 2, 3 중 어느 것을 이용할 것인지를 결정하는 것이다.

통행배분 방법에는 (각 경로의)
① 용량을 제약하는 경우와
② 용량을 제약하지 않는 두 가지의 유형이 있다.

(1) 용량을 제약하지 않는 방법

⊠ All-or-Nothing 법

▷ 통행시간을 이용하여 최소통행시간이 걸리는 경로에 모든 통행량을 배정하는 방법

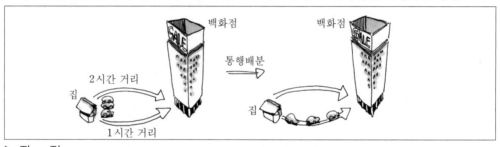

▷ 장 점
- 이론이 단순하고 적용이 용이
- 총교통체계의 관점에서 최적 통행 배분 상태 검토 가능

▷ 단 점
- 도로의 용량을 고려하지 않으므로 실질적인 도로 용량을 초과하는 경우 발생
- 통행자의 행태적 측면의 반영 미흡
- 통행 시간에 따른 통행자의 경로변경 등의 현실성을 고려치 않음

⊙ All-or-Nothing의 장점 4개, 단점 3개를 쓰시오.
⊙ 장점: ⓐ 통행자의 희망노선을 알려 줄 수 있다.
　　　　ⓑ 대중교통의 노선을 결정할 때에도 활용된다.
　　　　ⓒ 이론이 단순하며 모형을 적용하기가 용이하다.
　　　　ⓓ 총교통체계의 관점에서 최적 통행 배분상태를 검토할 수 있다.
　　단점: ⓐ 도로의 용량을 고려하지 않는다. 즉 도로용량을 초과하는 배분이 발생될 수 있다.
　　　　ⓑ 통행자의 개별적 행태 측면의 반영이 미흡하다.
　　　　ⓒ 통행 시간에 다른 통행자의 경로변경 등의 현실성을 고려하지 못한다.

⑵ 용량을 제약하는 방법

용량 제약 노선 배분법(capacity restraint assignment)

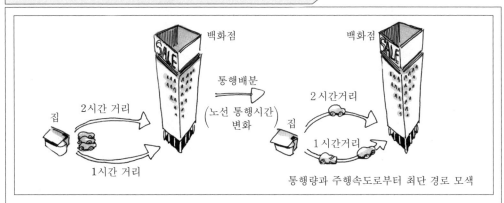

○ 용량보다 많이 통행량이 배분된 링크를 합리적으로 조정하는 방법
○ 교통 체증을 고려하여 합리적인 노선 배정을 하기 위해 통행량, 용량 곡선 등을 적용
  하여 통행량 증가와 주행 속도의 관계로부터 최단 경로를 도출
○ 용량제약 배분 기법
  – 반복 과정법(iterative assignment)
  – 분할 배분법(incremental assignment)
  – 다중 경로 배분법(multi-path assignment)
  – 확률적 통행 배분법(probability assignment)

▧ 반복 과정법(iterative assignment)

○ 특   징
  – 교통혼잡에 의한 영향을 고려할 수 있으나 계산과정이 복잡
  – 반복작업에 따라 이론적으로 교통량이 평형 상태에 도달하는지에 대한 검토가 난해

○ 반복 과정법 수행 과정

🔯 분할 배분법(incremental assignment)

▷ 최소 비용이 소요되는 경로에 존간 통행의 일정한 양을 우선적으로 배분하고 이를 기초로 통행 시간(통행 비용)을 구하여 존간 새로운 통행표를 구축한 후 다시 일정량의 통행량을 배분하는 과정

▷ 수행 과정

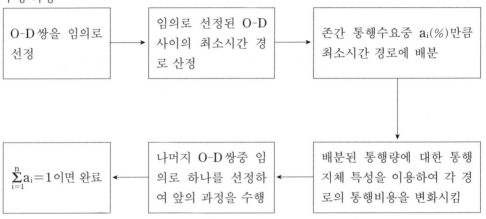

▷ 통행 배분을 위한 통행량–속도 함수식(용량 제한식)

• BPR식	• Snerk식	• Schneider식
$T = T_0[1 + 0.15(V/C)^4]$ T : 통행량 V인 상태의 통행시간 T_0 : 자유 통행시간 C : 도로의 용량	$T = T_0 e^{(V/C-1)}$ (단 $T \leq 5T_0$)	$T = T_0(2)^{(V/C-1)}$ (단 $T \leq 4T_0$)

○ BPR식을 이용한 용량 제한식 계산

어느 노선의 용량이 시간당 6,000대이고 자유 통행시간이 1시간 반이다. BPR의 통행량–속도 함수식을 이용하여 통행량 8,000대일 경우의 통행시간을 구하여라.

BPR의 용량 제약식에서 $T_0 = 1.5$시간, $V = 8,000$대, $C = 6,000$대/시이므로
$T = T_0[1 + 0.15(V/C)^4] = 1.5[1 + 0.15(8,000/6,000)^4] = 2.2$
따라서 교통량 8,000대일 경우의 통행시간은 2.2시간이다.

✕ 다중 경로 배분법(multi-path assignment)

○ 기종점을 잇는 단일의 최소 경로 대신에 통행자의 인식차에 의해 선정된 복수 경로에 의해 통행량을 배정하는 방법
○ 통행자가 자신이 인식하는 통행시간, 비용의 관점에서 노선을 선택한다고 전제

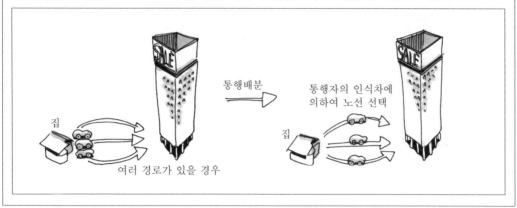

✕ 확률적 통행 배분법(stochastic assignment)

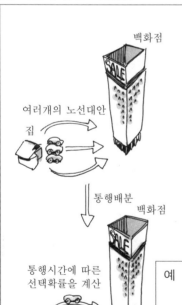

○ 통행 거리가 길어지면 통행자가 그 경로를 택할 확률이 적어진다는 논리에 입각

○ 여러 대안 노선 중에서 노선 K를 선택할 확률

$$P(K) = \frac{\exp(-\theta T_K)}{\sum \exp(-\theta T_K)}$$

$P(K)$: 노선 K를 선택할 확률
θ: 통행량 전환 파라메터
T_K: 노선 K의 통행 시간

예　3개의 노선 중 2번째 노선을 선택할 확률을 구하여라.(단, 통행량 전환 파라메터는 0.5이고 주 노선별 통행 시간은 각각 1시간, 1시간 반, 2시간이다.)

$$P(2) = \frac{\exp(-0.5 \times 1.5)}{\sum [\exp(-0.5 \times 1) + \exp(-0.5 \times 1.5) + \exp(-0.5 \times 2)]}$$

$$= 0.3264$$

즉, 전체통행의 32.64%가 2번 노선을 선택

V. 개별 행태 모형이란 무엇을 의미하나

1. 개별 행태 모형

개별 행태 모형의 개념

개별 행태 모형이란

> 통행자가 여러 가지 선택 대안 중 하나의 대안을 선택할 때 실제 통행자의 행태에 대한 만족도를 기준으로 대안 선택 확률을 추정하는 방법

4 단계 추정법과의 비교

① 4 단계 추정법

| 통행발생, 통행분포, 교통수단 선택, 통행배분의 단계별로 적절한 모형을 적용 | | 존별 통행량을 교통수단별로 배분하는 과정에서 개인의 행태적 측면을 고려하지 않고 총체적 관점에서 선택한다고 가정 |

② 개별 행태 모형

> 교통수단 선택시 각 통행인의 효용(만족도)을 바탕으로 교통수단 선택행위를 분석. 개별적, 선택적, 확률적 개념을 적용하여 분석

개별 행태 모형의 장점

▷ 교통존에 한정되지 않으므로 어떤 지역 단위에도 적용이 가능하다.

▷ 행태를 반영하기 때문에 모형이 공간적, 시간적으로 전이가 가능하다.

▷ 단기적 교통 정책의 영향을 쉽게 확인할 수 있다.

▷ 교통 계획의 개략적 평가에 적합하다.

▷ 비용의 절감과 짧은 시간안에 결과를 도출할 수 있다.

개별 행태 모형의 종류

▷ 판별 분석법(Discriminant analysis)　　▷ 로짓 모형(Logit Model)
▷ 회귀 분석법(Regression Analysis)　　▷ 프로빗 모형(Probit Model)

2. 로짓 모형의 효용은 무엇일까

로짓 모형
(Logit Model)

○ 통행자는 여러 교통 선택 대안 중 경제적 합리성 과 효용의 극대화 라는 기준으로 선택
○ 개인의 효용 극대화에 따른 확률이론 적용
○ 이때의 효용은 관측 가능한 것과 관측 불가능한 것으로 구분

○ 로짓 모형의 효용 함수

$$U_{it} = V_{it} + \varepsilon_{it}$$

U_{it}: t번째 통행자가 i번째 대안에 대하여 갖는 효용
V_{it}: 관측 가능한 요소로 구성되는 효용
ε_{it}: 관측 불가능한 요소로 구성되는 효용

○ 개인의 교통 수단 선택 기준

어느 걸 타고 갈까 …

선택기준은 …

3. 로짓 모형에 영향을 미치는 변수는

로짓 모형에 영향을 미치는 변수

설명력의 정도	변 수 내 용
결정적인 설명력을 갖는 변수	① 교통비용 ② 통행시간 ③ 도보시간 ④ 환승대기시간 ⑤ 대중교통수단의 배차 간격 ⑥ 가족 중 운전 가능한 인원수 ⑦ 임금
강한 설명력을 갖는 변수	① 환승횟수 ② 가장 여부 ③ 직장의 고용밀도 ④ 주거지 위치 ⑤ 가족 구성
모호한 설명력을 갖는 변수	① 가구소득 ② 거주 인구밀도 ③ 주거지의 CBD 위치 여부 ④ 가족 중 직장인수 ⑤ 가장의 연령 ⑥ 교통수단에 대한 신뢰성 ⑦ 안전성, 안락성, 편의성에 대한 인식도
낮은 설명력을 갖는 변수	① CBD 내의 직장 위치 ② 응답자의 연령과 성별 ③ 가장의 지위 ④ 사생활

개인의 선호도에 따른 교통 수단 선택

4. 로짓 모형의 추정 공식은

로짓 모형과 프로빗 모형의 오차항 분포 특성

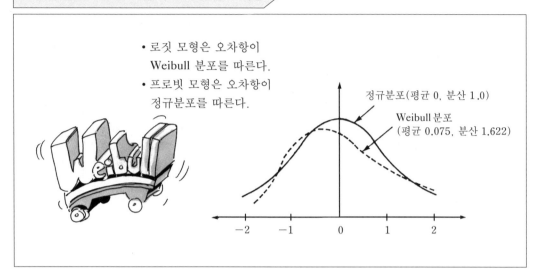

• 로짓 모형은 오차항이
 Weibull 분포를 따른다.
• 프로빗 모형은 오차항이
 정규분포를 따른다.

정규분포(평균 0, 분산 1.0)

Weibull 분포
(평균 0.075, 분산 1.622)

로짓과 프로빗 모형의 한계

① 선택대안간에는 서로 독립이어야 하는 가정의 현실성이 부족하다.
② 선택범위 내의 대안만을 다루고 있어 분석가의 임의성이 포함된다.

로짓모형의 추정식

$$P_{t(i)} = \frac{e^{Vit}}{\sum_{i=1}^{j} e^{Vit}}$$

$P_{t(i)}$: t번째 통행자가 i번째 대안을 선택할 확률
V_{it}: t번째 통행자가 i번째 대안에 대해 갖는 효용
j: 선택 가능한 대안의 수

5. 로짓 모형을 이용한 교통 수단 선택의 예

로짓 모형을 이용한 예제

▷ 대안별 효용함수의 계산

주거 지역에서 도심지로 출근하는 사람을 대상으로 버스와 지하철에 대하여 각 대안별로 효용함수를 계산하여라.(단, 효용함수에 사용되는 모형은 다음과 같다.)

효용함수 모형: $U_i = -0.04t_i - \dfrac{0.12}{d}x_i$

U_i: 대안 i의 효용함수
t_i: 대안 i의 차내 통행시간
x_i: 대안 i의 차외 통행시간
d: 통행거리(km)

○ 통행 특성 자료

변 수	지하철	버 스
차내통행시간 (t_i)	20분	40분
차외통행시간 (x_i)	10분	8분
거리(d)	15km	15km

▷ 계산 과정

각 대안별 효용함수는 다음과 같이 계산된다.

지하철의 효용함수 $\quad U_s = -0.04t_s - \dfrac{0.12}{d}x_s = -0.04(20) - \dfrac{0.12}{15}(10) = -0.08$

버스의 효용함수 $\quad U_B = -0.04t_B - \dfrac{0.12}{d}x_B = -0.04(40) - \dfrac{0.12}{15}(8) = -1.664$

▷ 로짓 모형을 이용한 대안별 선택 확률 계산

지하철, 버스, 택시의 효용함수가 각각 -0.57, -1.33, -0.92일 경우 로짓 모형(logit model)을 이용하여 교통 수단별 선택확률을 구하여라.

로짓 모형의 형태는 다음과 같다.

$P_i = \dfrac{e^{Vit}}{\sum\limits_{i=1}^{j} e^{Vit}}$

여기서 지하철, 버스, 택시의 효용함수값을 각각 V_S, V_B, V_T라 하면 $V_S = -0.57$, $V_B = -1.33$, $V_T = -0.92$

이를 이용하여 각 수단별 선택 확률을 계산하면

지하철 $\quad P_S = \dfrac{0.5655}{1.2285} = 0.4603$

버스 $\quad P_B = \dfrac{0.2645}{1.2285} = 0.2153$

택시 $\quad P_T = 1 - P_S - P_B = 0.3244$

○ 어느 로짓모형을 정산한 결과 표와 같은 파라미터를 얻었다. 통행자의 분당 시간가치를 계산하여라.

〈차내시간, 차외시간 및 통행비용〉

구 분	차내시간(IVTT)	차외시간(OVTT)	통행비용(COST)
파라미터	0.09342	0.17345	0.00473

○ 로짓모형으로부터 시간가치를 도출하려면 시간의 파라미터를 비용의 파라미터로 나누면 얻어지므로

차내시간 가치 $= \dfrac{0.09342}{0.00473} = 19.8$ 원/분

차외시간 가치 $= \dfrac{0.17345}{0.00473} = 36.7$ 원/분

Ⅵ. 교통 평가란 무엇인가

1. 평 가 란

평가란

- 교통 사업에 대한 타당성 분석으로부터 사업의 시행 여부를 결정하는 행위
- 정책 수립의 합리성 제고를 위해 필요
- 의사 결정자에게 교통 사업의 효과에 대한 체계적인 자료를 제공해 주는 과정
- 의사 결정을 돕기 위한 자료를 수집, 분석, 조직화하는 과정
- 당초 설정된 목표를 어느 정도 달성하였는가를 파악하는 과정

평가시점에 따른 구분

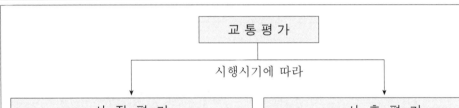

교 통 평 가

시행시기에 따라

사 전 평 가

- 교통사업 수행 전에 어떠한 대안이 더 우수한지를 사전에 분석
- 가장 경제성 있는 대안의 선택 가능
- 예를 들면 지하철 노선 중 가장 많은 편익과 적은 비용을 나타내는 노선망 선택의 경우

사 후 평 가

- 대안 실시 후, 실시 전과 비교하여 당초의 목표를 어느 정도 달성했는가를 분석
- 교통운영 개선사업(TSM) 실시 후 얼마나 소통이 원활해졌는지에 대해 주행속도 등을 측정하여 사업의 효과를 판단하는 경우

2. 평가 관점에 따른 구분

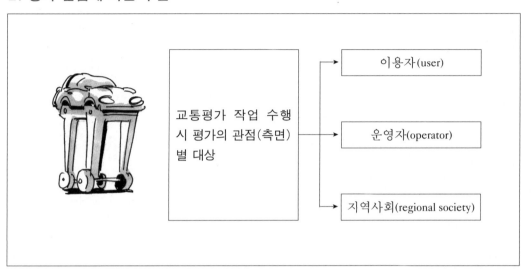

평가 관점별 평가 항목 내용		
이 용 자	통행시간 · 속도	통행시간 감소
	편리성(신뢰성)	이용자 접근 용이성, 운행의 신뢰성, 대기시간(운행 횟수), 이른 아침이나 심야의 서비스, 환승의 용이성, 주차 용이성
	쾌 적 성	차내소음, 진동, 전망, 냉온방 유무, 혼잡정도, 승객서비스, 안내표지의 판독 용이성
	안 전 성	사고, 재해, 범죄에 대한 안전성
	저 렴 성	교통서비스 수준에 대한 요금의 적정선
운 영 자	건 설 비	고정시설 및 유동시설의 투자비
	운 영 비	인건비, 관리비 등의 변동비와 고정비
	수 익 성	요금 수입
	시스템 융통성	수요변화에 대한 대응성, 신기술에의 대응성
지역사회	환경변화	소음, 진동, 대기오염, 구조물의 공간점유, 경관파괴, 자연 · 문화재 파손, 프라이버시 침해, 일조방해, 전파방해 등
	교통서비스 대상지역	교통서비스의 지역적 범위
	토지 이용과의 조화	주변 토지 이용과의 조화성
	경제적 효과	지역사회 효과, 상업활동 효과, 자산가치 효과

3. 교통 사업 평가 과정은

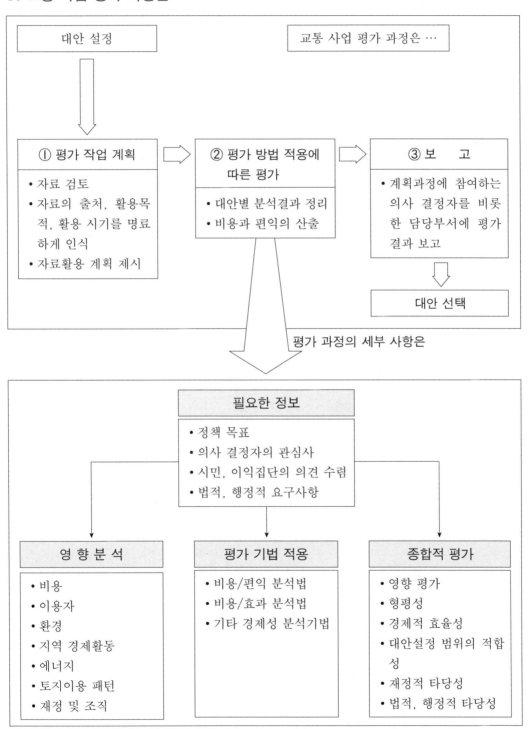

| 대안 설정 | | 교통 사업 평가 과정은 … |

① 평가 작업 계획
- 자료 검토
- 자료의 출처, 활용목적, 활용 시기를 명료하게 인식
- 자료활용 계획 제시

② 평가 방법 적용에 따른 평가
- 대안별 분석결과 정리
- 비용과 편익의 산출

③ 보   고
- 계획과정에 참여하는 의사 결정자를 비롯한 담당부서에 평가 결과 보고

대안 선택

평가 과정의 세부 사항은

필요한 정보
- 정책 목표
- 의사 결정자의 관심사
- 시민, 이익집단의 의견 수렴
- 법적, 행정적 요구사항

영 향 분 석
- 비용
- 이용자
- 환경
- 지역 경제활동
- 에너지
- 토지이용 패턴
- 재정 및 조직

평가 기법 적용
- 비용/편익 분석법
- 비용/효과 분석법
- 기타 경제성 분석기법

종합적 평가
- 영향 평가
- 형평성
- 경제적 효율성
- 대안설정 범위의 적합성
- 재정적 타당성
- 법적, 행정적 타당성

4. 소비자 잉여란 무엇인가

소비자 잉여 (consumer's surplus)	소비자가 재화나 서비스에 대해 기꺼이 지불하려는 금액과 실제로 지불하는 금액의 차이

○ 소비자 잉여

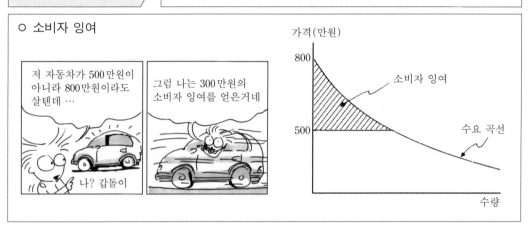

○ 교통 시설의 개선으로 얻어지는 소비자 잉여

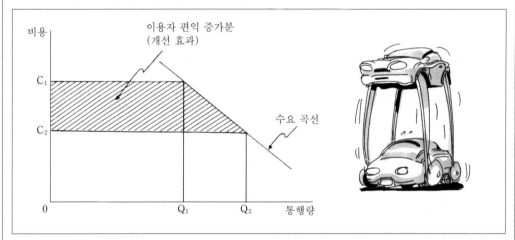

어느 구간의 도로가 개선된 경우 개선되기 전 통행 비율을 C_1, 개선 후의 통행 비용을 C_2라고 하면 도로 개선으로 인하여 통행량이 Q_1에서 Q_2로 증가하게 된다. 따라서 소비자 잉여의 증가분은 도로 개선으로 인한 편익으로 볼 수 있다.

$$UB = \frac{1}{2}(Q_1 + Q_2)(C_1 - C_2)$$

UB: 도로 개선으로 인한 편익
(통행 시간 감소 혹은 통행 비용 감소) 즉, 소비자 잉여의 증가분

5. 경제성 분석 과정은

경제성 분석 과정

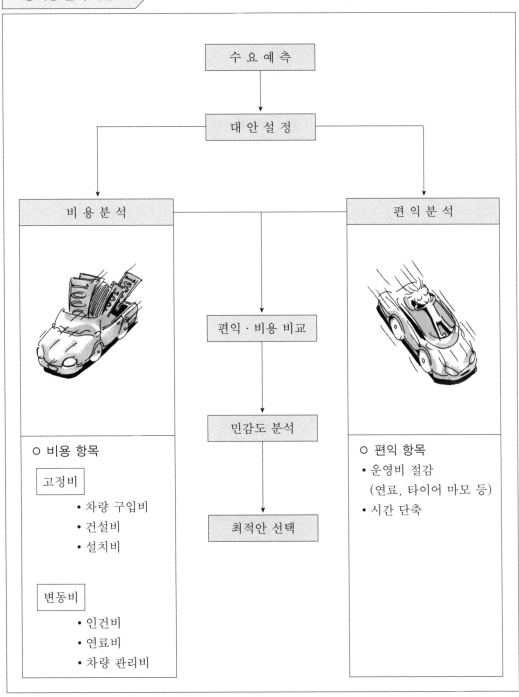

6. 비용 – 편익 분석법이란 무엇인가

(1) 비용 – 편익 분석법의 개요

평가 기법	• 비용 편익비(B/C ratio) • 초기연도 수익률(FYRR) • 순 현재가치(NPV) • 내부 수익률(IRR)

비용 – 편익 분석법

교통 사업 평가에 가장 많이 적용되는 방법

소요된 비용과 사업 시행으로 인한 편익의 비교 분석

비교 방법으로 비용 · 편익비, 초기연도 수익률, 순현재 가치, 내부 수익률 등을 사용

◈ 비용 – 편익 분석법의 적용 예

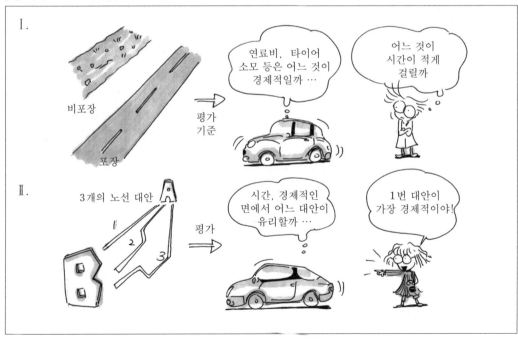

(2) 비용 편익비, 초기연도 수익률

| 비용·편익비 (B/C ratio) | 편익으로 비용을 나누어 가장 큰 수치가 나타나는 대안을 선택하는 방법 |

장래에 발생될 비용과 편익을 현재 가치로 환산해야 한다.

$$편익 \cdot 비용비 = \frac{편익의\ 현재\ 가치}{비용의\ 현재가치}$$

| 초기연도 수익률 (FYRR) | 사업 시행으로 인한 수익이 나타나기 시작하는 해의 수익을 소요 비용으로 나누는 방법 |

초기에 많은 비용이 소요되고 일정한 편익이 발생되는 경우에 적합

$$초기연도\ 수익률 = \frac{수익성이\ 발생하기\ 시작한\ 해의\ 편익}{사업에\ 소요된\ 비용}$$

◈ 비용·편익비와 초기연도 수익률

(3) 순현재 가치, 내부 수익률

순현재 가치 (NPV)	현재 가치로 환산된 편익의 합에서 비용의 합을 제하여 편익을 구하는 방법

| 할인율이란 장래에 발생하는 비용과 편익을 인플레이션을 고려하여 현재 가치로 환산하기 위한 자본의 이자율을 말합니다.
 | 교통 사업의 경제성 분석시 가장 보편적으로 사용
할인율을 적용하여 장래의 비용, 편익을 현재 가치화

$$NPV = \sum_{t=0}^{t} \frac{B_t}{(1+r)^t} - \sum_{t=0}^{t} \frac{C_t}{(1+r)^t}$$

B_t: t년도의 편익
C_t: t년도의 비용
r: 할인율(이자율)
t: 교통 사업의 분석 기간 |

내부 수익률 (IRR)	편익과 비용의 현재 가치로 환산된 값이 같아지는 할인율을 구하는 방법

- 내부 수익률 ── 사업 시행으로 인한 순현재 가치(NPV)를 0으로 만드는 할인율
- 내부 수익률이 사회적 기회 비용(일반적인 할인율)보다 크면 수익성이 존재

$$\sum_{t=0}^{t} \frac{B_t}{(1+r)^t} = \sum_{t=0}^{t} \frac{C_t}{(1+r)^t}$$

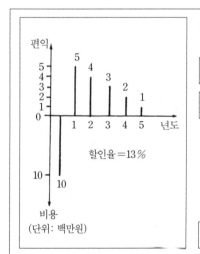

○ 다음과 같은 교통 사업 시행시 발생되는 순현재 가치를 구하여라.

비용	초기연도에 전체 비용 소요	10,000,000원

비용	사업 시행 후 1~5년 사이에 발생되는 편익을 현재 가치화

$$\frac{5}{1.13} + \frac{4}{(1.13)^2} + \frac{3}{(1.13)^3} + \frac{2}{(1.13)^4} + \frac{1}{(1.13)^5}$$

$$= 11.4$$

순현재 가치	$NPV = (11.4 - 10.0) = 1.4$백만원

⊙ IRR(내부수익률)을 구하시오.

(단위: 만원)

	초기	1년후	2년후	3년후
비용	1,000			
편익		3,500	500	500

⊙ $1000 = \dfrac{3500}{1+r} + \dfrac{500}{(1+r)^2} + \dfrac{500}{(1+r)^3}$

$1000(1+r)^3 = 3500(1+r)^2 + 500(1+r) + 500$

$1+r = 3.67 \Rightarrow r ≒ 2.67\%$

⑷ 분석 기법별 장·단점은

○ 비용－편익 분석 기법별 장·단점

기 법	장 점	단 점
편익·비용비	• 이해의 용이 • 사업규모 고려 가능 • 비용·편익이 발생하는 시간에 대한 고려 가능	• 편익과 비용을 명확하게 구분하기 힘든 경우 발생 • 대안이 상호 배타적일 경우 대안 선택의 오류발생 가능 • 할인율을 반드시 알아야 한다.
초기연도 수 익 률	• 이해의 용이 • 계산 간편	• 사업의 초기연도를 정하기 곤란함 • 편익과 비용이 발생하는 시간 고려가 불가능 • 할인율(자본의 기회비용)을 고려하지 않으므로 오차 발생
내부 수익률	• 사업의 수익성 측정 가능 • 타 대안과 비교가 용이 • 평가과정과 결과 이해가 용이	• 사업의 절대적인 규모를 고려하지 못함 • 몇 개의 내부수익률이 동시에 도출될 가능성 내재
순현재가치	• 대안 선택시 명확한 기준을 제시 • 장래 발생되는 편익의 현재 가치를 제시 • 한계 순현재 가치를 고려하여 다른 분석에 이용 가능	• 할인율(자본의 기회비용)을 반드시 알아야 함 • 대안 우선 순위 결정시 오류 발생 가능성이 존재

7. 경제성 분석기법 사이의 관계
(1) **독립적인 교통 사업의 경우**

🔲 경제성 분석기법 사이의 관계

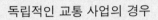
독립적인 교통 사업의 경우

▷ 편익 비용비, 순현재 가치, 내부 수익률 상호간의 관계

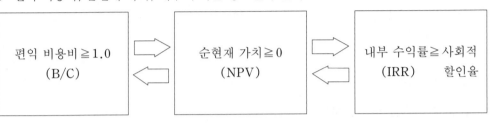

| 편익 비용비 ≥ 1.0 (B/C) | ⇨⇦ | 순현재 가치 ≥ 0 (NPV) | ⇨⇦ | 내부 수익률 $\geq$ 사회적 (IRR)   할인율 |

▷ 편익 비용비와 순현재 가치 사이의 관계

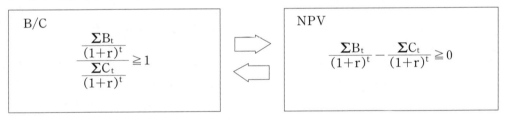

B/C
$$\frac{\dfrac{\Sigma B_t}{(1+r)^t}}{\dfrac{\Sigma C_t}{(1+r)^t}} \geq 1$$

⇨⇦

NPV
$$\frac{\Sigma B_t}{(1+r)^t} - \frac{\Sigma C_t}{(1+r)^t} \geq 0$$

▷ 순현재 가치와 내부 수익률 사이의 관계

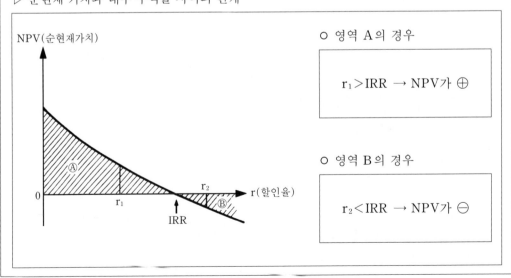

○ 영역 A의 경우

$r_1 > IRR \rightarrow NPV$가 $\oplus$

○ 영역 B의 경우

$r_2 < IRR \rightarrow NPV$가 $\ominus$

⑵ 다수의 대안이 존재하는 교통사업의 경우

판단기법에 따라 우선순위가 다른 경우

▷ B/C와 NPV간이 서로 일치하지 않는 경우

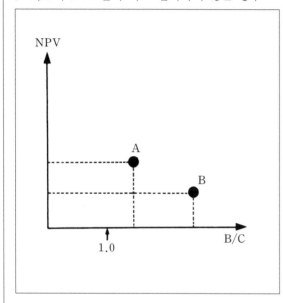

A사업이 대형 사업인 경우 B사업보다 NPV는 크지만 B/C는 B사업보다 적어지는 상충되는 결과가 나타남 → 이때는 별도의 판단기준이 필요

▷ NPV와 IRR간의 관계

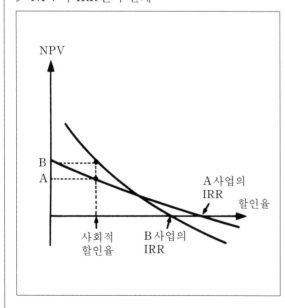

사업의 규모에 따라 NPV와 IRR은 상이하게 나타남 → 별도의 판단기준이 필요

⑶ 어떤 기법을 선택하는 것이 바람직한가?

경제성 평가시 어떤 기법을 선택하는 것이 바람직한가
1 NPV → 사회적 편익의 크기
   B/C와 IRR → 사업의 수익성을 나타낸다.
   따라서 선택 목적이 사회적 편익에 적합한가? 수익성이 높은
   사업을 선택할 것인가에 의해 판단할 것

평가 대상에 규모의 경제(economies of scale)가 있는지?
2 사회적 편익은 국가 전체나 지역 전체 등 사업의 대상 지역이
   클수록 경제적 효율성도 증가한다?!

사업비용에 대한 제약은?
3 위의 기준은 사업비의 제약이 없는 경우는 적합하나 제약이 있
   는 경우에는 B/C가 큰 순서대로 선택하는 것이 바람직하다.

할인율개념 적용이 중요한 사업평가는?
4 사업에 필요한 비용을 부담하는 측이 은행과 같은 자금대여
   기관이 되는 민자유치 투자사업 등에서 수익률은 중요한 기
   준이 된다. 이 경우 일반적으로 IRR과 B/C를 선택한다. 특
   히 IRR은 할인율(이자율) 개념이 포함되므로 B/C보다 IRR
   을 택하는 것이 바람직하다.

8. 비용 · 효과 분석법이란 무엇인가

(1) 비용 · 효과의 내용은

| 비용 · 효과 분석법 (cost-effectiveness analysis) | 교통사업 대안의 비용 및 계획 목적 달성의 효과를 금액 이외의 계량적 척도로 표현한 것을 비교 · 평가하여 최적 대안을 도출하는 방법 |

○ 비용 · 효과 분석법의 도입

1960년대 이후 구미에서 대두되기 시작

기존의 비용편익분석법이 모든 평가 항목을 하나의 척도로 환산함으로써 주관성에 의존하는 문제점 발생

이에 따라 체계적이고 과학적인 대안선택을 할 수 있도록 자료와 정보를 조직화하는 과정이 요구되며

대안간의 상쇄와 절충을 평가 방법 속에 내재화하는 기법으로 적용

비용 및 효과의 내용

비용(cost)	효과(effectiveness)
• 설계, 건설, 운영, 관리에 소요되는 재원 • 비용을 정확히 환산할 수 있는 것만 화폐 가치화 • 화폐화가 불가능한 것은 따로 비용 단위를 설정하여 고려	• 교통대안이 설정된 목표를 달성하는 정도를 나타내는 지표 • 일반적으로 정체 목표의 달성 여부를 척도의 수치로 표현 • 예로서 '교통서비스에 접근하는 통행자의 수', '통행시간 감소 정도', '자동차로 인한 환경오염의 감소' 등을 들 수 있다.

○ 비용 및 효과로부터 비용 효과비 산출

| 비용 · 효과비 | • 단위 비용의 투자에 대한 목표 달성의 효과도
• 대안끼리의 우열성을 판단하는 기준 |

(2) 비용 효과 분석법의 수행 과정은?

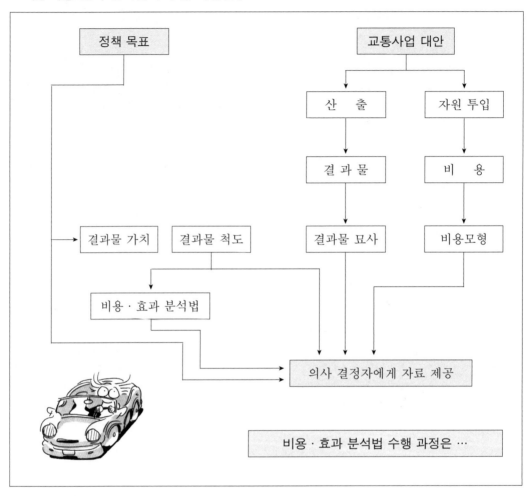

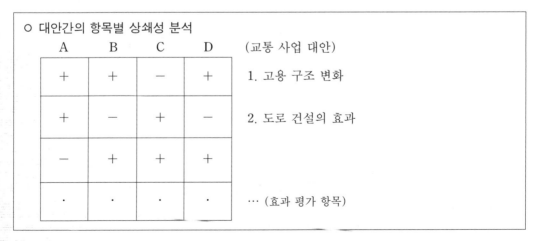

9. 교통 영향 평가란

| 교통 영향 평가 | ▷ | 일정 규모 이상의 사업 시행으로 교통에 심각한 영향을 초래할 수 있는 사업에 대하여 교통의 영향을 분석하여 교통 문제점을 사전 예방하기 위한 제도 |

교통 영향 평가를 시행함으로써 다음과 같은 점을 기대할 수 있다.

ㅇ 개발사업으로 인해 교통체계에 미치는 영향을 사전에 평가

ㅇ 교통 및 도시 정책 수립의 합리성 제고

ㅇ 의사 결정자에게 교통 영향에 대한 체계적인 자료 제공

▷ 교통 영향 평가 시행 과정

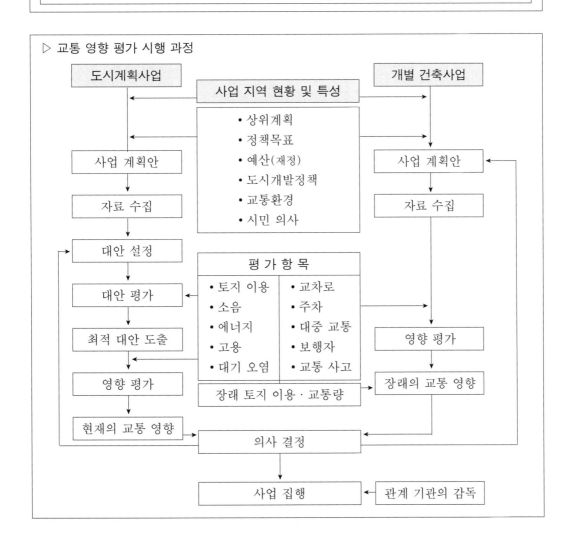

제 8 장

대중 교통

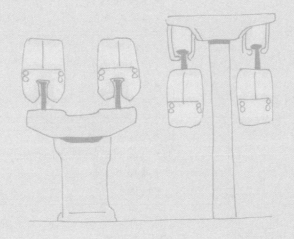

제 8 장 대 중 교 통

I. 대중 교통 수단의 종류는 어떤 것이 있나

1. 대중 교통 수단의 분류와 발달 과정

▣ 대중 교통 수단

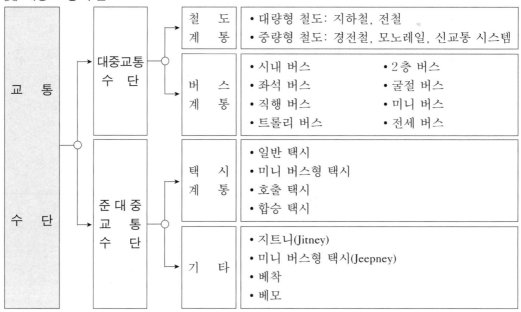

교통 수단	대중교통 수 단	철 도 계 통	• 대량형 철도: 지하철, 전철 • 중량형 철도: 경전철, 모노레일, 신교통 시스템
		버 스 계 통	• 시내 버스　　　• 2층 버스 • 좌석 버스　　　• 굴절 버스 • 직행 버스　　　• 미니 버스 • 트롤리 버스　　• 전세 버스
	준 대 중 교 통 수 단	택 시 계 통	• 일반 택시 • 미니 버스형 택시 • 호출 택시 • 합승 택시
		기 타	• 지트니(Jitney) • 미니 버스형 택시(Jeepney) • 베착 • 베모

▣ 대중 교통 수단의 발달 과정

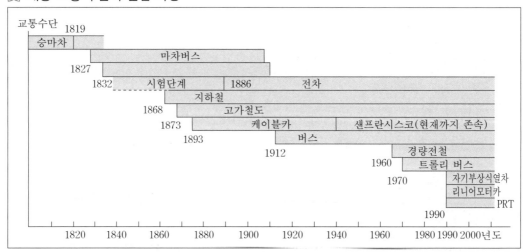

2. 대중 교통 수단의 기능은

(1) 대량형 철도와 중량형 철도의 비교

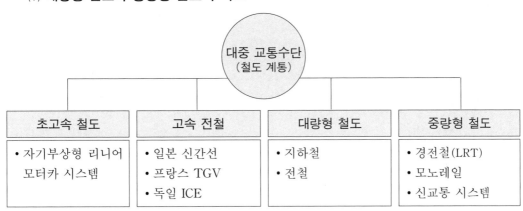

○ 대량형 철도와 중량형 철도의 적용

▩ 대량형 철도와 중량형 철도의 비교

구 분	대량형 철도	중량형 철도
차량당 정원	130〜160 명	70〜130 명
편성 차량수	6〜10 량	2〜6 량
배차 간격	2〜6 분	1〜2.5 분
최고 속도	80〜110 km/h	80〜110 km/h
km당 건설비	600〜700 억 원 (2000년 기준)	300〜500 억 원

⑵ 대중 교통 수단별 기능 분담은 어떨까

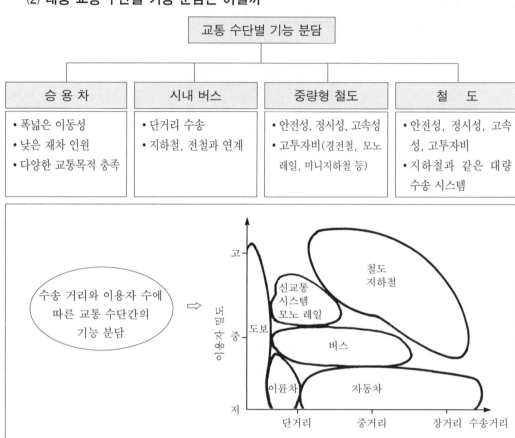

교통 수단별 기능 분담

승 용 차	시내 버스	중량형 철도	철 도
• 폭넓은 이동성 • 낮은 재차 인원 • 다양한 교통목적 충족	• 단거리 수송 • 지하철, 전철과 연계	• 안전성, 정시성, 고속성 • 고투자비(경전철, 모노 레일, 미니지하철 등)	• 안전성, 정시성, 고속성, 고투자비 • 지하철과 같은 대량 수송 시스템

수송 거리와 이용자 수에 따른 교통 수단간의 기능 분담

교통 수단별 장단점 비교

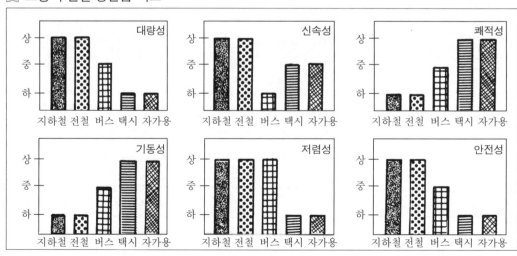

3. 신교통 수단에는 어떠한 것들이 있나

(1) 리니어 모터카란 무엇인가(都市の公共交通, 天野光三 編을 참고하여 재작성)

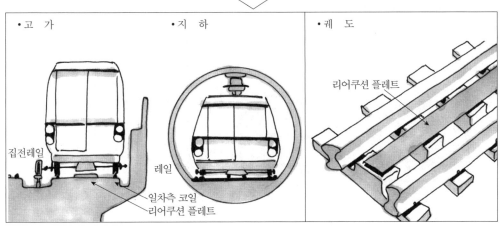

레일식 리니어 모터카	자기부상식 리니어 모터카

○ 특 징
- 리니어 모터의 추진력과 기존 레일 시스템으로 구성
- 기어 장치가 필요없기 때문에 차량 높이를 줄일 수 있고 차량의 소형화 가능
- 급구배(6~8%), 급곡선(40~50m)도 가능
- 터널 단면의 축소 가능
- 건설비 저렴

○ 특 징
- 자기에 의한 반발력(또는 흡입력)을 이용하여 차체를 부상시킴
- 리니어 모터에 의해 추진력 확보
- 시속 300km/h의 초고속
- 주행 저항, 소음, 진동의 감소
- 초전도를 이용하여 고성능, 고에너지 획득 가능

○ 사 례
- 벤쿠버의 스카이레일(21km)
- 일본 대판의 시험선(2km)

○ 사 례
- 초고속형(일본 JR의 MLU, 서독의 Transrapid)
- 중저속형(영국 버밍햄 공항의 Maglev)

(2) 경전철에는 어떠한 것들이 있나

> ### 경 전 철
> (Light Rail Transit)

▷ 미니 지하철(mini-Subway)

ㅇ 미니 지하철의 단면 원형

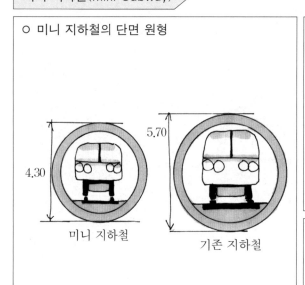

미니 지하철　　　기존 지하철

ㅇ **특　징**
- 대도시의 지선교통축, 중소도시의 간선교통축
- 차체의 소형화로 건설비 절감
- 차체의 저상화
- 급곡선, 급구배 가능
- 리니어 모터카와 접속으로 고성능 가능

ㅇ **사　례**
- 프랑스 릴시(지하방식의 AGT)
- 동경 도영 지하철 12호선

▷ 노면 전차

ㅇ 노면 전차의 단면

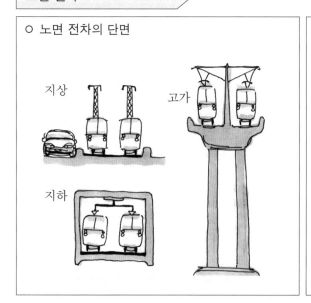

지상　　　고가

지하

ㅇ **특　징**
- 기존 노면전차의 지하화 혹은 고가화가 가능
- 신설의 경우 소형 경량 전차의 도입으로 건설비 감소

모노 레일(monorail)

○ 모노 레일의 유형

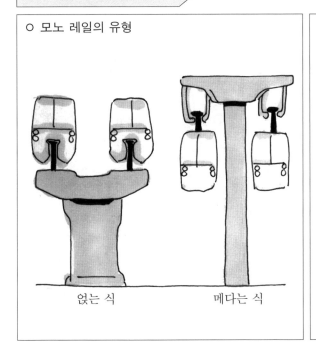

없는 식   메다는 식

○ 특　징
- 없는 식과 메다는 식의 두 가지 유형
- 중용량에서 대용량까지 가능
- 급곡선, 급구배 가능
- 도시내 교통 공간의 효율적 이용
- 소음, 진동이 낮음
- 건설비가 비교적 저렴

듀얼 모드 버스(Dual Mode Bus)

○ 기계식 가이드 웨어 방식

2,900mm

전용주행로 단면

○ 특　징
- 일반도로에서는 운전자, 버스전용도로에서는 궤도 시스템(Guideway System)에 의해 자동운행
- 궤도 시스템

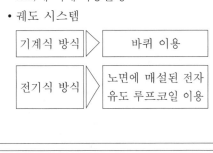

기계식 방식	바퀴 이용
전기식 방식	노면에 매설된 전자 유도 루프코일 이용

○ 사　례
- 독일의 에센시(O-Bahn 시스템)

4. 승객 경로별 대중 교통 수단 대안은

승객 경로별 대중교통수단 대안

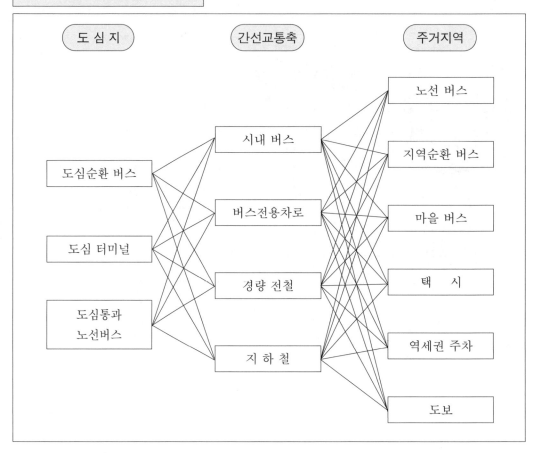

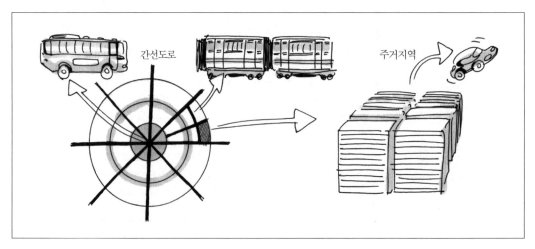

Ⅱ. 대중 교통 계획은 어떤 과정을 거쳐야 하나

1. 대중 교통 계획 과정은

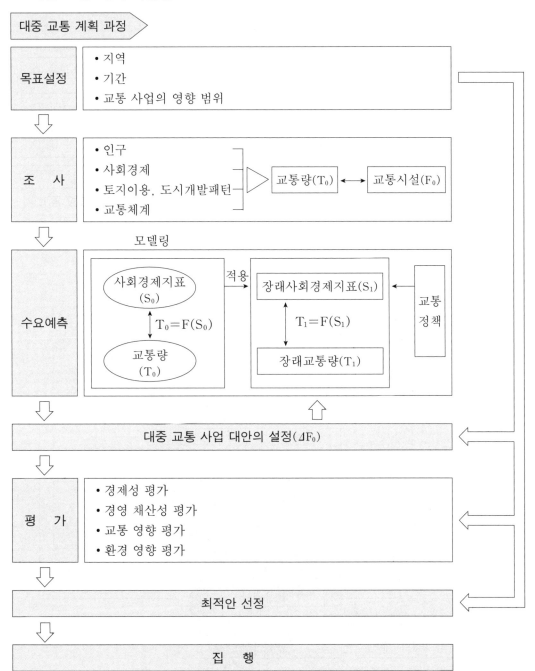

2. 대중 교통 수요 추정 과정은

대중 교통 수요 추정 과정

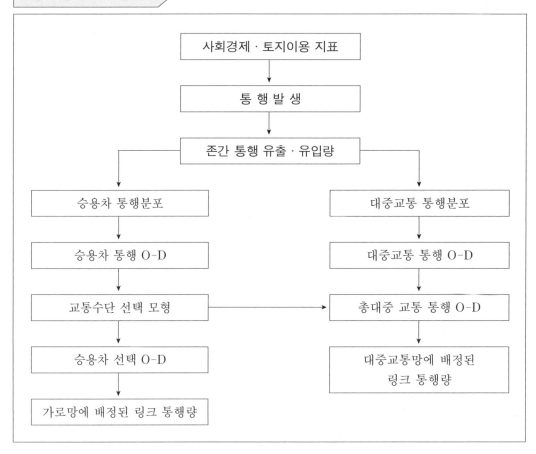

```
            ┌─────────────────────────┐
            │   사회경제 · 토지이용 지표   │
            └─────────────────────────┘
                         │
            ┌─────────────────────────┐
            │       통 행 발 생         │
            └─────────────────────────┘
                         │
            ┌─────────────────────────┐
            │   존간 통행 유출 · 유입량    │
            └─────────────────────────┘
```

승용차 통행분포	대중교통 통행분포
승용차 통행 O-D	대중교통 통행 O-D
교통수단 선택 모형	총대중 교통 통행 O-D
승용차 선택 O-D	대중교통망에 배정된 링크 통행량
가로망에 배정된 링크 통행량	

3. 지하철 수송 수요 예측 과정은

지하철 수송 수요 예측 과정

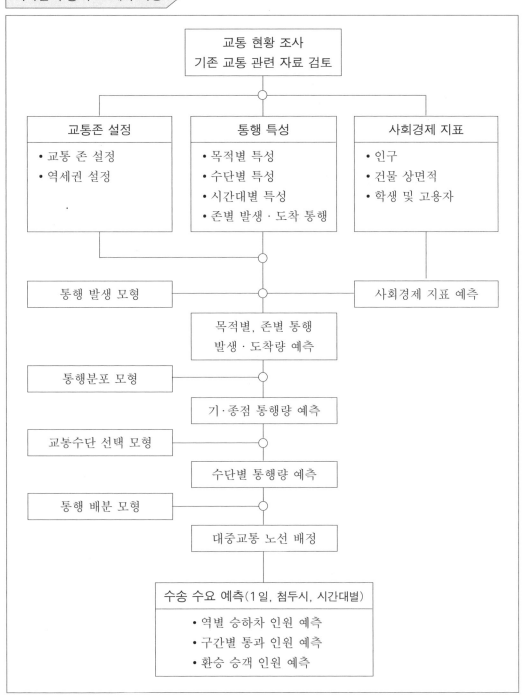

4. 버스 수송 수요 추정 과정은

버스 수송 수요 추정 과정

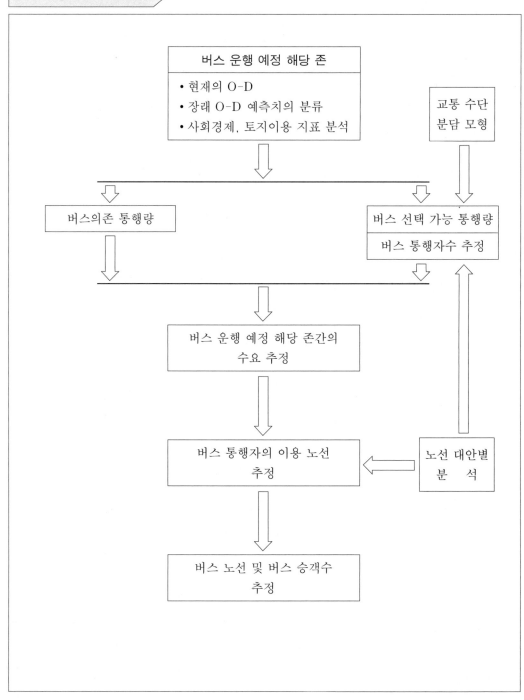

Ⅲ. 대중 교통 노선망은 어떻게 만드나

1. 도시 공간 구조와 대중 교통망의 구성

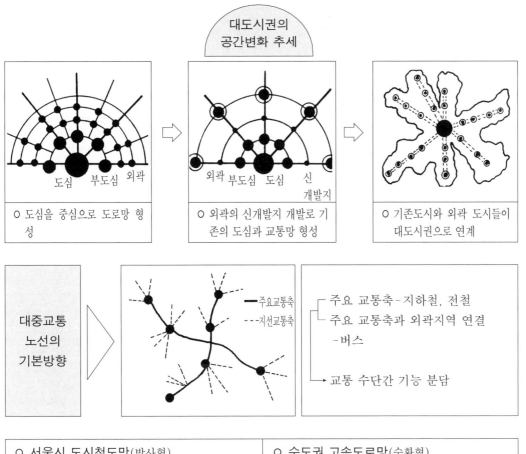

대도시권의 공간변화 추세

도심 부도심 외곽

○ 도심을 중심으로 도로망 형성

외곽 부도심 도심 신 개발지

○ 외곽의 신개발지 개발로 기존의 도심과 교통망 형성

○ 기존도시와 외곽 도시들이 대도시권으로 연계

대중교통 노선의 기본방향

━ 주요교통축
--- 지선교통축

┌ 주요 교통축 - 지하철, 전철
└ 주요 교통축과 외곽지역 연결 - 버스

└► 교통 수단간 기능 분담

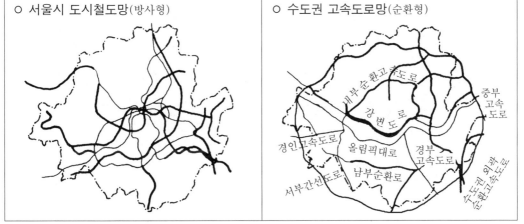

○ 서울시 도시철도망 (방사형)

○ 수도권 고속도로망 (순환형)

서부순환고속도로
강변로
중부고속도로
경인고속도로 올림픽대로 경부고속도로
서부간선도로 남부순환로
수도권 외곽 순환고속도로

2. 노선망의 유형에는 어떠한 것들이 있나

방사형 노선망	격자형 노선망
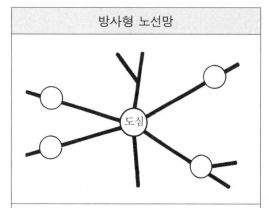	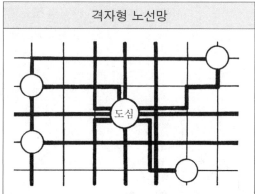
○ 도심으로의 접근이 용이 ○ 피크시 도심 방향과 교통체증 유발 ○ 부도심(외곽)간의 통행 불편 ○ 부도심간의 통행도 도심 통과	○ 도시 전역에 균형된 서비스 제공 ○ 환승이 많이 발생

노선망의 유형

연결 방사형 노선망	지구형 노선망
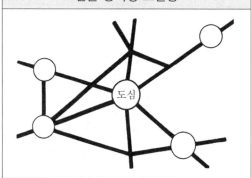	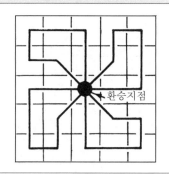
○ 부도심간의 연결이 편리 ○ 부도심간의 통행시 환승횟수 감소 ○ 대도시에 비교적 적합	○ 지구내 통행은 지구내에서 해결 ○ 지구내 모든 지역에 균형된 서비스 제공 가능 ○ 지구내 보행환경의 침해 우려

3. 대중 교통 수단별 노선 계획 과정은
(1) 버스 노선 계획 과정

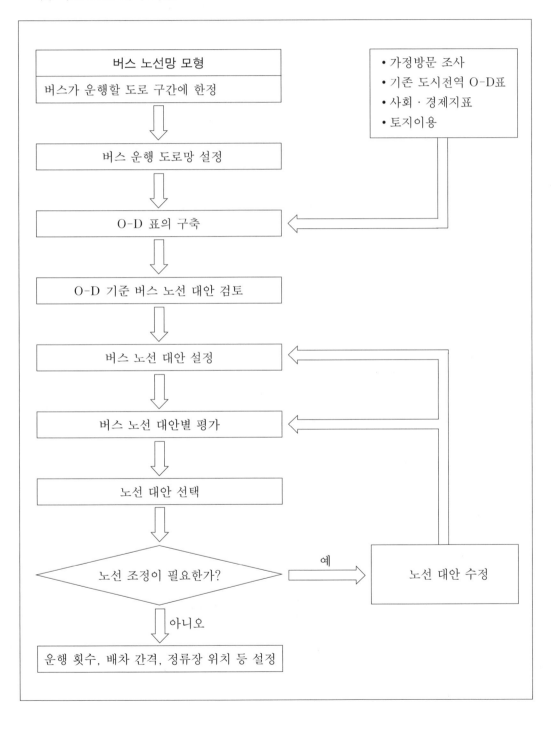

⑵ 지하철 · 전철 노선 계획 과정

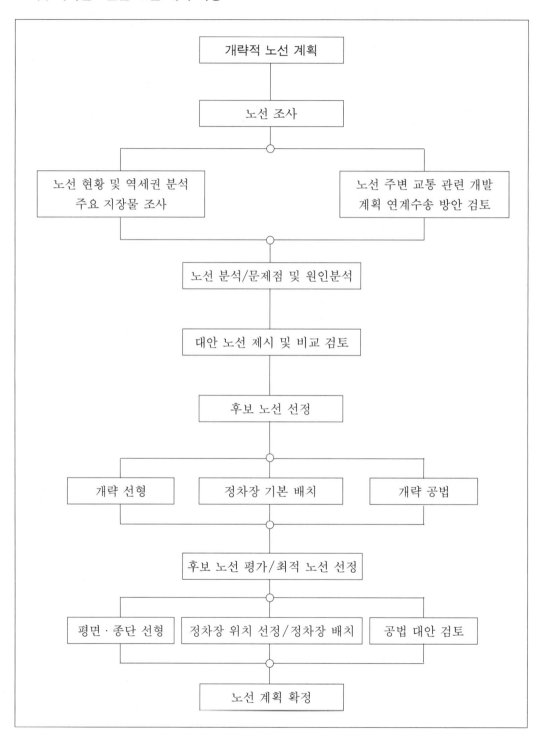

Ⅳ. 대중 교통 수단의 용량이란 무엇인가

1. 대중 교통 용량 설정시 고려 사항과 영향을 미치는 요소

대중 교통 용량	=	일정 시간에 한 지점을 통과하는 차량수	×	각 차량의 최대 수송 승객수

― 용량 설정시 고려 사항 ―

① 일정 시간에 몇 명을 수송할 수 있는가?	② 일정 수의 승객을 수송 하기 위해서는 몇 대의 차량이 필요한가?	③ 한 대의 차량으로 몇 명의 승객을 수송할 수 있는가?

용량에 영향을 미치는 요소

차량 특성
- 차량의 규모(이용 가능한 차량수)
- 대중교통수단 단위당 가능한 차량수(객차의 수)
- 좌석 배치 구조
- 차문의 수와 위치
- 최대운행속도
- 가속, 감속 특성

통행로 특성
- 타 차량과의 분리 정도
- 교차로의 구조(평면, 지하, 고가 등)
- 종단면과 횡단면

정류장 특성
- 정류장 간격
- 요금 징수 방법
- 통로 및 계단의 위치(높음 혹은 낮음)
- 승강장 규모
- 터미널에서의 회차 공간의 크기

교통량 특성
- 같은 통행로를 이용하는 차량의 특성
- 교차로에서의 교통량

배차 간격 조정 방법
- 차량 주행 특성을 고려한 배차 간격 조정

2. 혼잡률이란 무엇인가

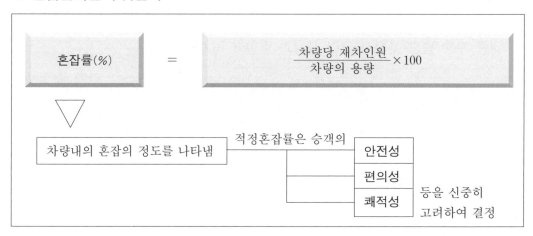

혼잡률에 따른 승차감

100%	150%	200%	250%
정원승차	어깨가 가볍게 닿는 느낌	몸이 맞닿고 상당한 압박감 발생	손이나 몸의 움직임이 불능, 비명

🏶 서울시 지하철 노선별 피크시 혼잡도

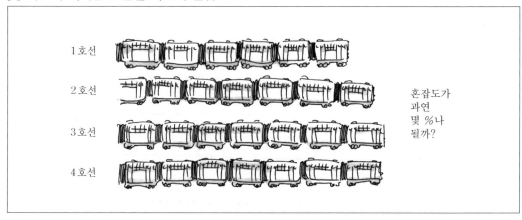

3. 수요와 용량을 고려한 지하철 수송 계획 수립 과정

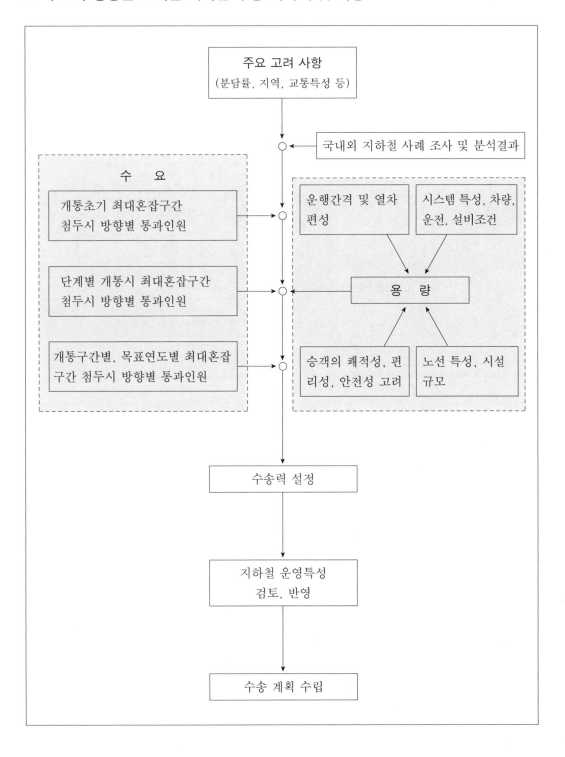

Ⅴ. 대중 교통 평가 지표에는 어떠한 것들이 있나

1. 배차 간격(Headway)이란

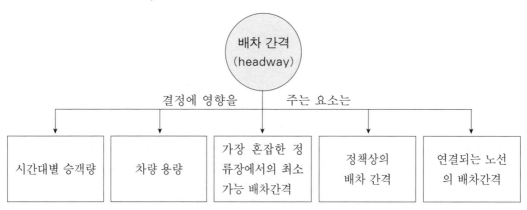

▨ 최소 배차 간격(Minimun Headway) 산정 방식

| 최소 배차 간격 | ⇒ | 승객의 편리성, 만족을 위한 최소 기준 |

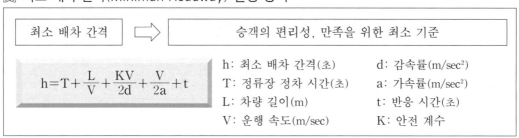

$$h = T + \frac{L}{V} + \frac{KV}{2d} + \frac{V}{2a} + t$$

h : 최소 배차 간격(초)   d : 감속률(m/sec²)
T : 정류장 정차 시간(초)   a : 가속률(m/sec²)
L : 차량 길이(m)   t : 반응 시간(초)
V : 운행 속도(m/sec)   K : 안전 계수

▨ 최소 배차 간격 결정의 예

정류장 정차시간＝10초
차량길이＝11m
차량운행속도＝60km/h, 16.7m/sec
가속률＝5m/sec²
감속률＝2.5m/sec²
반응시간＝2초
안전계수(K)＝5

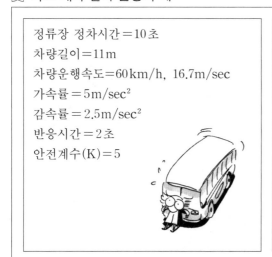

옆의 그림과 같은 조건일 경우 이 버스의 최소배차간격을 구하여라.

최소 배차 간격 h는

$$h = 10 + \frac{11}{16.7} + \frac{5(16.7)}{2(2.5)} + \frac{16.7}{2(5)} + 2$$
$$= 31.03$$

최소배차간격은 31초이다.

2. 평균 운행 속도란

평균 운행 속도

$$\text{평균 운행 속도} = \frac{\text{총주행거리}}{\text{총운행시간}}$$

만일 정류장별 정차 시간이 동일하다고 가정하면

$$\overline{U} = \frac{L}{K\left(T + \dfrac{V}{2a} + \dfrac{V}{2d}\right) + r + \dfrac{L}{V}}$$

$\overline{U}$: 평균 운행 속도, T: 정류장별 정차시간
K: 정류장 수
r: 기·종점에서 소요되는 시간
L: 노선길이

① 평균 운행 속도의 계산

총운행시간: 70분
총노선거리: 30km

옆의 그림과 같은 버스 노선의 평균 운행 속도를 구하여라.

$$\text{평균운행속도} = \frac{\text{총운행거리}}{\text{총운행 시간}} = \frac{30}{70/60} = 25.71$$

따라서 평균운행속도는 25.71km/h이다.

② 정류장별 정차 시간이 동일할 경우의 평균 운행 속도

위의 그림에서 이 노선의 정류장 수가 20이고 기종점에서 소요되는 시간이 각각 10분, 7분이라고 할 때 버스의 평균 운행 속도를 구하여라.(정류장별 정차 시간은 10초이고 가속, 감속률은 각각 5m/sec², 2.5m/sec², 운행 속도는 25km/h이다.)

▷ 평균 운행 속도의 계산

$K = 20$, $r = 10 + 7 = 17$분(1020초), $L = 30$km, $T = 10$, $a = 5$, $V = 6.94$m/sec 이므로

평균 운행 속도는

$$\overline{U} = \frac{L}{K\left(T + \dfrac{V}{2a} + \dfrac{V}{2d}\right) + r + \dfrac{L}{V}} = \frac{30,000}{20\left(10 + \dfrac{6.94}{2 \times 5} + \dfrac{6.94}{2 \times 2.5}\right) + 1020 + \dfrac{30,000}{6.94}}$$

$= 5.36$m/sec, 즉 평균 운행 속도는 19.30km/h이다.

3. 버스 서비스 평가는 어떻게 하나

(1) 버스 이용자에 관련한 개략적 평가 지표

○ 버스 서비스 평가의 예

버스 이용자 관련 개략적 평가 지표

통 행 시 간	총통행시간(TT)=$\sum T_i \cdot Q_i$ 평균통행시간(MT)=TT/Q	T_i: 노선 i의 통행시간 Q_i: 노선 i의 승객수 Q: 전 승객수
접 근 시 간 (보 행)	총접근시간(TA)=$\sum AT_i \cdot Q_i$ 평균접근시간(MA)=TA/Q	AT_i:노선 i에 대한 접근시간 (보행시간 또는 자전거 통행시간)
정류장대기시간	총정류장대기시간(TW)=$\sum WT_i \cdot Q_i$ 평균정류장대기시간(MW)=TW/Q	WT_i:노선 i의 대기시간(배차간격 $\frac{1}{2}$)
환 승 횟 수	총환승횟수(TC)=$\sum C_i \cdot Q_i$ 평균환승횟수(MC)=TC/Q	C_i: 노선 i에서 환승횟수
요 금	총요금(TF)=$\sum F_i \cdot Q_i$ 평균요금(MF)=TF/Q	F_i: 노선 i의 요금
혼 잡 률	총혼잡률(TJ)=$\sum J_p \cdot Q_p \cdot D_p$ 평균혼잡률(MJ)=TJ/$\sum Q_p \cdot D_p$	J_p: 버스정류장구간 p의 정원초과 지수 Q_p: 정류장구간 p의 승객수 D_p: 정류장구간 p의 거리

⑵ 버스 운영자에 관련된 평가지표

버스 운영자 관련 개략적 평가 지표		
운 행 정 시 성	평균 운행시간 평균 운행속도	1운행당 소요시간의 평균 총운행시간/총운행거리
운 행 비 용	총운행거리 최소 필요 버스대수	노선거리×노선운행횟수 운행시간/피크시 배차간격
수　　입	총승차횟수 총운행수입	환승을 포함한 승차횟수 평균요금×승객수
운 행 효 율	운행 km당 승객수 차량당 평균 승객수 승차 밀도	총수송인·km/총운행거리 차량당 탑승 승객수의 평균 총수송인·km/[총운행거리×용량(승차정원)]
서 비 스 제 공	서비스 인구율	버스 정류장권내 인구/도시 인구

▷ 다음과 같이 운행하는 버스 노선에 대해서 총운행거리, 최소필요버스대수, 운행 km당 승객수를 구하여라.

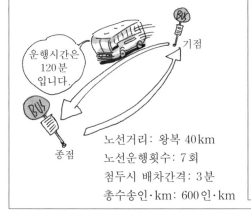

운행시간은 120분 입니다.

종점

노선거리: 왕복 40km
노선운행횟수: 7회
첨두시 배차간격: 3분
총수송인·km: 600인·km

○ 총운행거리

노선거리×노선운행횟수＝40×7＝280km

○ 최소 필요 버스대수

운행시간/피크시 배차간격＝120/3＝40대

○ 운행 km당 승객수

총수송인·km/총운행거리
＝600/280＝2.14명/km

◐ 대중 교통 서비스 수준 평가에 대하여 필요한 총체적인 조사내용으로는 어떤 것이 있는가?

◑
- 용량, 속도, 비용, 안락성, 편리성, 신뢰성, 운행주기, 안전성, 에너지 소비량, 환경적·지역적 영향
- 승차인원, 배차간격, 정원, 좌석 수, 정시도착 여부, 여행거리

Ⅵ. 도시 철도망과 도시 개발과의 관계는

1. 도시 철도망 확충이 도시에 미치는 영향은

도시 철도망 확충이 도시에 미치는 영향

①	②	③
도시 철도망 확충 → 시간단축, 비용 절감 → 철도망 주변지역 이용 가치 향상 → 신개발지역 및 기존 주거지역·상업지역의 입지조건향상 → 지가 상승	도시 철도망 확충 → 철도망 주변지역 인구 증가 → 상업·업무 활동의 증대 → 상업·업무시설 입지 증가 → 상업지역으로서의 지가 상승	도시 철도망 확충 → 철도망 주변지역 인구 증가 및 유입 → 도시적인 이용으로 토지이용 전환 → 도로, 상하수도, 공원 등 도시 하부시설 확충의 계기

※ 도시 철도망 확충의 효과와 편익

시간 단축 효과	통행자 편익
신 주거지역 형성	토지 소유자와 주택 개발업자의 편익
상업활동 촉진	노선주변 기존 상업주의 편익
상업·업무시설 입지	기존 상업주 및 신규 상업주의 편익
지가 및 자산가치 상승	토지 및 건물 소유자의 편익
세수 증대	지방 자치단체의 편익
도시 기반시설 정비 촉진	시민 전체의 편익

2. 철도망 확충으로 인한 효과는

철도망 확충으로 인한 효과

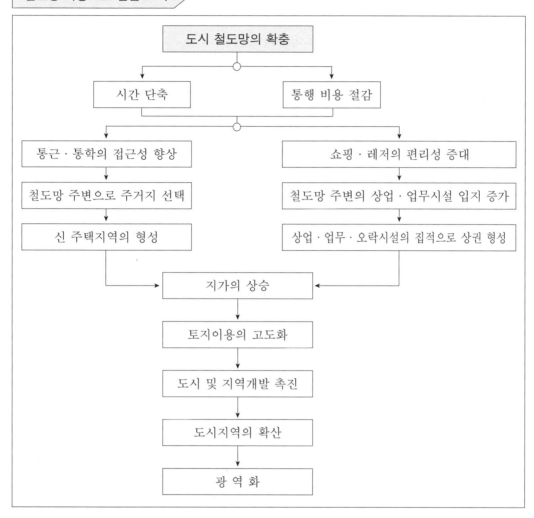

○ 도시 철도망 확충과 도시의 광역화

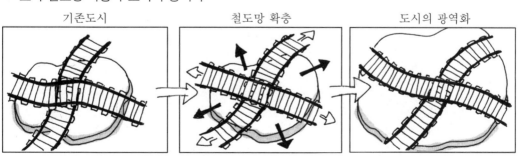

Ⅶ. 버스 정류장, 터미널, 환승 센터

1. 버스 정류장에 대하여

(1) 버스 정류장 입지 및 간격 설정시 고려 사항

버스 정류장 입지 및 간격 설정시 고려 사항

- 승객 보행거리
- 주변 토지이용과의 상응성
- 환승지점에서의 다른 노선과의 상호 연관성
- 터미널과의 관계

버스 정류장 설계시 고려 사항

안 전	교 통 류	효 율
• 승객의 가시성 • 승객의 안전한 승하차 • 반대방향 교통류에 대한 가시성 • 버스의 정류장, 진입, 진출시 타 교통류와의 상충성 • 보행자와 버스의 상충성	• 정차되어 있는 버스 • 정류장 진입, 진출 교통류 • 우회전 차량 • 교차로의 근접성	• 총 승객 통행 • 버스노선상에서 환승횟수 • 주차 금지 • 승하차 시간

※ 버스 정류장의 유형

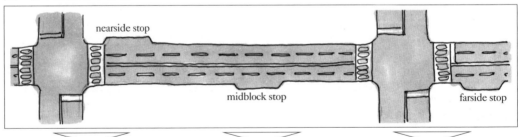

nearside stop	midblock stop	farside stop
• 교차로 바로 앞부분에서 정차 • 교차로 신호와 우회전 차량에 의해 지체	• 비교적 블럭의 길이가 긴 교외 가로에 적합 • 타 형태보다 공간이용의 효율성이 높음	• 교차로를 통과한 직후의 정류장 • 우회전 차량이 거의 없을 경우 적합 • 타 교통류에 대한 방해가 적음

⑵ 버스 정류장 간격 설정 방법에는 어떠한 것들이 있나

버스 정류장 간격 설정 방법 ⟩

▨ 비용 측면에서 본 적정 버스 정류장 간격

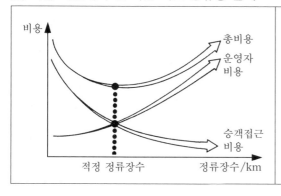

- 승객 접근 비용은 정류장까지 도보 시간, 대기 시간 등을 포함하므로 정류장수가 많을수록 감소
- 운영자 측면에서 정류장수가 많을수록 비용 증가
- 따라서 이들 비용을 합한 총비용이 최소가 되는 점에서 정류장수를 결정하는 것이 합리적

▨ 개략적 버스 정류장 간격 산정 방법

최적 재차인원에 의한 방법	차량운행 특성에 의한 방법	버스노선 밀도에 의한 방법
$S = V(nX + AV)$	$S = \dfrac{V_{max}^2}{2}\left(\dfrac{1}{a} + \dfrac{1}{b}\right)$	$S = 2D_{max} - \dfrac{1}{\beta}$

S: 정류장 간격(m)
D_{max}: 승객의 최대보행거리(m)
β: km²당 버스노선의 길이
X: 승객당 탑승에 소요되는 시간(초/승객)
V_{max}: 버스의 최대운행속도(m/sec)

A: $(a+b)/ab(sec^2/m)$
a: 차량 감속도(m/sec²)(대개 0.5)
b: 차량 가속도(m/sec²)(대개 2.0)
n: 정류장당 승객수

❍ 버스의 최대운행속도가 60km/h, 정류장당 승객수가 3명, 탑승 소요시간이 3초일 경우 적정 버스 정류장 간격은 얼마인가?(단, 차량 가속도는 2.0m/sec², 감속도는 0.5m/sec²이다.)

◐

① 최적 재차 인원에 의한 방법
$S = 16.7(3 \times 3 + 2.5 \times 16.7) = 847.5m$

② 차량 운행 특성에 의한 방법
$S = \dfrac{(16.7)^2}{2}\left(\dfrac{1}{0.5} + \dfrac{1}{2}\right) = 348.6m$

2. 터미널에 대하여
(1) 터미널 설계시 고려 사항과 접근 교통 수단별 동선

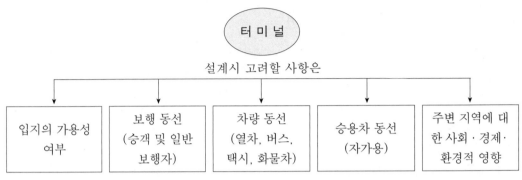

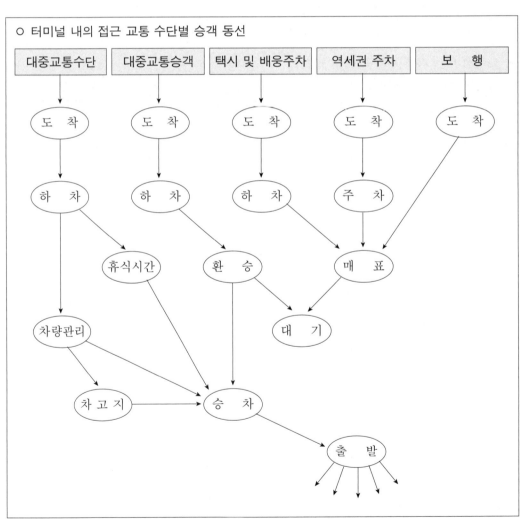

⑵ 버스 터미널 동선의 유형은 어떠한 것들이 있나

버스 터미널 동선의 유형

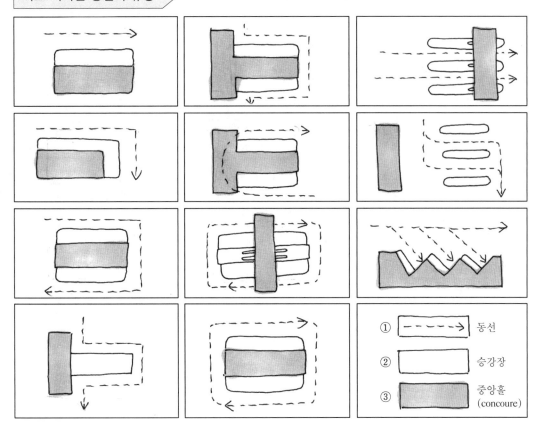

①	- - - →	동선
②		승강장
③		중앙홀 (concoure)

버스 터미널에서의 대기소

대중교통 수단을 기다리는 동안의 불편을 줄이기 위하여 제공

외부의 영향(날씨 등)들로부터 승객을 보호

좌석 설치, 조명 시설 등으로 쾌적성 확보

시각적 통일성 고려

승객수, 대기소 설치로 인한 편익 등을 계산하여 적정 규모를 산정

(3) 철도 승강장의 유형은

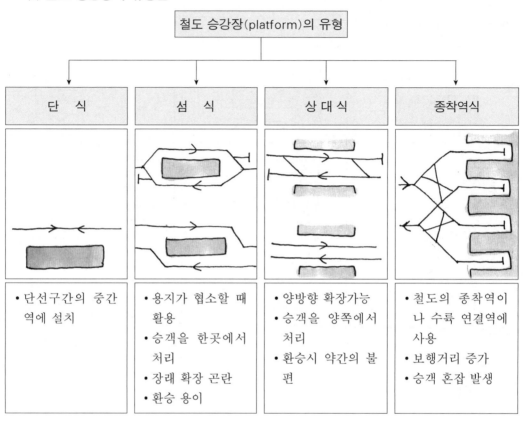

철도 승강장(platform)의 유형			
단 식	섬 식	상 대 식	종착역식
• 단선구간의 중간 역에 설치	• 용지가 협소할 때 활용 • 승객을 한곳에서 처리 • 장래 확장 곤란 • 환승 용이	• 양방향 확장가능 • 승객을 양쪽에서 처리 • 환승시 약간의 불편	• 철도의 종착역이나 수륙 연결역에 사용 • 보행거리 증가 • 승객 혼잡 발생

┌─ 승강장 소요 면적 산정시 고려 요소 ─────────────┐

├─ 동시 발착 열차대수

├─ 장래 수송수요, 배차간격, 운행횟수, 집중도, 열차의 유형

3. 환승 센터에 대하여
(1) 환승 센터는 어떤 기능을 수행할까

— 대중 교통 체계의 바람직한 구축 방향 —

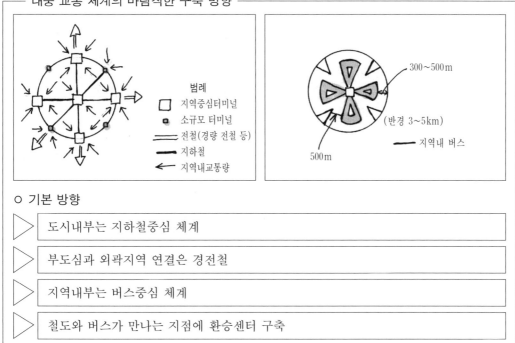

범례
□ 지역중심터미널
▣ 소규모 터미널
━━ 전철(경량 전철 등)
━ 지하철
← 지역내교통량

300~500m

(반경 3~5km)

500m

━ 지역내 버스

○ 기본 방향

▷ 도시내부는 지하철중심 체계

▷ 부도심과 외곽지역 연결은 경전철

▷ 지역내부는 버스중심 체계

▷ 철도와 버스가 만나는 지점에 환승센터 구축

환승 센터가 수행하는 기능 ▷

교통 터미널
• 철도와 연계교통수단 연결 • 버스, 택시, 자가용의 주정차 • 화물의 반출입 • 자전차 주차

환승 센터의
주요 기능

도시 활동
• 주변 상업, 업무기능 활성화 • 시민들에게 만남의 장소 제공 • 도시의 상징적 장소로 부각

주 변 환 경
• 녹지, 식재대, 분수 등으로 새로운 분위기 조성 • 주변지구 정비 가능 • 도시의 주요 출입구 역할 담당

⑵ 환승 센터는 어떤 효과를 갖나

환승 센터의 효과

지방자치단체
- 지가 상승과 상업·업무시설의 증가로 재산세 등 세원 확보
- 이용자(주민수)의 증가로 각종 세원의 증대

**철도청·
지하철공사**
- 승객 증가로 운영수입 증대
- 환승센터의 상업시설을 직영할 경우 수입 증대

버 스
- 환승 지점에서 버스베이 등 정차공간 확보
- 승객 증가로 운영수입 증대
- 승객 불편 감소로 버스 이미지 향상
- 정시성 확보

택 시
- 승객 증가로 수입 증대
- 주행 시간의 절약

이 용 자
- 시간 단축
- 환승의 편리성 제공
- 안전성과 쾌적성 확보
- 상업시설의 집중으로 구매행위 편리
- 휴식공간에서 휴식 가능

⑶ 대중 교통 환승 센터의 예

대중 교통 환승 센터의 유형

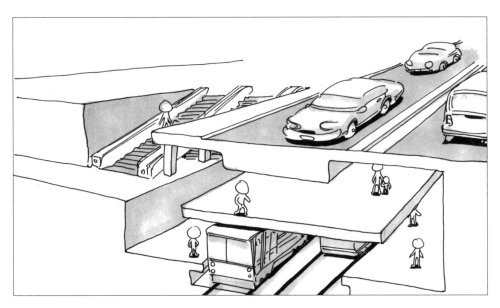

교통 안전

제 9 장　교 통 안 전

I. 교통 안전 분석기법의 유형은

1. 교통사고의 발생원인과 유형

❌ 교통사고의 발생원인

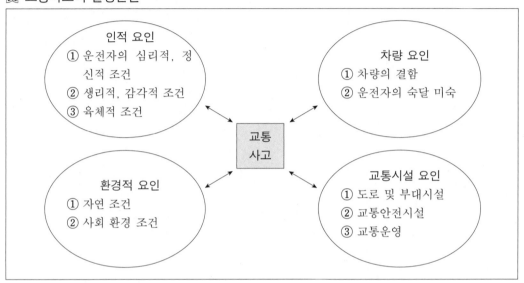

❌ 교통사고의 유형(차 대 차 사고)

2. 도로 안전 분석기법이란

(1) 도로 안전 분석기법의 수행 과정

> 도로 안전 분석기법이란

다음과 같은 과정을 통하여 교통사고 감소 대책을 수립하고자 하는 방안이 도로 안전 분석기법이다.

① 교통사고 자료 및 도로 기하 구조 자료를 분석

② 비정상적으로 높은 교통사고 발생 지점을 선정

③ 개선 방안을 시행하여 그 효과를 측정

○ 도로 안전 분석기법 수행 과정

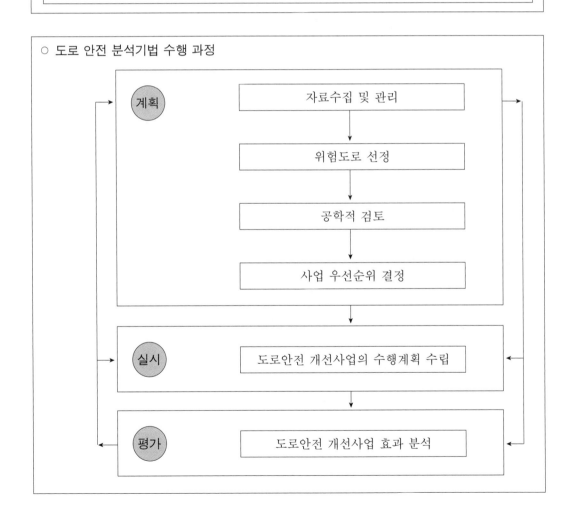

⑵ 교통사고 자료의 수집과 이용

교통사고 자료 수집 및 관리

교통사고 자료에 포함되어야 할 내용

- 사고 정도(사망, 부상, 대물 사고)
- 사상자수 및 치상 정도
- 시간적 요소(시간, 요일, 계절, 월)
- 기상(맑음, 비, 눈, 안개 등)
- 환경 조건(어두움, 포장 상태, 가로등 설치 상태, 공사 여부 등)
- 운전자 특성(연령, 성별, 운전 경력, 수입, 학력 등)

교통사고 자료의 활용 분야

사고 많은 지점을 정의하고 이를 파악할 때

지역의 상황에 가장 적합한 도로, 교차로, 교통통제설비의 설계시

사고 다발지점의 개선 우선순위 결정시

효과적인 사고 감소대책의 타당성 검토시

주차 제한의 필요성이나 타당성 검토시

보도나 자전거도로 건설의 필요성 판단시

사고를 유발시키는 운전자나 보행자의 행태 파악시

가로 조명 개선책의 타당성을 검토시

⑶ 교통사고 분석으로 인한 효과는

교통사고 분석

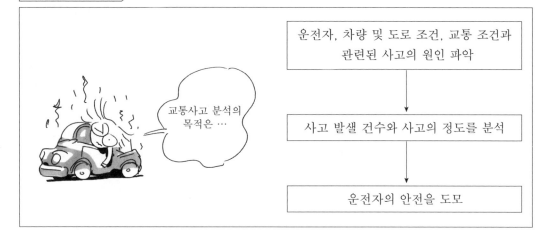

교통사고 분석의
목적은 …

운전자, 차량 및 도로 조건, 교통 조건과
관련된 사고의 원인 파악

↓

사고 발생 건수와 사고의 정도를 분석

↓

운전자의 안전을 도모

교통사고 분석으로 인한 효과

① 운전자 및 보행자	
	• 사고 경력이 많은 운전자 파악 • 연령별로 사고발생률 비교 • 거주지별 운전자 운전 형태 분석 • 보행인 횡단사고 발생지점 분석
② 차량	
	• 차량특성과 사고발생간의 비교 • 차량손상의 심각성 정도 판단 • 차량사고와 관련한 인명피해 정도
③ 도로조건	
	• 도로특성과 사고발생간의 관계 분석 • 사고다발 지점의 기하구조 분석 • 도로조건 변화로 인한 효과 파악

3. 위험 도로 선정은 어떻게 하나

(1) 교통사고 현황판에 의한 방법과 교통사고 건수에 의한 방법

○ 평균 교통사고율보다 높은 교통사고율을 나타낸 도로의 한 지점이나 일부 구간을 의미
○ 교통사고율 측정 단위

> 도로의 한 지점 기준: 특정시간 동안 한 지점을 통과하는 차량 대수
>
> **100만대의 진입차량별 사고건수**
>
> 도로의 구간 기준: 특정시간 동안 일정구간의 통행량
>
> **1억대·km별 사고건수**

❖ 위험 도로 선정을 위해 이용되는 방법

○ 교통사고 현황판에 의한 방법

• 가장 단순
• 교통사고 현황판에 사고 형태별로 핀을 꽂아 육안으로 많은 교통사고가 발생한 지점을 선정
• 대상 지역이 적은 경우 적합

○ 교통사고 건수에 의한 방법

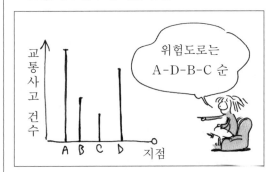

위험도로는
A-D-B-C 순

• 교통사고 건수가 많은 지점을 위험 도로로 선정하는 방법
• 교통량이 많은 도로를 위험 도로로 선정
• 각 지점별 교통사고 특성을 반영하지 못하는 단점 발생

⑵ 교통사고율에 의한 방법

○ 교통사고율에 의한 방법
- 교통사고율을 구하여 위험 도로를 선정하는 방법
- 교통량이 많은 지역에 적합
- 교통사고 건수에 의한 방법의 단점 보완
- 적은 교통량의 도로에서는 불합리

○ 교통사고율 산정 방법
- 한 지점(교차로)의 경우

$$AR = \frac{\text{교통사고 건수} \times 1,000,000}{365 \times \text{년수} \times \text{일평균 교통량}}$$

- 도로구간(산악지형)의 경우

$$AR = \frac{\text{교통사고 건수} \times 100,000,000}{365 \times \text{년수} \times \text{일평균 교통량} \times \text{도로구간의 길이}}$$

20km의 도로구간에 1년 동안 40건의 교통사고가 발생하였다. 이 도로구간의 교통사고율은?
(일평균 교통량 ADT)=7,000 대

교통사고율(AR)
$$= \frac{40 \times 1,000,000}{7,000 \times 365 \times 20}$$
$$= 0.78$$

◐ 시내의 한 교차로에서 10년에 교통사고가 50건 발생하였다. 일평균 교통량이 5,000대일 경우 교통사고율에 대한 방법을 이용하여 차량 1백만대당 사고율을 구하여라.

◐ 한 지점의 교통사고율은 다음과 같이 구한다.

$$AR = \frac{\text{교통사고 건수} \times 1,000,000}{365 \times \text{년수} \times \text{일평균 교통량}}$$

여기서 년수=10, 교통사고 건수=50, 일평균 교통량=5,000 대이므로

$$AR = \frac{50 \times 1,000,000}{365 \times 10 \times 5,000} = 2.74$$

따라서 차량 1백만대당 사고율은 2.74건이다.

◐ 어느 교차로에서 연간 사고 발생건수가 305건이고 사망자수가 58명이었다면 치사율은 얼마인가?

◐ 치사율(%) $= \frac{\text{사망자수}}{\text{사고건수}} \times 100 = \frac{58}{305} \times 100 = 19\%$

⑶ 통계적 교통사고율 분석방법

○ 통계적 교통사고율 분석 방법
- 각 지점에서의 사고율을 산정하여 유사한 조건의 타 도로의 사고율과 비교
- 검증은 통계적 방법에 의존
- 교통사고의 발생확률은 포아송 분포를 따른다는 가정하에 한계 교통사고율을 산출

○ 한계 교통사고율 산출 방법

$$R_c = R_a + K\sqrt{\left(\frac{R_a}{M}\right)} + \frac{1}{2}\cdot M$$

R_c: 대상지역의 한계 교통사고율
R_a: 유사도로에서의 평균 교통사고율
K: 유의수준에 따른 계수
M: 대상 지역의 교통사고 노출량

- 대상 지역의 교통사고 노출량은 다음과 같이 구한다.

$$M = \frac{(일평균\ 교통량)(365)(도로구간\ 길이)(년수)}{1,000,000}$$

통계적 교통사고율 분석 방법을 적용한 예

어느 한 지역의 일평균 교통량이 8,000대이고 도로구간이 10km이다. 이 도로와 유사한 도로의 평균 교통사고율이 1년에 3.2건이라면 95%의 유의 수준으로 한계 교통사고율을 구하여라. 만약 이와 유사한 지역의 평균 교통사고율이 12건이라면 이 도로는 위험도로인가를 판단하여라.(95% 유의 수준일 때 $K=1.645$)

▷ 대상 지역의 교통사고 노출량 계산

일평균 교통량＝8,000대, 도로구간 길이＝10km, 년수＝1년이므로

$$M = \frac{8,000\times365\times10\times1}{1,000,000} = 29.2$$

▷ 한계 교통사고율 산출

$R_a=3.2$, $K=1.645$, $M=29.2$이므로

한계 교통사고율＝$R_c = R_a + K\sqrt{\left(\frac{R_a}{M}\right)} + \frac{1}{2}\cdot M = 3.2 + 1.645\sqrt{\left(\frac{3.2}{29.2}\right)} + \frac{1}{2}\cdot(29.2) = 18.34$

한계 교통사고율(18.34건)이 유사지역의 교통사고율(12건)보다 높으므로 이 도로구간은 위험 도로로 판단된다.

⑷ 교통사고의 피해 정도에 의한 방법

○ 교통사고 피해 정도에 의한 방법
  • 대물피해 환산법(equivalent property damage only)
  • 위험도로의 선정

각 지점에서 피해가 가장 큰 교통사고를 기준으로 각 교통사고를 대물피해사고로 환산하여 비교함으로써 위험 도로를 선정하는 방법

○ 교통사고 환산 방법

지점

$$Se = \frac{[12(사망사고건수)+3(부상사고건수)+대물피해사고건수] \times 10^6}{(년수)(일평균 \ 교통량)(365)}$$

도로구간

$$Se = \frac{[12(사망사고건수)+3(부상사고건수)+대물피해사고건수] \times 10^6}{(년수)(일평균 \ 교통량)(365)(도로구간 \ 길이)}$$

⊠ 교통사고 피해 정도에 의한 방법의 예

구간 길이가 0.8km인 도로에서 10년 동안 사망사고가 2건, 부상사고가 8건, 대물피해사고 건수가 40건이 발생하였다. 이 도로의 일평균 교통량이 5,000 대라고 할 때 교통사고 피해 정도에 의한 방법을 이용하여 계산하여라.

$$Se = \frac{[(12 \times 2)+(3 \times 8)+40] \times 10^6}{10 \times 5,000 \times 365 \times 0.8} = 6.03$$

이 구간의 교통사고율은 6.03건이다.

4. 교통사고 원인 분석 방법에는 어떠한 것들이 있나

> 교통사고의 원인 분석

○ 교통사고의 원인 분석이란 대부분의 사고가 어떤 공통점을 지니고 있다는 가정 하에 이를 발견함으로써 사고의 발생 원인을 감소 혹은 개선하여 교통사고를 줄이는 데에 그 목적이 있다.

⊠ 교통사고 원인 분석 방법

거시적 방법	미시적 방법
• 사고의 발생 상황과 지역의 사회 · 경제 등 제 조건의 상관성을 조사 • 각 지역에 공통적인 사고 원인을 분석 • 바람직한 종합적 교통안전정책 수립 제시 • 넓은 지역 · 지구를 대상으로 정함 • 거시적 분석의 예(영국의 경우) $$D = 0.003V\left(\frac{P}{V}\right)^{2/3}$$ D: 교통사고 사망자 V: 자동차 보유 대수 P: 인구	• 사람, 차량, 도로, 교통조건 등과 교통사고 사이의 상관성 분석 • 도로, 교차로 대상 • 지점에 대한 개선대책 수립이 가능 • 중회귀 분석과 같은 기법을 활용 분석

5. 교통사고 감소 건수 산출 방법은

사업 우선 순위의 결정

○ 각 지점에 대한 개선대안 작성 후 사업을 시행하기 위한 우선 순위 결정

○ 확보할 수 있는 예산, 대안별 공사비, 사업시행에 따른 편익 분석

○ 편익계산을 위해서는 교통사고 감소로 인한 편익이 먼저 산출되어야 함

▨ 교통사고 감소 건수 산출 방법

$$교통사고\ 감소\ 건수 = N \times \frac{ARF}{100} \times \frac{개선후\ 일평균\ 교통량}{개선전\ 일평균\ 교통량}$$

N: 개선 전의 교통사고 건수
ARF: 교통사고 감소 계수(%)

⬆ 현재 교통사고가 연 50건이고 일평균 교통량이 6,000대인 도로에 대해 개선을 실시한 후 예상되는 교통량이 하루 10,000대라면 교통사고는 얼마나 감소하겠는가?(단, 교통사고 감소계수는 0.3이다.)

⬆
$$교통사고\ 감소\ 건수 = 50 \times \frac{30}{100} \times \frac{10,000}{6,000} = 25$$

편익/공사비 산출 〉 교통사고 감소편익과 공사비를 비교하여 산출
사업우선순위 결정의 기초

교통사고 감소편익은 위에서 구한 교통사고 감소건수에 각 교통사고당 비용을 적용하여 구할 수 있다.

사업우선순위 결정 〉
• 평가기간 설정
• 평가기간 동안의 비용과 편익을 현재가치로 환산
• 경제성 분석기법을 도입하여 경제성 분석 후 우선순위 결정

6. 교통사고 방지를 위한 대책

사고 방지 대책

🔲 사고 방지 대책 수립의 일반적 절차

▷ ① 문제점이 있는 장소 선정

▷ ② 문제점 분석

▷ ③ 대책 수립(대안작성 및 작성된 대안에 대한 평가)

▷ ④ 사고 방지대책의 시행

▷ ⑤ 사후 모니터링

🔲 사고 방지 대책에 사용되는 방법

교 차 로	도로구간
• 신호등 신설 및 증설 • 좌회전 전용신호 운영 • 표지판에 대한 운전자의 시인성 확보 • 좌회전 전용차로 설치 • 교차로 접근로에 미끄럼 방지 포장 • 신호 현시 방법 개선 • 보행자용 신호설치 및 신호시간 조정 • 교차로 접근로의 노면 표시 개선 • 입체분리시설 설치	• 횡단보행 신호등 설치 • 입체분리시설 설치(육교, 지하보도) • 속도 규제 • 중앙분리대 시설 개선 • 보도와 차도의 분리 • 횡단 억제 방호책 • 신호 연동화 • 도로선형 개선 • 도시가로 조명시설 확충

🔵 교통사고 예방을 위한 3E를 영어로 써라.
🔵 Education (교육), Engineering (공학), Enforcement (시행)

Ⅱ. 도로 안전 시설에는 어떠한 것들이 있나

1. 도로 안전 시설의 종류

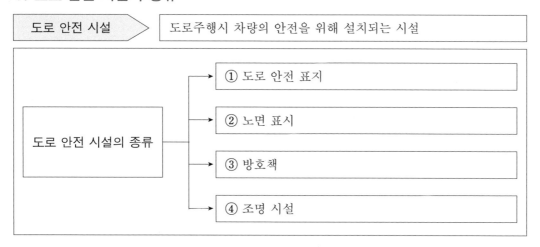

⊠ 도로 안전 표지

> ▷ 교통의 안전에 필요한 주의, 규제, 지시 등을 표시하는 표지판
> ▷ 도로 안전 표지의 종류
>
> | ○ 주의 표지 | ○ 규제 표지 |
> | ○ 지시 표지 | ○ 보조 표지 |

⊠ 노면 표시

> ▷ 도로 이용자에 대해 각종 정보를 도로상에서 제공하여 교통의 안전과 원활한 흐름을 도모
> 하고 도로 구조를 보호하는 기능
>
> ▷ 노면 표시의 종류
>
> | 규제 표시 | 지시 표시 |

2. 방호책은 어떤 기능을 갖나

> **방 호 책**

○ 방호책의 효과

주행차량의 도로 이탈을 방지

도로이탈차량의 진행방향을 복원

운전자의 시선 유도

보행자의 무단횡단을 억제

▨ 방호책의 설치

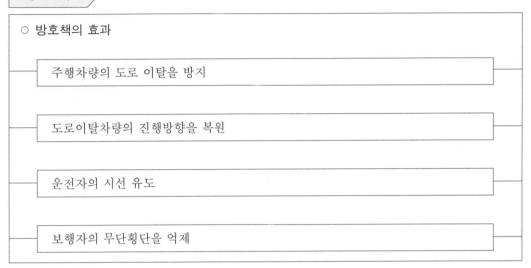

① 도로가 하천변과 인접한 경우 ② 도로면이 철도면보다 높은 경우

③ 보도가 차도보다 높은 경우 ④ 보도가 약간 높은 경우

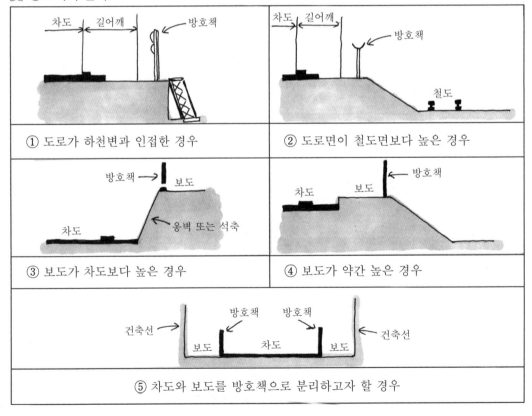

⑤ 차도와 보도를 방호책으로 분리하고자 할 경우

3. 노변 방호책의 기능과 유형은

| 노변 방호책 | • 가드 레일(guard rail)이라고 함
• 제어력을 잃은 차량의 도로 밖으로의 이탈 방지 |

| 충돌차를 정상적인 진행방향으로 복원시키고 승차자의 안전 확보 |
| 보행자의 안전 확보와 무단 횡단억제 |
| 운전자의 시선을 유도 |

노변 방호책의 유형

강도에 따라

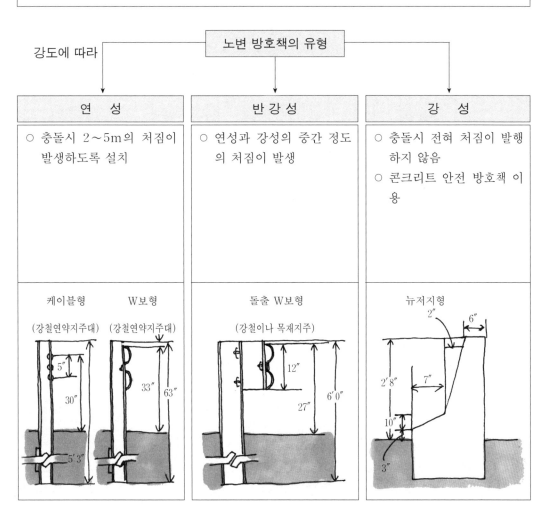

연 성	반 강 성	강 성
○ 충돌시 2~5m의 처짐이 발생하도록 설치	○ 연성과 강성의 중간 정도의 처짐이 발생	○ 충돌시 전혀 처짐이 발행하지 않음 ○ 콘크리트 안전 방호책 이용
케이블형 W보형 (강철연약지주대) (강철연약지주대)	돌출 W보형 (강철이나 목재지주)	뉴저지형

4. 충격흡수 시설과 조명 시설에 대하여

⊠ 충격흡수 시설

▷ 차량의 충돌시 그 충격을 감소시키는 보호 시설
▷ 설치 장소

① 중앙분리대의 교각
② 연결로의 분류 부분
③ 기타 충격흡수 시설의 설치가 요구되는 지점

⊠ 조명 시설

▷ 야간의 도로 이용자가 안전하게 통행하도록 하기 위하여 설치

▷ 조명 시설 설계시 고려 사항

조명 시설은 다음과 같은 조건을 고려하여 설치해야 한다.

• 도로의 종류
• 교통량
• 주행 속도
• 연도변의 상황
• 지형 조건
• 기상 조건

▷ 조명기구 설치 기준치

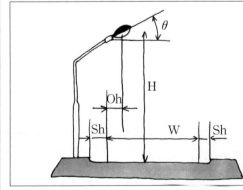

W: 차도폭
Sh: 노견 + 측대의 폭
H: 조명기구가 부착된 높이
θ: 경사각도
Oh: 조명기구의 중심과 차도끝 사이의 거리

제10장

보행 교통 및 자전차 교통

제10장 보행 교통 및 자전차 교통

I. 보행 교통이란

1. 보행은 어떤 기능을 하나

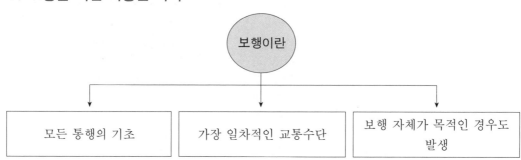

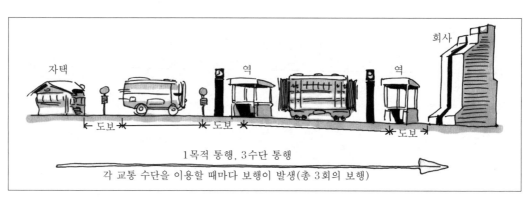

1목적 통행, 3수단 통행
각 교통 수단을 이용할 때마다 보행이 발생(총 3회의 보행)

⚙ 도심지 보행 교통의 문제 진단 항목

▷ 보행의 안전성 → 자동차, 타 보행인, 구조물 등과 마찰이나 충돌 방지

▷ 접근의 체계성 → 공공성, 집중도가 높은 장소에 대한 접근의 용이성

▷ 보행의 기능성 → 보행기능의 차이에 따른 계획수립의 필요성

▷ 보행 시설 이용의 형평성 → 장애자도 이용 가능하도록 설치

▷ 보행의 쾌적성 → 보행자에게 쾌적감을 제공하도록 배려

2. 보행속도, 밀도, 보행량, 보행공간 사이의 관계

(1) 보행속도-밀도, 보행량-속도 관계

보행속도, 밀도, 보행량, 보행공간 사이의 관계

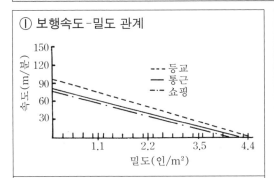

① 보행속도-밀도 관계

$V = A - BK$

V: 보행속도(m/sec)
K: 밀도(인/m²)
A: 자유 보행속도(m/sec)
$\dfrac{A}{B}$: 보행이 완전히 정지한 경우 보행자
     1인당 최소 공간

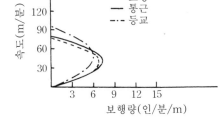

② 보행량-속도 관계

$Q = K \cdot V$

Q: 보행량(인/분/m)
K: 밀도(인/m²)
V: 속도(m/sec)
f: 60K(A+BK)
f: 1분간 1m당 보행량

○ 보행속도-밀도 사이의 계산 예

어느 지역의 보행이 완전히 정지한 경우 보행자 1인당 최소 공간이 0.4m²이고 자유 보행
속도가 1.2m/sec이라고 할 경우 밀도가 0.08인 경우의 보행속도는 얼마인가?

$$\frac{A}{B} = 0.4, \ A = 1.2 \ \text{이므로} \ B = 3$$

따라서 보행속도-밀도 관계식은 $\boxed{V = 1.2 - 3K}$

밀도가 0.08이므로, $V = 1.2 - 3(0.08) = 0.96 \text{(m/sec)}$

○ 보행량과 속도 사이의 계산 예

어느 지점을 통과하는 보행인의 밀도가 0.3인/m²이고 보행속도가 1m/sec일 경우 1분당
보행량을 구하여라.

보행량과 속도 사이의 관계는 $Q = K \cdot V$이다. $K = 0.3$, $V = 1$이므로
$Q = K \cdot V = 0.3$, 따라서 1분당 보행량은 $0.3 \times 60 = 20$인

⑵ 보행량 – 밀도, 보행속도 – 보행공간 사이의 관계

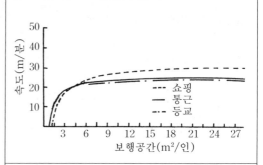

③ 보행량-밀도 관계

$$Q=V/M$$

Q: 보행량(인/분/m)
V: 보행속도(m/sec)
M: 보행공간(m²/인)

④ 보행속도-보행공간 관계

▷ 서비스 수준 결정의 기준
▷ 보행속도가 어느 정도 이상이면 보행공간은 거의 일정

○ 보행량과 밀도 사이의 관계 계산 예

• 어느 지역의 보행속도가 0.7m/sec이고 보행 공간이 3m²/인일 경우 보행량은 얼마인가?

보행량과 밀도 사이의 관계 Q=V/M에서 V=0.7, M=3 이므로

$$Q=\frac{0.7\times60}{3}=14,$$ 즉 보행량은 ┌14인/분/m┐ 이다.

• 보행량과 밀도 사이에 다음과 같은 관계가 있을 때 시간당 보행량을 구하여라.

Q=V/M, V=0.9m/sec, M=2m²/인

Q=V/M에서 $$Q=\frac{0.9\times60\times60}{2}=1620$$

즉 이 지점의 시간당 보행량은 1,620인이다.

3. 설계보행교통량, 보도면적 산정 과정

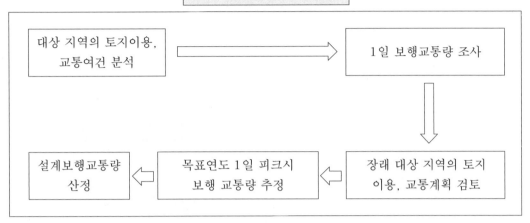

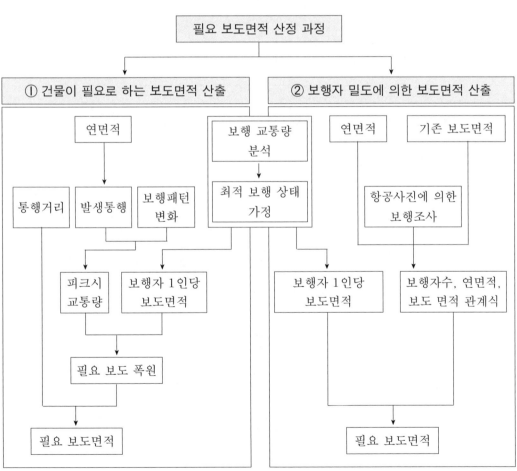

4. 유효 보도폭이란 무엇인가

유 효 보 도 폭

○ 정   의

보행자의 움직임에 유효하게 사용되는
보도의 폭

○ 유효 보도폭 산정식

$$W_E = W_T \cdot K$$

W_E: 유효 보도폭(m)
W_T: 전체 보도폭(m)
K: <u>보행에 영향을 주는 요소</u>에 의한 보정 계수

연석, 건물벽

기둥, 표지판, 가로수
등의 장애물

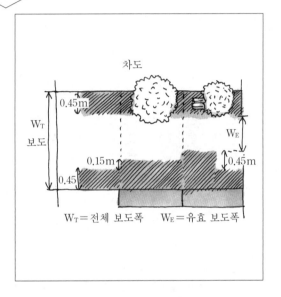

W_T=전체 보도폭 W_E=유효 보도폭

보행 유동 계수를 이용한 서비스 수준 산정			
서비스 수준	보행공간모 듈(ft²/인)	유동계수 (인/ft·분)	보행상태
A	$\geqq 130$	$\leqq 2$	
B	$\geqq 40$	$\leqq 7$	
C	$\geqq 24$	$\leqq 10$	
D	$\geqq 15$	$\leqq 15$	
E	$\geqq 6$	$\leqq 25$	
F	< 6	가변적	

자료: HCM, 1997.

보행자 공간의 표준 폭원

5. 보행자수, 건물 연면적, 보도면적 사이에는 어떤 관계가 있나

보행자수, 연면적, 보도면적 사이의 관계식(미국 대도시의 예)

$$P = 3.36W + 0.06O + 0.13S + 0.80R + 4.01$$

P: 어느 순간에 보도에 존재하는 보행자수
(인/100m²)

W: 어느 블럭의 보도 면적(100m²당)

O: 어느 블럭의 오피스텔 면적(100m²당)

S: 어느 블럭의 도·소매점 면적(100m²당)

R: 어느 블럭의 식당 면적(100m²당)

$$P = 3.41W + 0.04O + \frac{48.37}{D^3} + 12.17$$

P: 어느 순간에 보도에 존재하는 보행자수
(인/100m²)

W: 어느 블럭의 보도 면적(100m²당)

O: 어느 블럭의 오피스텔 면적(100m²당)

D: 보도에서 가장 인접한 지하철 역까지의
거리(단위: 30m)

○ 다음과 같은 블럭으로부터 보행자수를 구하여라.(단, 보도 면적은 500m², 오피스텔 면적
1,500m², 도·소매점 면적 1,200m², 식당 면적 300m²)

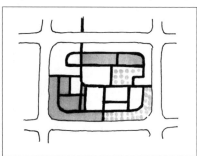

$$P = 3.36(5) + 0.06(15) + 0.13(12) + 0.8(3) + 4.01$$
$$= 25.67$$

따라서 보행자수는 100m²당 26인으로 보도면
적이 500m²이므로 총보행자수는 26×5=130
인이다.

6. 보행자 공간의 기능은

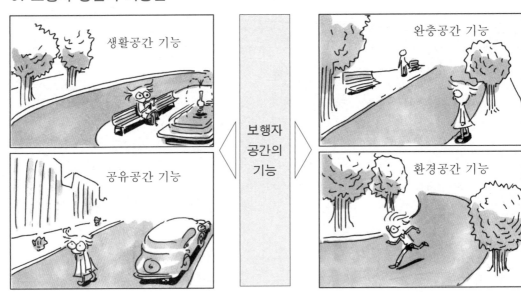

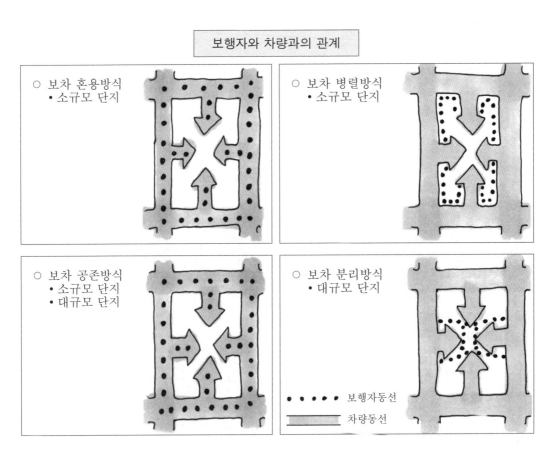

7. 보행 공간은 어떻게 만드는 것이 바람직할까

(1) 평면상에서의 창출 방안

> **보행 공간의 구축 방안**(평면상에서의 방안)

① 자동차 통행금지를 통한 보행공간 창출

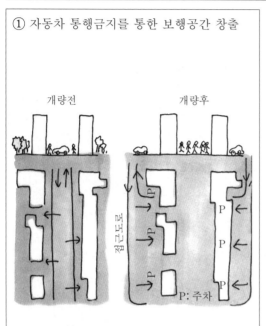

개량전   개량후

접근도로

P: 주차

② 재개발을 통한 보행공간 창출

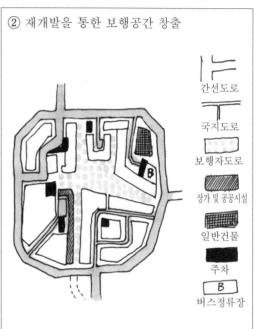

간선도로

국지도로

보행자도로

상가 및 공공시설

일반건물

주차

B
버스정류장

③ 신시가지 등 신개발 지역의 보행공간 창출

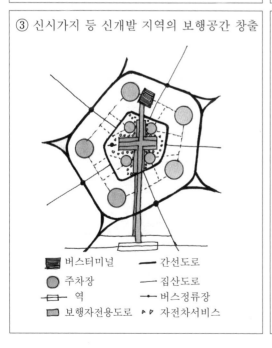

버스터미널   간선도로
주차장   집산도로
역   버스정류장
보행자전용도로   자전차서비스

④ 보차공존의 보행공간 창출

전

후

(2) 입체적 창출 방안

보행 공간의 구축 방안(입체적 분리 방안)

개선전

지하(사람) 지상(차량)

개선전

육교(사람) 지상(차량)

▽

▽

개선후

① 고가도로(차량)
지상(사람)

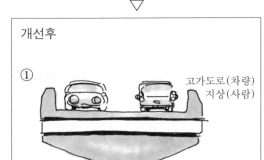

② 지상(사람)
지하(차량)

개선후

횡단보도 설치

반지상(사람)
반지하(차량)

반지상(차량)
반지하(사람)

(3) 보행자 보호 방안

보행자 보호 방안

▷ 속도규제 및 제한속도의 하향조정

▷ 도로 형태의 개조

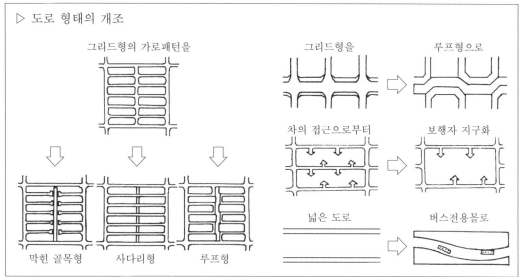

그리드형의 가로패턴을

막힌 골목형 사다리형 루프형

그리드형을 → 루프형으로

차의 접근으로부터 → 보행자 지구화

넓은 도로 → 버스전용몰로

▷ 차량 통행 금지책

▷ 교호주차

Ⅱ. 자전차 교통이란

1. 자전차 교통의 장·단점은

▣ 자전차 교통의 장단점

장 점	단 점
• 도보통행보다 2~4배의 속도 가능 • 가벼운 물건의 운반시 편리 • 버스에 비해 노선의 제약이 없고 요금 불필요 • 주차와 주행의 자유(승용차에 비해)	• 안전성의 결여 • 기상 조건(눈, 비 등)이 나쁠 때 주행이 곤란 • 구배 등 경사지에서 주행 곤란

▣ 교통 체증에 대한 자전차 교통의 대안적 기능

이용요금에 따라서 이용교통수단이 다양 …

애써서 정상까지 올라봤더니 …

교통체증 때문에 오히려 자전차가 더 낫네?!

2. 자전차 도로의 유형은

(1) 자전차 도로에는 어떤 종류가 있나

자전차 도로 ▷	자전차가 다닐 수 있도록 마련된 종합적인 도로 체계

⊠ 자전차 도로의 유형

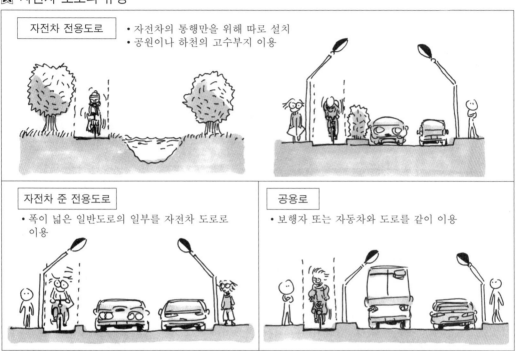

| 자전차 전용도로 | • 자전차의 통행만을 위해 따로 설치 |
| | • 공원이나 하천의 고수부지 이용 |

| 자전차 준 전용도로 | 공용로 |
| • 폭이 넓은 일반도로의 일부를 자전차 도로로 이용 | • 보행자 또는 자동차와 도로를 같이 이용 |

⊠ 자전차 도로의 설계 기준

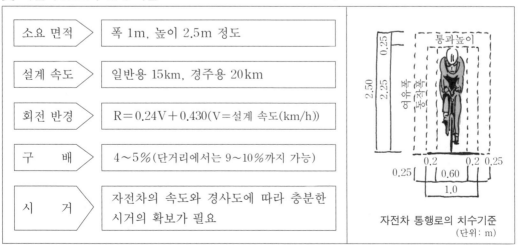

소요 면적 ▷	폭 1m, 높이 2.5m 정도
설계 속도 ▷	일반용 15km, 경주용 20km
회전 반경 ▷	R=0.24V+0.430(V=설계 속도(km/h))
구 배 ▷	4~5%(단거리에서는 9~10%까지 가능)
시 거 ▷	자전차의 속도와 경사도에 따라 충분한 시거의 확보가 필요

자전차 통행로의 치수기준
(단위: m)

⑵ **자전차 도로 계획시의 원칙은**

▷ 자전차 주행공간의 충분한 확보
▷ 자전차 주행공간의 연속성 확보
▷ 자전차도와 차도, 보행자도는 원칙적으로 분리
▷ 교차로에서의 안전성 최대한 확보
▷ 자전차도의 각종 안전시설물(규제, 안내 표지 등) 설치

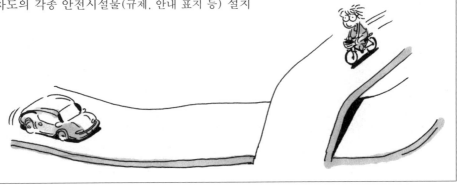

▩ **자전차와 보행자와의 관계**

▷ 자전차와 보행자 혼용

▷ 자전차와 보행자 혼용

자동차도로

▷ 자전차와 보행자 분리

▷ 자전차와 보행자 분리

자동차도로

⑶ 자전차 도로의 용량은 어떻게 정하나

자전차 도로의 용량	차선 폭 0.78m일 경우

○ 용량 산정인별 자전차 도로의 용량

Beukers(1979)	1,800 대/차선/시간
Homberger & Kell(1988)	1,900 대/차선/시간
Botma & Papendrecht(1990)	2,133대/차선/시간(교통량-밀도 곡선 기준) 2,967 대/차선/시간(자전차간 간격 기준)

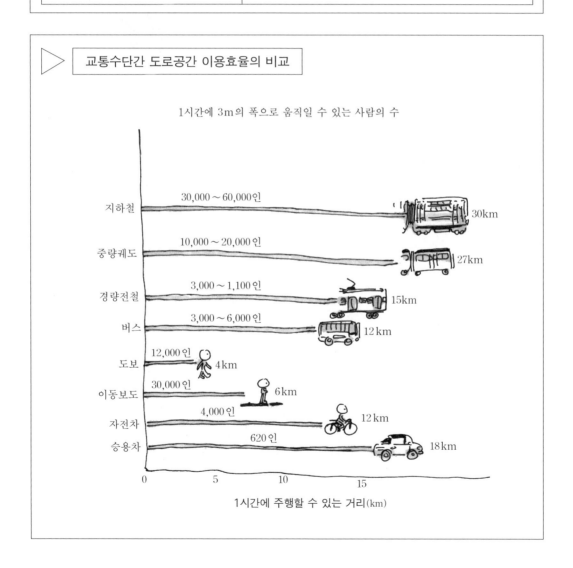

▷ 교통수단간 도로공간 이용효율의 비교

1시간에 3m의 폭으로 움직일 수 있는 사람의 수

지하철 ─ 30,000~60,000인 ─ 30km
중량궤도 ─ 10,000~20,000인 ─ 27km
경량전철 ─ 3,000~1,100인 ─ 15km
버스 ─ 3,000~6,000인 ─ 12km
도보 ─ 12,000인 ─ 4km
이동보도 ─ 30,000인 ─ 6km
자전차 ─ 4,000인 ─ 12km
승용차 ─ 620인 ─ 18km

0   5   10   15

1시간에 주행할 수 있는 거리(km)

⑷ 자전차의 주행 특성은

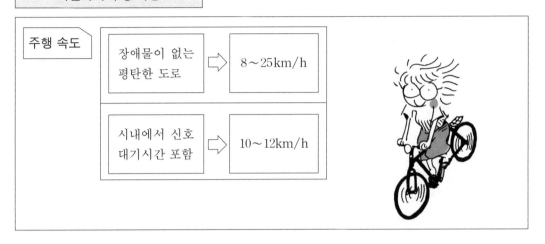

자전차의 주행 특성

주행 속도

| 장애물이 없는 평탄한 도로 | ⇒ | 8~25km/h |

| 시내에서 신호 대기시간 포함 | ⇒ | 10~12km/h |

주행 속도 · 차두 간격 · 교통량 사이의 관계

| 주행 속도와 차두 간격 | 교통량과 유효 폭원 |

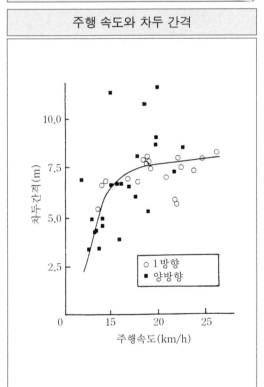

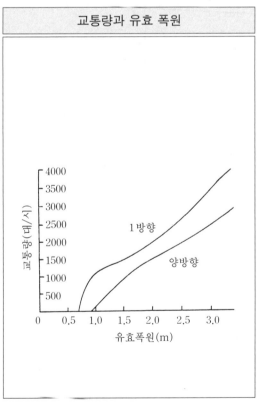

3. 도시 규모에 따른 자전차의 적용 가능성은 어떠한가

도시별 자전차 통행 목적별 적용성

도 시 유 형	통 행 유 형	통 행 목 적				
		통 근	통 학	업 무	쇼 핑	친 교
대도시 (인구 200만 이상)	외곽 ↔ 도심 도심 ↔ 도심 외곽 주택단지 주변 외곽 전철역 연계 주택 단지내	+ + +++	+ ++ +++	+ ++ +++ +++	+ ++ +++ +++	+ ++ +++ +++
지방중핵도시 (인구 70만~150만)	외곽 ↔ 도심 도심 ↔ 도심 외곽 주택단지 주변 외곽 전철역 연계	+ ++ ++ +++	+ ++ ++ +++	++ ++ +++ +++	+ ++ +++ +++	+ ++ +++ +++
지방중도시 (인구 20만~70만)	외곽 ↔ 도심 도심 ↔ 도심 외곽 주택단지 주변 외곽 전철역 연계	++ ++ +++ +++	++ ++ +++ +++	++ +++ +++ +++	++ +++ +++ +++	++ +++ +++ +++
지방소도시 (인구 20만 미만)	외곽 ↔ 도심 도심 ↔ 도심	+++ +++	+++ +++	+++ +++	+++ +++	+++ +++

+++	적용성이 매우 좋으므로 적극 추진
++	적용성이 좋으므로 고려 가능
+	사전에 충분한 검토가 있은 후 적용 여부 판단

4. 자전차 도로망 계획 과정은

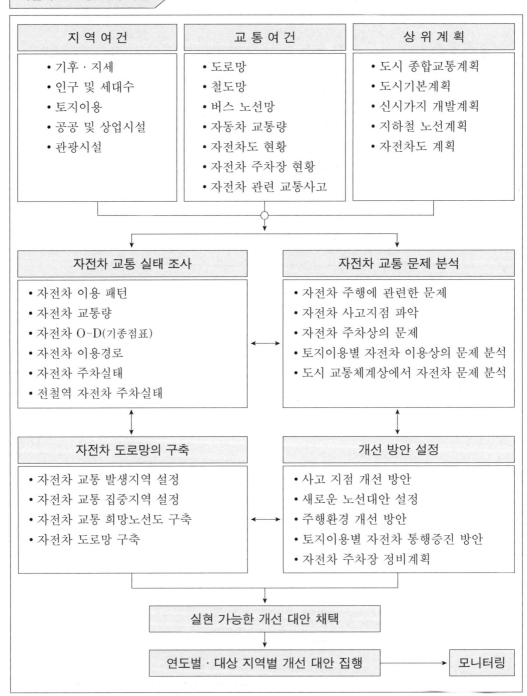

지능형
교통체계(ITS)

제11장 지능형 교통체계(ITS)

I. ITS란 무엇인가

1. ITS란

ITS(Intellegent Transport Systems)는 도로 · 차량 · 화물 등 교통체계의 구성요소에 첨단기술을 접목시켜 실시간으로 교통정보를 수집 · 관리 · 제공함으로써 교통서비스를 획기적으로 개선한 최첨단 교통시스템을 말한다.

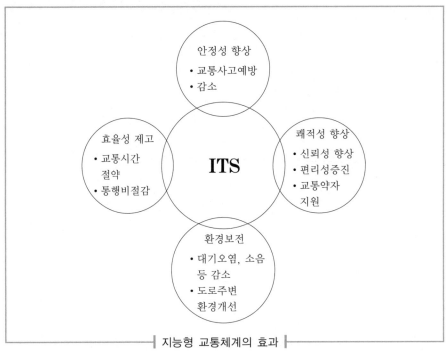

지능형 교통체계의 효과

2. ITS는 융합니다

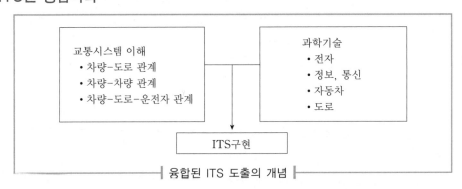

융합된 ITS 도출의 개념

3. 지능형 교통체계(ITS)

ITS의 목적		
교통소통		교통 상황의 예측을 통한 교통체증감소 효과
		교통 소통 능력 제고
		교통 흐름의 원활화
		운전자 통행시간 단축
		목적지까지 접근성 향상
교통정보		운전자에게 실시간 정보제공
		대중교통정보의 효과적 제공
		여행자에게 교통정보제공
교통안전		사고의 사전 방지
		사고시 즉각적인 정보제공
		차량과 차량간의 안전거리 유지 기능
환경과 에너지		교통체증 감소로 인한 대기 오염 등 감소
		연료감소 등 에너지 절약효과
차 량		충돌우려시 운전자에게 주의정보제공
		교통상황에 따라 속도조절되어 사고 방지효과
		속도 자동조절로 인해 교통 지체의 감소
		차량 자동 정지 장치
		차로 변경시 경보장치

4. ITS의 적용 분야

① ATMS(Advanced Traffic Management System): 첨단 교통 관리 시스템

② APTS(Advanced Public Transportation System): 첨단 대중 교통 시스템

③ CVO(Commercial Vehicle Operation): 영업용 차량 운영

④ ATIS(Advanced Travelers Information System): 첨단여행자 정보 시스템

⑤ AVCS(Advanced Vehicle Control System): 첨단 차량 제어 시스템

Ⅲ. ITS 도입 배경 및 효과

1. ITS의 도입 배경

배 경	세부 내용
교통문제 심각	• 교통량 증가와 교통시설 투자의 한계 • 교통사고에 따른 인적, 물적 손실 급증 • 통행시간을 포함한 사회비용 증가 • 환경 및 에너지 문제 대두
새로운 기술수준 적용 필요성	• 전자정보 통신기술의 발달 • 시스템 통합 추진 • 기존의 시설 구축에서 운영을 위한 체계 정립
글로벌화에 따른 국가지역의 경쟁력 확보	• 양질의 접근성 및 이동성 확보 필요 • 시스템 운영관리비용 및 노력의 절감

2. ITS 사업의 분야별 서비스 및 기대효과

ITS 분야	서비스 제공	기대효과
교통관리 최적화 (ATMS)	실시간 교통류제어 및 돌발상황 관리 교통운영 · 관리지원 전자지불	교통흐름 개선(교통혼잡 20~30% 개선) 안전성 향상(교통사고 60% 감소) 과속/과적 등 교통위반 단속의 자동화 교통서비스 획기적 개선(최적 이동시간, 수단 및 경로에 대한 선택권을 부여) SOC확충에 따른 자연파괴 감소 (동일한 교통수요 처리를 위해 상대적으로 적은 도로시설로도 이용가능)
교통정보 활용극대화 (ATIS)	교통정보 및 주행안내 제공 주차정보 제공 보행자, 장애자, 자전거 경로 정보제공	이용자 편익 증대 첨단산업의 국제경쟁력 강화(전자, 통신, 제 어 · 시스템통합 등 첨단기술의 자체 확보)
대중교통 첨단화 (APTS)	버스정보제공 및 운행관리 좌석예약관리 및 환승요금관리 대중교통안전 및 시설관리	대중교통서비스 개선(정시성 향상, 차내 혼잡도 개선) 혼잡완화, 대중교통의 전환을 통한 에너지 절감 효과(차량 매연발생감소-CO_2 배출량 13%)
차량 및 도로지능화 (AVHS)	차량 충돌예방, 차량 간격제어 보행자 안전지원, 운전자 위험 운전 방지 감속도로 구간 안전 관리	교통안전 및 차량이용자 편의증진
화물운송 효율화 (CVO)	화물추적 및 차량운행관리 위험물 사고처리 및 관리 화물전자통관 및 화물전자행정	물류비절감을 통한 국가 경쟁력 제고 및 혼잡 대기, 교통사고 감소

과속단속 카메라

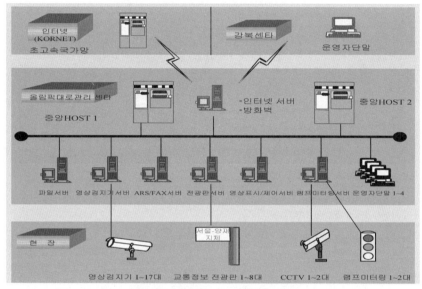

올림픽대로교통관리시스템 설치체계

영상검지기 설치장면(자료: 올림픽대로 교통관리시스템 운영현황, 서울지방경찰청)

대중교통정보시스템

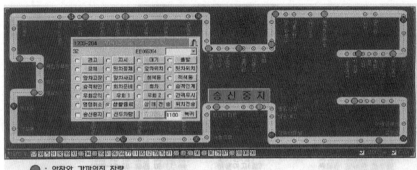

● : 앞차와 가까워진 차량
● : 정상간격인 차량
● : 앞차와 멀어진 차량
▣ : 종점에 대기중인 차량(하단부)

상황실모니터의 버스노선운행도

Ⅲ. 교통관리최적화(Advanced Traffic Managemant Systems: ATMS)란

교통관리최적화

- ATMS는 도로구간의 교통여건, 신호체계, 차량특성, 속도 등의 교통정보를 감지할 수 있는 시스템을 설치하여 교통상황을 실시간으로 분석
- 이를 토대로 도로 교통의 관리와 초적신호체계를 구현하는 동시에 통행시간 측정과 교통사고 파악, 과적차량 단속·관리 등의 업무 효율화 증진

○ 교통관제 센터의 기능

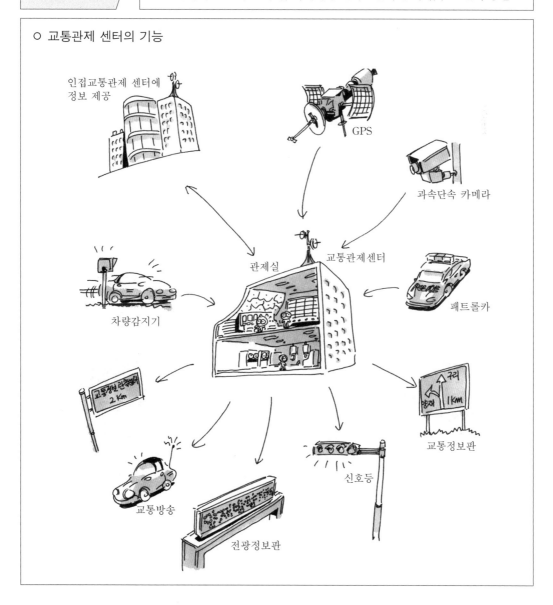

인접교통관제 센터에 정보 제공

GPS

과속단속 카메라

관제실   교통관제센터

차량감지기

패트롤카

교통정보판

교통방송

전광정보판

신호등

Ⅳ. 교통정보활용극대화(Advanced Traveler Information Systems: ATIS)는 어떤 기능을 하나

▩ 교통 정보 시스템의 기능

도로 안내 >	목적지까지 최적, 최단시간 소요통행 루트 안내
통행 시간 예고 >	현재의 교통소통상태에 따라 소요시간 예고
자율주행 보조 >	회전방향, 정지, 가·감속에 대한 정보 제공
재해 예고 >	지반 침해, 낙석, 눈사태 등 예고
기상 정보 제공 >	현재 주행장소에 대한 기상정보 제공
지역 안내 >	주행지점 주변의 주요시설 및 위치 표지 기능
지원 시설 >	안내휴게소, 주유소, 정비소, 주차장의 위치 안내
사고 통보 >	사고 발생시 자동으로 사고위치와 시각 통보
교통 위반 감지 >	교통위반차량 감지 및 통보

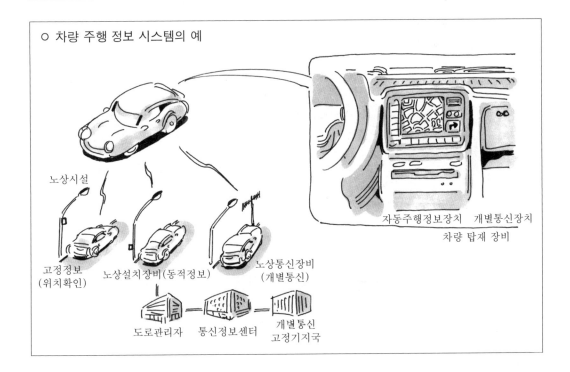

○ 차량 주행 정보 시스템의 예

V. 화물운송효율화(Commercial Vehicle Operations: CVO)란

- 화물운송효율화(CVO)는 ITS센터를 통해 각 화물(택배) 및 화물(택배)차량의 위치 운행상태, 차내상황 등을 실시간으로 모니터링
- 이를 토대로 화물(택배)운송최적화를 구현함으로써 물류비용을 절감하고 안전성을 제고

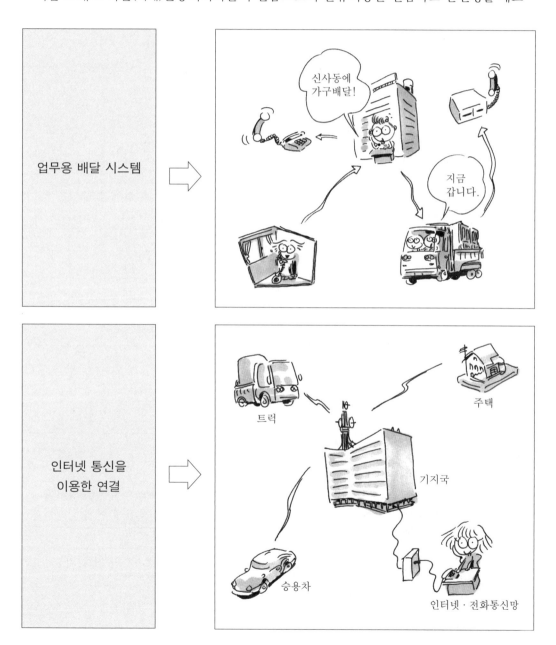

Ⅵ. 버스 정보 시스템(Bus Information Systems: BIS)이란

- BIS는 운행중인 노선상의 버스위치를 인공위성으로 정확히 포착하여 버스 내의 단말기 및 상황실모니터에 제공함으로써 배차관리, 운행분석, 버스도착정보를 제공하는 시스템임.
- 이 시스템도입으로 배차관리효율화, 운임수입증가, 난폭운전감소, 사고율감소, 승객편의 증진의 효과를 거둠.

버스 정보 시스템

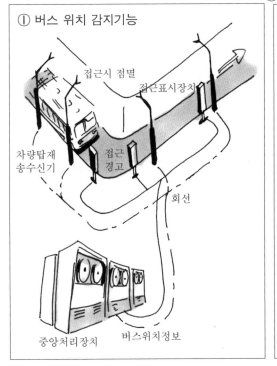

① 버스 위치 감지기능

접근시 점멸
접근표시장치
차량탑재 송수신기
접근 경고
회선
중앙처리장치
버스위치정보

정류장의 접근 표시 기능

주요 교차점에서의 정체시 중앙관제 센터와 교신

배차간격의 조정이 가능

버스안내방송을 통행 승객에게 도로와 정류장 등의 상황 전달

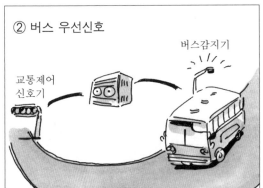

② 버스 우선신호

버스감지기
교통제어 신호기

버스감지기로 버스 위치를 중앙관제 센터에 전송 → 신호등에 연계

버스우선신호의 효과적인 작동 가능

Ⅶ. 택시 AVMS(Advanced Vehicle Monitoring Systems) 시스템의 기능은

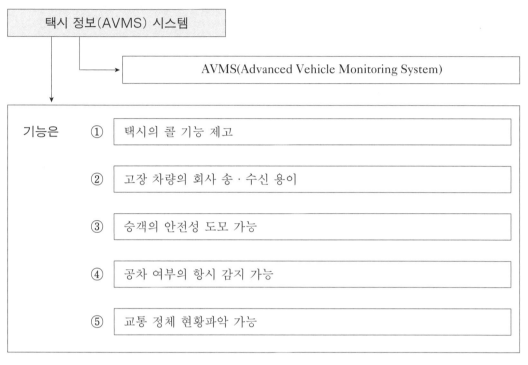

택시 정보(AVMS) 시스템		
	AVMS(Advanced Vehicle Monitoring System)	

기능은
① 택시의 콜 기능 제고
② 고장 차량의 회사 송·수신 용이
③ 승객의 안전성 도모 가능
④ 공차 여부의 항시 감지 가능
⑤ 교통 정체 현황파악 가능

○ 택시 AVM 시스템

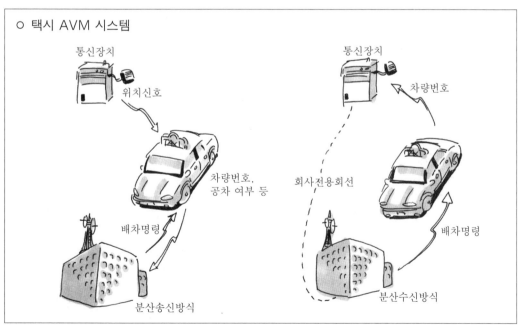

통신장치   통신장치

위치신호   차량번호

차량번호, 공차 여부 등   회사전용회선

배차명령   배차명령

분산송신방식   분산수신방식

미래 지향적인 도시교통 정책 대안

제12장 미래 지향적인 도시교통 정책 대안

I. 사람 중심의 교통 체계 구축

사람 중심의 교통 체계 구축

보행자 보호 및 통행 우선권 부여

- 도심에서 보행자 전용도로를 확대 설치
  → 보행교통 보호
- 보행자 안전시설 설치 의무화
  (가드레일, 보도턱 등)
- 보행자를 존중한 신호체계 확립
- 도시개발시 보·차 분리원칙 엄격 적용
- 보행로상의 장애물 제거 및 보행로 확보

교통 안전 대책 수립

- 규정에 의한 안전시설 설치
- 법규 위반 차량 단속 강화
- 음주운전 처벌 강화
- 안전벨트 단속 강화
- 사고 처리 및 부상자 응급수송체계 정비
- 운전자 안전교육 강화 및 재교육 실시
- 전문적 운전자 소양 및 적성검사 강화

Ⅱ. 대중 교통 중심의 교통 정책 실현

대중교통 중심의 교통정책 실현

▷ 버 스

- 차내 혼잡도 120% 이내로 완화
- 궤도교통(지하철, 전철)의 보완수단으로 체계 개편
- 저렴한 요금체계 유지(정부 보조금 필요)
- 배차 시간 조정으로 대기시간 단축
- 버스전용차선 및 첨두시 역류차선제 실시
- 노후차량 교체로 차내 서비스 개선
- 버스사업에 대한 정부지원 촉구
- 직행버스의 확대 보급
- 지하철역 중심의 지역순환버스체계 확립

혼잡도 250%　　　혼잡도 120%

▷ 지하철 · 전철

- 광역지하철교통망 조기 구축
- 환승교통체계 및 환승시설 정비
- 차내 혼잡도 150% 이내로 완화
- 지하철 부대시설의 환경 개선(환기, 소음)
- 지하철 건설에 따른 개발이익 환수로 재정 충당
- 경전철 시스템의 도입

환승센터설치

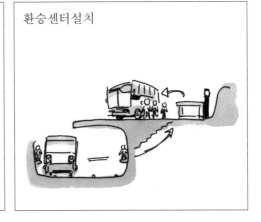

▷ 준대중 교통 수단

- 택시기사의 처우개선으로 갈등요인 제거
- 불법·탈법 운행 금지
- 합승 및 부당요금 징수 금지
- 택시의 고급교통수단화
- 마을버스 양성화로 서비스 개선

⊠ 택시 서비스의 평가

Ⅲ. 승용차 이용 억제 정책

승용차 이용 억제

경제적 부담에 의한 규제

- 승용차용 유류세 차등 부과
- 유류세를 주행세 구조로 전환
- 주차요금 인상 및 주차세 부과
- 도심 진입세 징수
- 전자감응식 통행료 징수
- 주행거리 기준에 따른 자동차세 징수

제도적 규제 및 대체 교통 수단 육성

- 부제차량운행 선별적 실시
- 차고지증명제 실시
- 승용차 공동이용제 유도
- 대중교통수단 우선 통행권 부여 및 전용차선 설치

Ⅳ. 무공해 교통 대책

무공해 교통 대책

자 동 차

- 무공해 자동차 개발지원(전기, 수도, 태양열 자동차)
- 배기가스 배출기준 강화 및 단속
- 소음발생 기준 강화
- 폐차 재활용 사업지원 육성
- 오염량 기준에 의한 오염부담제

○ 무공해 자동차 개발

무동력 교통 정책

- 근거리 걷기운동 전개
- 자전거타기 홍보 및 저가 보급
- 자전거전용도로 설치
- 역세권 자전거 보관소 및 임대소 설치

교통 시설

- 주거지 통과교통 배제
- 도로건설에 대한 환경영향평가 강화
- 생태적 특성을 고려한 도로설계

○ 주거지 통과 교통 배제

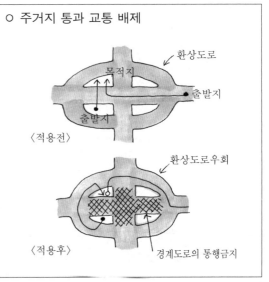

Ⅴ. 교통 수요 절감을 위한 정책

교통수요 절감을 위한 정책

도시 계획

- 직·주 근접의 생활권 형성
- 단핵도시의 다핵화
- 근린 서비스시설 확충
- 주거기능 중심의 신도시 건설 반대
- 통과 교통 방지를 위한 주거단지 계획
- 업무용 건물의 주거시설 수용

교통수요 관리

- 통행발생 자체를 차단하는 기법
- 교통수단 전환을 유도하는 정책
- 통행 발생의 시간적 재배분
- 통행 목적지/도착지/노선전환을 통한
  공간적 재배분

통신에 의한 교통수요 흡수

- 종합정보통신망 조기 구축으로 기반시설
  정비
- 통신 요금 인하 및 전국 단일 통화권화
- 통신 시설을 활용한 업무 권장화
  (화상회의, 부가가치 통신 등)
- 컴퓨터 통신, 인터넷 사용 요금 인하
- 재택근무제 도입
- 택배서비스 확대
- 지역, 지구 통신서비스센터 설치
- 교통 정보 체계 구축

VI. 교통 수단 제공의 형평성 실현

사회 정의와 형평성 실현

소외 계층

- 승용차와 동등한 대중교통 서비스 확보
- 대중교통 사각지대 교통 대책 마련
- 저소득자 대중교통요금 할인제
- 심야버스 운행

장 애 자

○ 장애인을 위한 교통 시설 정비 요구

- 장애자 유도로 설치
- 터미널, 역 등에 수직이동시설 설치
- 대중교통수단에 장애자 승차시설 설치
- 대중교통요금 할인 및 통행료 감면
- 장애자 운전교습 지원
- 차량 구입시 할인 혜택
- 장애자 전용주차장 확대 설치 및 단속 완화

참고문헌

□ 국내문헌

원제무 · 최재성, 교통공학, 박영사, 1999.

원제무, 도시교통론, 박영사, 1999.

원제무, 도시계량분석, 박영사, 1998.

원제무, 도로공학 이해, 보성각, 1998.

이건영 · 원제무, 교통정책, 박영사, 1997.

원제무, 정보화사회와 글로벌도시, 박영사, 1997.

원제무, 정책분석기법, 박영사, 1996.

박병호, 교통공학, 보성문화사, 1995.

도철웅, 교통공학원론, 청문각, 1990.

서울시정개발연구원, 서울시민 생활시간조사, 1994.

김순관, 활동중심모형의 현주소와 연구방향, memo, 1994.

황기연, 교통수요관리방안 연구, 서울시정개발연구원, 1993.

예경희, 사회지리학, 청주대출판부, 1992.

박광배, 빈도분석, 성예사, 1992.

선진엔지니어링, 도시도로, 교통실무, 1991.

"교차로 및 도로폭원에 관한 연구," 한국토지개발공사, 1991.

"역세권주차장의 계획과 설계," 한국토지개발공사, 1991.

손태민, "생활활동 기록을 이용한 활동체계분석에 관한 연구," 국토계획 제25권, 제2호, 1990.

교통개발연구원, Stated Preference Data를 이용한 교통수단 선택, 모형개발에 관한 연구, 교통정
    보, 1989.

임강원, 도시교통계획 - 이론과 모형, 서울대학교 출판부, 1988.

원제무, 교통공학용어사전, 녹원출판사, 1988.

보차공존도로의 설계, 한국토지개발공사, 1988.

도시계획도로의 계획 및 설계기준, 건설부, 1988.

대도시 신호등체계의 개선운용에 관한 연구," 도로교통안전협회, 1988.

이효구, 새통계학, 박영사, 1986.

윤기중, 통계학요론, 법문사, 1983.

□ 국외문헌

Paul Wright and Norman Ashford, *Transportation Engineering*, Fourth Edition, John Wiley & Sons, 1997.

Kenneth Boyer, *Principles of Transportation Economics*, Addison-Wesley, 1997.

Daganzo, C. and Sheffi, Y., *Stochastic Models of Traffic Assignment*, Transportation Science 11, 1997.

Kenneth Boyer, *Principles of Transportation Economics*, Addison-Wesley, 1997.

Jun Ma and Konstandinos, "A Dynamic of Activity and Travel Pattern Using Data from the Puget Sound Transportation Panel," *Transportation Research Board*, vol. 74, 1995.

Bin Ran and David Boyce, *Dynamic Urban Transportation Network Models*, Springer-Verlag, 1994.

Ryuchi Kitamura, Activity-Based and Truly Behavioral Tool for Evaluation of TDM Measure, 1993.

Papacostas, C. S., Prevedouros, P. D., *Transportation Engineering and Planning*, Prentice-Hall, Inc., Englewood, 1993.

Amalia Poydoropoulou, *Modeling the Influence of Traffic Information on Driver's Route Choice Behaviour*, Mager of Science in Transportation at The MIT, 1993.

Markos Papageorgiou, *Concise Encyclopedia of Traffic and Transportation Systems*, Pergamon Press, 1991.

Roy Thomas, *Traffic Assignment Techniques*, Billing & Sons, Ltd., Worcester, 1991.

Juan Ortuzar and Luis Willumson, *Modelling Transport*, John Wiley and Sons, 1990.

William R. McShane & Roger P. Roess, *Traffic Engineering*, Prentice-Hall, 1990.

Japan Society of Traffic Engineering, "The Planning and Design of At-Grade Intersection," Japan Society of Traffic Engineering, 1990.

Lynn B. Fricke, "Traffic Accident Reconstruction," Northwestern University Traffic Institute, 1990.

Adolf D. May, *Traffic Flow Fundamentals*, Prentice-Hall, 1990.

Giannopoulos, G. A., *Bus Planning and Operation in Urban Areas*, Avebury, 1989.

Nicholas J. Garber & Lester A. Hoel, *Traffic and Highway Engineering*, West, 1988.

Wolfgang S. Homburger, *Transportation and Traffic Engineering Handbook*, Prentice-Hall, 1987.

Jim McCluskey, *Parking*, E. & F. N. Spon, 1987.

Papacosras, C. S., *Fundamentalsn of Transportation Engineering*, Prentice-Hall, 1987.

Matsui, H., *A Model of Dynamic Traffic Assignment*, Text of Infrastructure Planning Lecture, JSCE, 18, 1987.

Moshe Ben-Ahiva & Steven R. Lerman, *Discrete Choice Analysis*, 1987.

Vergil G. Stover & Frank J. Koepke, *Transportation and Land Development*, Prentice-Hall, 1985.

VTS Transportation System Corporation, The Volvo Method for Planning Urban Public Transport Network, 1985.

Yosef Sheffi, *Urban Transportation Networks*, Prentice-Hall, Inc., Englewood, 1985.

Wolfgang S. Homburger & James H. Kell, *Fundamentals of Traffic Engineering*, University of California, 1984.

Michael Meyer, *Urban Transportation Planning*, Lecture Note, MIT, 1983.

John Dickey, *Metropolitan Transportation Planning*, McGraw-Hill, 1983.

Adid Knafary, *Transportation Demand Analysis*, McGraw-Hill, 1983.

R. Paquette, N. Ashford and P. Wright, *Transportation Engineering—Planning and Design*, John Wiley & Sons, Inc., 1982.

Meyer and Miller, *Urban Transportation Planning*: *A Decision Oriented Approach*, MIT Mimeo, 1982.

Palph L. disney & Peter C. Kiessler, "Traffic Processes in Queueing Network," 1982.

V. R. Vuchic, *Urban Public Transportation System and Technology*, Prentice-Hall, Inc., 1981.

W. Cherwony and B. Porter, Bus Route Costing Procedures: A Review, UMTA, US Department of Transportation, Washington D.C. May 1981.

John Black, *Urban Transport Planning*, John Hopkins University Press, 1981.

Richard M. Soberman and Heather A. Hazard, *Canadian Transit Handbook*, University of Toronto, 1980.

D. J. Oborne & J. A. Levis, *Human Factor in Transport Research*, Academic Press, 1980.

TRRL, The Demand for Public Transport: Report of the International Collaborative Study of the Factors Affecting Public Transport Patronage, U.K., 1980.

M. Manheim, *Fundamentals of Transportation System Analysis*, MIT Press, 1979.

Van Vliet, D. and Dow P.C., *Capacity Restrained Road Assignment 1. The Convergence of Stochastic Methods*, Traffic Eng. And Control 20, 1979.

Michael G. Ferri, "Comparative Costs of Transit Modes" in *Public Transportation*, edited by George E. Gray and lester A. Hoel, Englewood Cliffs, N.J.: Prentice-Hall, 1979.

Edward K. Morlok, *Introduction to Transportation Engineering and Planning*, McGraw-Hill, 1978.

C. Philip Cox, *A Handbook of Introductory Satistical Methods*, Wiley, 1978.

Boris S. Pushkarev and Jeffrey M. Zuppan, *Public Transportation and Land*, *Use Policy*, Bloomington Indiana: Indiana University Press, 1977.

Paul Box and J. Oppenlander, Manual of Traffic Engineering Studies, Institute of Transportation
　　Engineers, 1976.

J. Bakker, "Transit Operating Strategies and Levels of Service," *Bus Transportation Strategies*,
　　Transportation Research Record 606, Washington D.C., 1976.

G. R. Wells, *Comprehensive Transport Planning*, London, Charles Griffin, 1975.

Peter Stopher and Arnim Meyburg, *Urban Transportation Modeling and Planning*, Lexington,
　　Mass, Lexington Book, 1975.

Daniel L. Gerlowgh & Matthew J. Huber, *Traffic Flow Theory*, TRB, 1975.

Douglass Lee, "Costs of Urban and Suburban Passenger Transportation Modes," Working Paper
　　Series, No. 14, Iowa City: University of Iowa Center for Urban Transportation Studies, April
　　1975.

P. Stopher and A. Meyburg, *Urban Transportation Modeling and Planning*, Lexington Book,
　　1975.

A. S. Lang and Richard M. Sobermann, *Urban Rail Transit*, Cambridge: MIT Press, 1974.

Wilfred Owin, *Transportation and World Development*, The Johns Hopkins University Press,
　　1974.

George M. Smerk, *Urban Mass Transportation*, Indian University Press, 1974.

B. G. Hutchinson, *Principles of Urban Transport Systems Planning*, Scripta Book Company,
　　1974.

Louis J. Pignataro, *Traffic Engineering*, Prentice-Hall, 1973.

색 인

저자약력

현 한양대학교 도시대학원 교수
KAIST 교통계획연구실장
서울시립대학교 도시공학과 교수
미국 MIT대학원 교통계획 박사
미국 UCLA대학원 도시 및 교통계획 석사
서울대학교 환경대학원 석사
한양대학교 토목공학과 학사

저 서

교통공학, 박영사, 1999
교통정책론, 박영사, 2003
도시교통론, 박영사, 2017
도시시설론, 보성각, 2008
프로젝트계획 · 투자 파이낸싱, 박영사, 2017
탈근대 도시재생, 환경과 조경, 2009
문화 도시를 살린다, P&C 미디어, 2014

알기쉬운 **도시교통**

초판발행	2000년 2월 28일
제2판발행	2018년 2월 28일
중판발행	2020년 3월 2일
지은이	원제무
펴낸이	안종만 · 안상준
편 집	전채린
표지디자인	권효진
제 작	우인도 · 고철민
펴낸곳	(주) **박영사**

서울특별시 종로구 새문안로3길 36. 1601
등록 1959. 3. 11. 제300-1959-1호(倫)

전 화	02)733-6771
f a x	02)736-4818
e-mail	pys@pybook.co.kr
homepage	www.pybook.co.kr
ISBN	979-11-303-0544-8 93350

정 가   23,000원